초 보 자 를 위 한

학교상담 가이드

SCHOOL COUNSELING GUIDE

·사례 선정에서 종결까지·

김혜숙 · 공윤정 · 김선경 · 여태철 · 이한종 · 정애경 · 황매향 공저

학지사

머리말

"우리 학생들 복이 터졌네요." "우리가 상담을 처음 해 보던 때에 이런 책이 있었으면 상담을 훨씬 더 잘할 수 있었을 것 같아요." "참 재미있고, 많이 배웠어요." 일곱 명의 집필진이 초고를 서로에게 보내며 함께 읽는 과정에서 나왔던 얘기다. 우리 집필진도 정말 많이 배웠다.

상담이 우리나라에 소개된 후 세대가 이미 몇 번 바뀌었고, 그동안 상담에 관한 책도 많이 출간되어서 다양한 이론을 쉽게 접할 수 있다. 상담전문가도 많아지고 수퍼비전을 해 줄 수 있는 자원도 많아졌다. 학교상담도 마찬가지다. 전문상담교사도 학교마다 있고 학교상담실도 많이 늘었다. 그만큼 상담을 필요로 하는 학생도 많이 늘었고, 상담을 통해 학생을 도와주고 싶어서 대학원에서 상담을 공부하는 교사도 많아졌다. 건강한 삶과 발달이 어떤 것인지, 문제가 왜 생기고 그 문제를 어떻게 해결하는지, 행복한 삶을 추구할 수 있도록 어떻게 돕는지 알기 위해 다양한 상담이론과 접근법을 공부한다. 그 과정에서 또 그 후에 상담을 직접 해 보라고 한다. 상담은 실제적인 학문과 과정이므로, 상담에 관한 지식이 아무리 많더라도 그 지식을 실제에 적용하지 못하면 소용없기 때문이란다. 그래서 그동안 배운 지식을 총동원해서 실제 내담자를 상담해 보려 한다. 그럴 때 드는 느낌이란…, 정말 막막하다.

아주 오래전에 어느 선배상담자께서 해 주신 얘기가 있다. "훌륭한 상담자가 되려면 내담자를 한 이백 명쯤 잡아먹어야 돼." 아니, 스무 명도 아니고 이백 명이나? 상담에 서툴러서 내담자를 잘 돕지 못한다는 생각에 괴롭고 미안했던 내게 그 말이 한편으론 위로가 되기도 했다. '설마 내가 그렇게 많은 내담자에게 실패하겠어?'라고 생각하기도 했다. 그러나 다른 한편으론 '내가 상담에 능숙해지기 전까지 꼭 내담자에게 미안해하면서 발전해야만 하나? 이미 좋은 상담자가 된 선배들이 그 경험을 좀 더 친절하고 구체적으로 나누어 주면 내가 실수를 덜 할 수 있을 텐데….'라고 생각하기도 했다.

그래서 이 책이 나오게 되었다. 좋은 상담자가 되고 싶은 후배상담자들을 수퍼비전하면서, 또 대학원에서 상담을 가르치면서 실제로 상담을 어떻게 해야 할지 막막해하는 학생들에게 말로 설명도 하고 시연도 해 주면서, 상담 처음부터 종결까지 구체적으로 실습을 도와주는 친절한 가이드가 교재로 있으면 참 좋겠다는 바람을 오래전부터 가지고 있었다. 그런 바람을 이 책의 집필로 연결하게 되어서 참 뿌듯하고 자랑스럽다. 이 책에 대해 너무 자랑하는 것 같을까 봐 망설여지기도 하지만, 내 개인적으로는 원래 자랑스럽고 귀하게 여기는 후배들이지만 집필한 원고들을 모으면서 존중하는 마음이 더욱 깊어졌다. 후배상담자들을 위한 좋은 책이 나올 수 있도록 함께 의논하고 서로에게서 최선의 결과물이 나올 수 있도록 존중하며 돕는 집필진들이니, 상담의 실제를 잘 보여 줄 수 있을 것이라는 생각이 들었다.

제1장부터 제4장은 상담을 시작하기 위한 준비와 전반적 관리, 윤리 및 수퍼비전에 관련되는 내용들이 소개된다. 제1장에서는 학교에서 상담사례를 선정하기 위해 고려해야 할 사항과 방법, 타전문가 의뢰 검토하기, 제2장에서는 상담을 준비하기 위한 상담자 자신 및 시간과 공간 준비하기, 학생과 부모 동

의 얻기, 상담내용의 기록과 관리하기, 제3장에서는 학교상담의 윤리 및 윤리적 갈등 다루기, 제4장에서는 상담 수퍼비전의 필요성과 관계, 구조 및 내용, 그 준비 등이 제시된다. 제5장부터 제10장까지는 상담의 초기부터 중기의 변화를 위한 면접과 개입방법을 구체적으로 제시한다. 제5장에서는 관계 형성, 내담자 문제 이해하기, 목표 설정하기 등 상담 초기의 주요 과제, 제6장에서는 각 상담회기를 시작부터 마무리하기까지 단계별로 진행하는 구체적 방법, 제7장에서는 상담에서 활용할 수 있는 심리검사 및 고려사항, 제8장과 제9장에서는 탐색 및 통찰과 변화를 위해 주로 활용할 수 있는 면접기법, 제10장에서는 내담자의 변화를 위해 활용할 수 있는 다양한 기법과 전략 및 평가에 대해 소개한다. 제11장에서는 보호자상담의 진행과정과 주의점, 제12장은 내담자의 변화가 더디거나 위기관리 등 어려운 상황을 다루는 방법, 제13장은 상담 종결의 결정과 과정, 그리고 제14장은 보다 성숙한 상담자가 되기 위한 자기 성찰과 자기 돌봄에 대해 다룬다. 또한 부록에서는 상담자들에게 필요한 다양한 양식을 제시한다.

이 책은 상담의 실제를 구체적으로 다루는 책이다. 모든 장에서 집필진들이 초보상담자 시절 실수하며 깨달은 것들을 포함하여 자신의 경험을 아낌없이 후배상담자들에게 나누어 주기 위해 가능하면 구체적인 예를 많이 들었고, 상담을 시작하기 전부터 종결하는 과정까지 상담자가 고려하고 유의해야 하는 점들을 꼼꼼히 짚으려고 애썼다. 특히 내담자가 스스로 상담의 필요를 느껴서 상담자를 찾아와서 이루어지는 상담보다는 비자발적인 내담자가 많은 학교 상황의 상담을 비중 있게 다루고자 하였으며, 학교 외 기관에서의 상담에도 충분히 적용할 수 있을 것이다.

물론 이 책에 제시된 예들은 정답이 아니라 하나의 예일 뿐이다. 모든 상담은 내담자와 상담자가 함께 진행해 가는 과정이므로, 모든 상황에 맞는 언어적/비언어적 반응은 있을 수 없다. 그러나 이 책에 제시된 설명과 예들을 보게 되면, 처음 상담에 임하는 상담자들도 막막한 느낌을 많이 덜어 낼 수 있을 것이라 기대한다. 초보상담자는 아니나 상담의 실제적 능력을 향상시키고자 하는 상담자들에게도 좋은 도움이 될 수 있으리라 본다.

계절을 세 번씩 넘겨 가며 정성을 다해 원고를 완성해 주신 집필진에게 진심으로 감사한다. 빠른 시간에 책이 빛을 보도록 도와주신 학지사 김진환 사장님과 유명원 부장님, 그리고 유은정 선생님에게도 감사의 마음을 전한다.

후배상담자들이 좀 더 준비되고 성숙한 상담자가 되는 데 이 책이 도움이 되기를 바란다.

2018. 8.

저자 대표 김혜숙

차례

제3장 학교상담 윤리 • 49

제4장 상담 수퍼비전 • 71

제5장 상담 초기 과제 • 95

제10장 상담 중기 변화 전략 • 243

제11장 보호자상담 • 279

제12장 어려운 상황 다루기 • 299

제1장

상담사례 선정

- 누구를 내담자로 할 것인가? 상담의 목적을 생각해 보라
- 사례 선정을 위해 활용할 수 있는 관찰 및 대화
- 타전문가에게 의뢰/협조 필요성 검토하기

‘내가 지도하는 학생들 중에서 누구를 상담사례로 선정할까?’ 내담자(來談者)란 말처럼 학생이 스스로 와서 상담을 요청해 주면 좋을 텐데…. 학교에서의 상담은 내담자의 요청으로 먼저 이루어지는 경우보다 상담자인 교사가 내담자를 선정하는 경우가 훨씬 많다. 학급에서 가장 문제를 많이 일으키는 학생으로 할 것인가? 혹은 상담을 하면 변화가 가장 잘 이루어질 것 같은 학생으로 할 것인가?

누구를 내담자로 할 것인가?
상담의 목적을 생각해 보라

상담의 목적을 생각해 보면 누구를 내담자로 할 것인지 결정하기 쉬워진다. 학생의 문제해결을 돕는 것을 상담의 목적으로 삼는다면 문제를 가진 학생을, 또 문제 예방을 목적으로 삼는다면 문제가 발생할 가능성이 높은 학생을 내담자로 선정할 것이다. 반면, 상담의 목적을 문제 중심으로 생각하지 않고 학생의 성장과 발달을 돕는 것에 둔다면, 정상적으로 원만히 적응하고 있는 학생 누구라도 발달과업 수행과 자아실현을 위해 내담자로 선정할 수 있다.

문제에 근거한 사례 선정

문제해결 및 예방을 내담자 선정의 주된 근거로 삼는다면, 우선 1) 무엇을 문제로 볼 것인지 생각해 본다. 주관적 고통의 정도, 타인에게 미치는 부정적 영향의 정도, 동일 연령대의 학생들과 비교해 볼 때 차이가 나는 정도는 문제를 규정하는 대표적 기준이다. 또 2) 누가 문제라고 느끼는지도 생각해 본다. 학생 스스로 문제를 느껴서 상담을 요청하여 시작되는 경우도 있지만, 부모가 학생에 대해 걱정하여 교사에게 상담을 요청하거나 교사가 학생에게서 문제를 감지하여 상담을 시작하게 되는 경우가 훨씬 많기 때문이다. 이 두 가지를 함께 고려해 보면 다음과 같이 문제에 근거한 사례선정이 이루어질 수 있을 것이다.

교사가 규정하는 문제

• 교사가 관찰하기에 **학생이 주관적으로 어려움을 겪고 있다**고 판단되면 상담사례로 선정할 만하다. 학생 개개인에게 온정적 관심을 가지고 면밀히 관찰함으로써 학생이 경험하는 어려움을 감지할 수 있다.

예 –학업, 진로 등에서 고통 및 좌절을 겪거나 고민하는 학생
–자존감이 낮거나 무기력하고 의욕이 없는 학생
–또래관계에서 어려움을 겪는 학생 (또래들과 마찰이 많거나, 또래들과 어울리지 못하거나, 또래들이 싫어하는 등)
–우울하거나 불안 및 공포를 심하게 느끼는 학생

• 수업 및 또래 집단에 부정적 영향을 미치는 학생은 주관적으로 고통을 겪지 않을 수도 있지만 **타인에게 미치는 부정적 영향이 크다**면 상담사례로 선정할 만하다. 물론 겉으로는 그 학생이 주관적 고통을 겪지 않는 것으로 보일지라도 내면적으로는 상당한 고통을 겪고 있을 수도 있다는 점을 교사가 기억해야 한다. 또 이런 학생을 상담사례로 선정할 때는 상담을 통해서 그 학생을 도와주고자 하는 의도가 상담의 가장 중요한 의도여야 한다. (상담은 상담자를 위해서 하는 것이 아니라 내담자를 위해서 하는 것이다!)

예 –언어적 공격성이나 신체적 공격성을 자주 보이는 학생
–자기중심적 성향이 지나쳐서 또래들을 자주 불쾌하게 하거나 피해를 주는 학생
–주의가 산만하거나 수업에 흥미가 없어서 수업을 자주 방해하는 학생

• 학생의 주관적 고통이 관찰되지 않고 주변에 부정적 영향을 미치지 않더라도 **연령별 발달기준에 미치지 못하는 학생**도 상담사례로 삼을 수 있다.

예 또래에 비해 어리고 의존적인 학생의 경우 주변 학생들이 친절하게 잘 보살펴 주면 학생 본인도 별 고통을 느끼지 않고 또래에게 부정적 영향을 주지도 않지만 상담을 통하여 사회적 기술을 향상시키고 성장하도록 도울 필요가 있다.

부모가 규정하는 문제

부모가 자녀에게 문제가 있다고 걱정하여 교사에게 상담을 의뢰하여 상담을 시작할 수도 있다. 부모가 자녀의 상담을 부탁할지 여부는 교사에 대한 부모의 신뢰도에 의해 크게 좌우되지만, 부모에게 교사가 상담을 통해서 학생을 도울 수 있는 역량과 의지가 있음을 전달하는 것도 중요하다.

- **교사의 상담에 대한 열정과 전문성을 알려라** 교사들마다 학생에 대한 관심과 상담역량이 다르다는 것을 부모들은 알고 있다. 또 어떤 부모들은 교사가 상담을 통해 학생을 도와줄 수 있다는 것을 모를 수도 있다. 그러니 본인이 학생상담에 관심과 열정이 많다는 것, 대학원에서 상담을 전공하고 있고 (혹은 학위를 취득하였고), 상담에 관해 배운 것을 학생을 돕기 위해 활용하고 싶고 그럴 역량이 있음을 학생들에게, 부모들에게, 또 동료 교사들에게도 알려 두도록 하라. (그렇게 알리는 건 자기자랑이 아니라 도움의 손길을 내미는 것이다!)
- **부모의 자녀에 대한 관찰 · 생각을 자주 물어보고 함께 의견을 나누라** 학생에 대한 교사의 관심과 애정은 학생에게만 표현될 것이 아니라 부모에게도 표현될 필요가 있다. 각 학생의 부모에게, 특히 교사가 상담사례로 고려하는 학생의 부모에게 자주 연락하여 학교에서 교사가 관찰한 바도 전달하고 (이때 부정적인 내용만 전달하지 말고 반드시 긍정적인 점을 포함하여야 한다!) 부모가 가정에서 관찰한 바에 대해서도 물어보며 의견을 나누는 시간을 가질 필요가 있다. 여러 번의 관심 표현과 의견 나눔을 통해 부모의 방

어나 의심이 줄어들면 부모가 교사에게 학생을 상담해 달라고 요청할 가능성이 높아진다.

- **부모가 학생의 문제라고 여기는 것에 무조건 동의할 필요는 없다** 부모가 학생에 대한 기대수준이 너무 높아서 정상적 수준의 특성이나 행동을 문제라고 볼 수도 있기 때문이다. 그럴 때도 성급히 교사의 의견을 말해서는 안 되며, 부모의 생각을 경청하며 부모의 기대가 학생과 부모자녀관계에 미치는 영향을 함께 점검해 보고 기대를 현실화할 수 있도록 부모와 상담회기를 가지는 것이 좋다.

학생 본인이 규정하는 문제

- 평소에 교사가 학생에게 많은 관심과 애정을 보이고 학생을 이해하고 도우려는 적극적 자세를 보인다면, 학생이 힘들게 여기거나 혼자서 해결하기 어렵다고 여기는 일이 있을 때 교사에게 상담을 요청할 수 있다. 그러나 교사의 태도나 교사학생관계뿐만 아니라 학생의 성격에 따라서도 타인에게 도움을 요청하는 경향이 달라진다. 따라서 교사에게 먼저 다가오지 않는 학생들에게도 지속적인 관심을 보이고 대화할 수 있는 관계를 만들도록 애써야 한다.
- 불평형 내담자 유형도 중요한 상담사례다. 학생이 자신에게 문제가 있음을 깨닫고 그 문제를 해결하고자 노력하려는 자세를 갖춘 고객형 내담자라면 상담자가 돕기 쉽겠지만, 주변 사람이나 환경 탓을 하며 고통을 호소하는 불평형 내담자도 교사는 경청하고 이해하려고 노력하며 상담을 통해 도움을 주어야 한다.

학생의 성장 발달을 촉진하기 위한 사례 선정

교사, 부모, 학생이 문제를 느끼지 않더라도 상담사례로 선정할 수 있다. 정상적으로 잘 발달하고 있는 학생의 강점 확장과 잠재력 실현을 돕는 것도 상담의 중요한 목적이기 때문이다. 다음과 같은 경우들이 예가 될 수 있다.

발달영역별 · 중요역량별로 각 학생의 수준을 파악하고 개발/촉진 가능성을 탐색하라

- 사회적 발달, 정서적 발달, 진로 발달, 인지적 발달 등 발달의 여러 영역들에서 각 학생의 수준을 파악해 보라. 영역별로 각 학생의 강점이나 약점을 파악해 보라.
- 자기통제, 정서조절, 학습습관, 자기주장, 의사소통능력 등 역량을 각 학생별로 파악하고 개발/촉진 가능성을 탐색해 보라.

학생의 관심사와 목표를 파악해서 상담으로 연결하라

- 학생 개개인이 요즘 어디에 관심이 많은지, 혹 어려움은 없는지 자주 물어보고, 그 관심을 상담으로 연결할 수 있겠는지 탐색해 보라.
- 장단기 기간별(월/학기/학년/3년/5년 등)로 변화하고 싶은 점/목표를 설정하는 활동을 학급집단에서 실시한 후, 각 학생과 그에 대해 이야기를 나누며 상담으로 연결할 수도 있다.

사례 선정을 위해 활용할 수 있는 관찰 및 대화

일회성 사건으로 인해 상담을 시작하기도 하지만, 교사가 평상시 관심을 가지고 다양한 방법으로 학생을 관찰하고 알아보려는 노력을 하면 사례를 선정하기가 수월해진다. 대표적 방법들은 다음과 같다.

행동 관찰하기

학생의 행동을 다양한 시간대와 장면(각 과목별 수업 중, 아침 자습시간, 쉬는 시간, 급식시간, 교실 내, 운동장, 부모가 학교에 찾아왔을 때 등)에서 관찰하라. 다양한 상황별로 일관성 있는 점뿐 아니라 비일관적인 점도 찾아 보라.

학생의 학업성취도, 글, 그림, 창작물 살펴보기

학업성취도는 적응과 발달의 중요한 지표가 된다. 그러므로 학업성취도가 전반적으로 어떠한지, 또 학업성취도에 점진적 혹은 급격한 변화가 있는지를 살펴보라. 또한 학생은 자신의 생각과 느낌을 다양한 방식으로 표현하므로, 노트나 책에 낙서로, 학급 홈페이지에 올리는 글로, SNS로, 일기로, 그림으로, 알림장이나 학급공유노트 등에 누가 어떤 내용을 표현했는지 살펴 보라. 뿐만 아니라 자신에 대해 표현이 유독 적거나 없는 학생이 있는지, 또 왜 그런지도 생각해 보라.

질문과 대화하기

한 주에 한두 번도 교사와 간단한 대화라도 나누지 않는 학생에게 교사가 갑자기 상담을 시도한다면 그 학생이 상담에 쉽게 응할 것이라 기대하기 어려우며, 그 학생이 교사에게 먼저 상담을 요청할 가능성은 더욱 없다. 그러니 교사가 먼저 각 학생에게 말을 걸고 질문도 함으로써 간단한 대화라도 자주 나누면서 학생이 교사를 가깝게 여기도록 하며 대화 시에 학생이 어떤 반응을 보이는지도 관찰하라. 특히 눈에 띄지 않는 학생에게는 더 자주 대화를 시도하라.

타교사, 타학생 이야기에 귀기울이기

전담교사, 보건교사, 영양교사, 이전 학년 담임 등 타교사가 각 학생에 대해 알려 주는 관찰 내용이나 의견도 참조하라. 또한 학생이 교사에게, 또 학생들 간에 하는 이야기들 중에 다른 학생에 관한 내용들이 포함되는 경우들이 있다. 그런 내용들도 대상 학생에 대한 중요한 정보가 될 수 있다.

타전문가에게 의뢰/협조 필요성 검토하기

교사, 부모, 학생이 문제를 느껴서 상담을 시작할지 결정하려 할 때, 교사는 타전문가에게 의뢰하거나 협조할 필요성이 있는지 고려할 필요가 있다. 타전문가 의뢰/협조는 상담사례 선정 시에만 결정하는 것이 아니라, 상담을 진행하면서 문제에 대해 보다 구체적으로 이해하게 되거나 상담 시작 때 생각했던 것과 다른 문제를 발견하게 되면서 추가로 이루어질 수도 있다.

상담자의 역량을 고려하여 결정하라, 그러나 도전하는 자세를 가지라

타전문가 의뢰/협조 여부는 기본적으로 문제의 특성 및 정도를 상담자가 충분히 다룰 만큼 역량이 있는지를 가늠하여 결정한다. 물론 상담자 역량은 고정적인 것이 아니다. 상담이론과 기법에 대해서 과거에 공부한 것 및 과거의 상담경험뿐 아니라, 문제와 그에 대한 상담접근에 관한 새로운 공부와 수퍼비전은 상담자 역량을 높일 수 있다. 따라서 특정 문제에 대한 경험이나 지식이 부족하다고 여겨지더라도, 관련된 자료들을 찾아보고 또 수퍼바이저에게 조언을 구하면 사례를 다룰 수 있는 역량이 커질 수 있다. (내담자가 어려움에 도전하고 극복하도록 도우려면 상담자도 같은 자세로 도전하는 용기가 필요하다!)

수퍼바이저는 상담자에게 가장 중요한 전문가다

수퍼바이저가 있다면 상담자의 역량을 좀 더 크게 생각해도 좋다. 수퍼비전 받는 만큼 역량이 커지는 것이기 때문이다. 수퍼비전은 사례 선정부터 시작하는 것이 좋다. 상담자가 일차적으로 지각한 학생의 전반적 특성, 문제의 내용, 정도 등을 수퍼비전에서 논의하여 사례 선정 및 타전문가 의뢰/협조 여부를 결정하도록 하라.

검사 전문가에게 의뢰하기

대부분의 상담 전공 대학원은 심리검사 과목이 교육과정에 포함되어 있으니 다양한 검사를 상담자가 직접 실시할 수 있을 것이며, 상담자가 직접 검사를 실시하면 검사 결과뿐 아니라 검사 시 학생이 보이는 반응을 직접 관찰할 수 있는 이점(利點)이 있다. 그러나 다음과 같은 경우에는 검사 전문가에게 의뢰하는 것이 도움이 될 수 있다.

- 특정 검사에 대한 상담자의 경험이 부족하거나 다른 검사 전문가의 의견을 참조해야 할 필요성을 느끼는 경우

  예 주의력 결핍검사, 개인용 지능검사
- 상담과정에 검사를 포함하면 학생과 상담관계를 형성하는 데 지장이 생길 것이라고 여겨지는 경우

소아과전문의 등에게 의뢰하기

학생이 신체적 증상을 호소하거나 신체화 경향을 보이는 경우, 소아과나 해당 분야 전문의에게 신체적 원인 여부를 확인받는 과정이 반드시 필요하다.

예 학교에만 오면 배나 머리가 아픈 학생

소아청소년정신과전문의, 학습장애전문가 등 타전문가와 협조하기

학습장애전문가나 소아청소년정신과전문의는 상담자들이 가장 자주 협조하게 되는 전문가들이다.

① ADHD 등 약물치료가 도움이 될 가능성이 높은 경우 소아청소년정신과전문의와 협의하고 상담과 병행한다. 부모의 동의를 받아서 소아청소년정신과전문의와 상담자가 직접 의견을 나누거나, 혹은 부모를 통해서 의견을 서로 전달하고 협조한다.

② 학습장애전문가도 학생을 위해 많은 도움을 줄 수 있는 자원이므로, 상담자가 줄 수 있는 도움과 학습장애전문가가 줄 수 있는 도움을 함께 의논하고 협조한다.

본인의 상담역량을 벗어나는 사례로 판단되어 타상담전문가에게 의뢰하기

학생에 대한 교사의 관심과 돕고자 하는 열정, 그리고 이미 친밀하게 형성되어 있는 교사학생관계는 상담을 성공적으로 이끄는 매우 귀중한 자원이므로, 교사의 상담역량을 보완해 주는 요인이 되기도 한다. 또한 다소 역량이 부족한 상담자가 상담을 하더라도, 학생들이 발달하면서 겪는 문제는 속히 나아지지는 않더라도 악화되지는 않는 경우도 많다. 그러니 상담자가 열심히 공부하고 수퍼비전 받으면서 도전해 볼 만하다. (그렇게 한동안 열심히 상담을 했는데도 전혀 도움이 되지 않는다고 느낀다면 그때 타상담전문가에게 의뢰할 수 있는 가능성도 열려 있다.) 그러나 일부 문제는 보다 적절한 상담전문가에게 바로 의뢰하는 것이 윤리적으로 옳다.

① 위험도가 상당히 높아서 숙련된 상담자가 다루어야 할 문제이며 본인의 상담역량은 그에 미치지 못한다고 판단되면 보다 숙련된 상담전문가에게 의뢰한다.

예 트라우마를 직간접으로 경험한 내담자의 경우, 상담과정에서 트라우마를 재경험하게 될 때 상담자의 숙련된 개입이 필요하다.

② 문제의 특성상 교사가 상담하기에 적절치 않은 문제라면 그 문제를 다루기에 가장 적절한 외부 전문가에게 의뢰한다.

예 집에서는 말을 잘하는데 학교에만 오면 선택적 함묵증을 보이는 학생이라면 학교체제의 일부인 교사가 상담을 하는 것이 문제해결에 효과적이지 않을 것이다.

③ 교사학생관계가 악화되어 있어서 상담관계 형성이 어려울 것이라고 본다면 외부 전문가에게 의뢰하는 것이 좋다.

예 상담자가 대상 학생에 대해 미운 감정이 강하게 들거나, 그 학생이 상담자에게 강한 부정적인 감정을 가진 경우 외부 전문가의 개입이 필요하다.

생각해 볼 문제

1. 과거의 학생지도 경험, 상담훈련과 실습 경험, 자신의 성격적 특성 및 인간관계 등을 고려해 볼 때 가장 어려운 유형의 내담자는 어떤 학생일지 생각해 보자. 그 이유는 무엇이며, 그 어려움을 극복하는 노력은 어떻게 이루어질 수 있을지도 생각해 보자.

제2장

상담 준비와 관리

- 상담 준비
- 상담공간 확보와 운영
- 상담시간 확보와 계획
- 학생과 부모 동의 얻기
- 상담기록 관리

상담을 공부한 이후 처음으로 현장에서 학생을 만나 상담을 해 보는 날은 무척 흥분되고 떨린다. 대학원에 진학한 후 많은 상담이론과 실제를 공부했고, 동료들과 Role Play 경험도 충분히 쌓았다. 그동안 배운 것들을 마침내 펼쳐 볼 기회가 왔다는 설렘과 함께 걱정도 된다. 다른 상담자의 사례와 수퍼비전도 관찰했고, 직접 상담도 받아보았지만, 상담을 잘 할 수 있을지 걱정이 앞선다. "나는 어떤 상담자일까?" "학생이 얘기를 잘 해 줄까?" "혹시라도 상처를 주면 어쩌지?" "실수라도 하면 큰일인데." "선생님(수퍼바이저)께 야단맞지 않을까?" "동료들보다 못하면…." "상담에 자질이 없는 건 아닐까?" "뭘 입고 가야 상담자다워 보일까?" "아프다고 하고 가지 말까?" "학생이 안 오면 좋겠다." "할 말이 생각 안 나면…." 온갖 생각과 걱정이 몰려와 진정이 되지 않는다.

누구나 불안을 안고 상담자의 첫발을 내딛는다. 그리고 초보상담자 기간 동안 불안은 항상 따라다니고, 이는 경력이 많이 쌓인 상담자들도 여전히 겪는 불안이다. 그러나 상담자를 양성하고 상담을 제공하는 시스템이 여러분을 잘 지켜 줄 것이니 너무 초조해 하지 않기 바란다. 상담자 혼자 상담을 하는 것이 아니라 상담자를 둘러싼 상담서비스 시스템이 상담을 이끄는 것이라는 점을 잊지 말고, 이 시스템이 요구하는 관리 지침을 잘 따르는 것이 가장 중요하다. 이 장에서는 상담서비스 시스템의 구성원리를 다루고 있으며, 사례관리 전반에서 상담자가 지켜야 할 기본 지침을 제공한다.

상담 준비

모든 일이 그 준비에서부터 출발하듯이 상담도 준비하는 단계부터 상담이 시작되는 것이라고 할 수 있다. 상담에 대한 불안이나 실패에 대한 두려움과 같은 마음가짐에서부터 필요한 사전 정보와 문서의 준비까지 미리 확인하고 준비해야 한다.

상담과 관련된 불안 극복하기

누구나 주어진 과제를 잘 할 수 있을지 불안해 한다. 이러한 불안이 지나치지 않다면 좋은 성과의 밑거름이 된다. 상담을 앞둔 상담자가 느끼는 불안도 마찬가지로 불안은 상담을 성공적으로 이끌어 줄 소중한 정서적 경험이다. 상담자들은 상담을 앞두고 또는 상담을 하면서 내담자가 속 얘기를 안 해주면 어떻게 할지, 오히려 내담자에게 상처를 주는 건 아닐지, 형편없는 상담자로 보이는 건 아닐지 등을 생각하며 불안을 경험한다. 상담에 대한 상담자의 불안은 상담을 잘하고 싶은 마음에서 출발된 정서로 불안을 느끼는 것은 당연하고 적응적인 반응이다. 따라서 불안 자체에 대해 두려워하지 말고 불안한 자신을 격려하고 불안을 일으키는 부분을 중심으로 준비를 더 잘하는 것이 필요하다. 상담을 방해할 정도의 심한 불안을 느낀다면 적극적으로 다루어야 할 상담자의 문제다. 스스로 불안의 원인이 되는 비합리적인 사고를 찾아 그 비합리성을 인식하고 바꾸는 노력을 기울일 수 있을 것이다. 또한 신체적 불안 반응 자체를 진정시키는 이완 활동도 병행하면 도움이 된다. 혼자의 힘으로 불안을 극복하기 어렵다면 동료에게 도움을 요청하거나 수퍼바이저의 도움을 받아 극복할 수 있다. 즉, 불안을 느끼는 자체가 문제가 아니라 불안의 정도와 영향을 알아차리고 다루어 나가는 것이 중요하다.

상담에 대한 불안을 상담자만 느끼는 것일까? 아마 상담자보다 더 큰 불안을 느끼는 쪽은 내담자일 것이다. 도움을 받기 위해 상담을 신청했지만 상담자가 어떤 사람일지, 상담자가 자신을 어떻게 볼지, 상담자가 싫어하진 않을지, 이해받을 수 있을지, 내가 이상한 사람은 아닌지, 비밀을 얘기해도 될지, 말을 조리 있게 못해도 괜찮을지 등 내담자는 앞으로 펼쳐질 상담과 상담자에 대해 불안이 가득하다. 상담자가 자신의 불안에 휩싸여 내담자의 불안을 알아차리지 못한다면, 내담자의 신뢰를 얻기 어려울 것이다. 따라서 상담자는 상담에 들어가기 전에 자신의 불안을 충분히 다루어 내담자의 반응에 집중할 준비를 갖추어야 한다.

초보상담자의 실패 경험 받아들이기

상담은 사람의 마음을 다루는 일로 실패할 경우 내담자에게 마음의 상처를 줄 수 있다. 그래서 상담자들은 충분한 공부와 준비를 통해 가능한 한 실패를 줄이도록 노력해야 한다. 그러나 아무리 공부를 하고 실습을 통해 준비하더라도 실제 상담을 해 보지 않고 배우기 어려운 것들이 많기 때문에 실패를 동반할 수밖에 없다. 특히 초보상담자 시기에는 수많은 실패 경험을 하게 된다. 이러한 실패가 내담자에게 주는 악영향을 최소화하기 위해 수퍼비전이라는 장치를 통해 실패의 영향력을 최소화할 방안을 찾고, 실패를 줄이고, 같은 실패를 반복하지 않도록 예방한다. 실패를 숨기거나 실패를 인정하지 않고 변명하게 되면, 실패를 다룰 기회가 없어지기 때문에 상담자와 내담자에게 모두 독이 된다. 따라서 초보상담자는 실패하지 않기 위해 최선을 다할 뿐 아니라, 자신이 잘못한 것을 수용하고 수퍼비전의 도움을 받아 실패를 극복해야 한다. 특히, 어릴 때부터 성실하게 자신에게 주어진 일과 과제를 잘 처리해 실패를 맛보지 않았던 사람들에게는 자신의 실패를 받아들이고 다른 사람에게 도움을 구하는 일이 어려울 것이다. 이런 사람들에게는 이것을 극복하고 성장으로 나아가는 성장통이 더욱 고통스럽게 느껴질 수 있지만, 그렇기 때문에 더 필요한 과정이다.

궁금한 점을 사전에 해결하기

상담을 배울 때는 몰랐는데 막상 상담을 시작하려고 하면 사소한 것부터 의문이 든다. 호칭을 어떻게 해야 할지, 약속은 어떻게 잡아야 할지, 개인정보는 어떻게 다루어야 할지, 옷은 어떻게 입어야 할지, 혹시 내담자가 갑자기 난폭해지면 어떻게 할지 등이 궁금할 수 있다. 이런 세밀한 사항들을 상담실습에서 다루기는 경우도 있지만, '알아서 눈치껏' 해야 하는 경우가 더 많다. 그러나 더 바람직한 태도는 궁금한 점을 상담에 들어가기 전에 확인하는 것이다. 상담과 관련한 모든 사항은 상담자가 일하는 상담센터의 규정을 따르는 것이 원칙이므로 선배상담자나 수퍼바이저에게 물어보는 것이 좋다. 아무리 사소한 것이라도 마음대로 결정해 실수하기보다는 정확하게 확인하는 것이 바람직하다. 가능한 궁금한 한 점들을 메모했다가 한꺼번에 물어보는 것이 다른 사람들의 업무를 방해하지 않을 것이다.

상담에 필요한 준비물 미리 챙기기

상담은 상담자와 내담자 두 사람의 대화로 주로 이루어지지만 경우에 따라 필요한 도구들이 있다. 상담에 들어가기 전에 이 부분을 챙겨야 한다. 예를 들면, 첫 상담의 경우 '상담신청서'와 '동의서'를 비롯한 여러 가지 서류들이 있을 수 있고, 첫 회기 이후 상담에서도 필기구, 기록지, 녹음기 등 기록을 위한 도구와 그날 상담에 사용할 검사나 매체가 있을 수 있다. 이러한 준비는 다음 회기 상담을 계획할 때부터 준비해 상담 직전에 필요한 준비물을 구하지 못하거나 상담을 하면서 준비물을 찾느라 시간을 보내는 일은 없어야 한다.

상담공간 확보와 운영

상담은 상담자와 내담자가 깊이 있는 자기탐색을 하면서 진행되는 대화과정으로 조용하고 쾌적하고 방해받지 않는 물리적 환경에서 진행되어야 한다. 따라서 상담을 위한 별도의 공간이 마련되어야 하고, 여러 번 상담을 할 경우 가능한 일정한 장소에서 상담이 지속되어야 한다. 또한 여러 상담자가 한 상담실을 사용할 경우 사용시간 관리와 물품 관리의 규칙을 정해야 하고, 특히 청결관리에 신경을 써야 한다. 상담실을 따로 마련하지 못해 다른 장소를 상담에 사용하게 될 경우 상담공간의 조건을 가능한 한 충족할 수 있는 곳을 선택해야 할 것이다.

상담공간의 조건

상담실은 내담자가 상담실에 들어왔을 때 자신이 환영받고 있다는 느낌을 가질 수 있는 곳이어야 한다. 가능한 한 밝고 따뜻하고 깔끔한 상태를 항상 유지해, 내담자가 상담실 공간에서부터 "나를 위해 이렇게 준비가 되어 있구나." 라는 존중받고 있다는 인상을 받게 한다. 나아가 상담을 위한 공간은 '편안하게 내 이야기를 할 수 있는 곳'이어야 하고 '오직 나에게 집중할 수 있는 곳'이어야 한다. 즉, 안락함을 제공하면서 동시에 방해 자극 차단이 필요하다. 소음, 다른 사람의 시선, 불쾌감은 특히 상담을 방해하는 자극이다. 가능한 한 중립적 자극으로 상담실 내부를 꾸민다. 그리고 편안하게 앉을 수 있는 곳, 상담자와 내담자의 적정한 거리 유지를 위한 배치, 방음(상담내용이 밖으로 나가지 않고 상담실 밖 소리가 들리지 않는 정도) 등을 준비한다. 상담자의 외모나 태도도 물리적 공간의 한 부분으로 지각될 수 있는데, 상담자의 외모와 태도가 내담자의 관심을 끄는 독특한 자극이 되지 않아야 한다. 예를 들면, 노출이 심한 옷을 삼가고 검은색 정장처럼 긴장감을 주는 옷차림을 피하는 것이 좋다.

교실에서의 상담

상담실이 따로 마련되어 있지 않은 학교의 경우 교실에서 상담을 진행하게 된다. 교실은 크기나 환경 면에서 상담에 가장 좋은 장소는 아니지만, 교실 밖에 공간이 없다면 최대한 상담공간의 조건을 갖추는 노력이 필요하다. 먼저, 교사와 학생이 어떤 곳에 어떤 자리 배치로 앉을 것인지 정해야 한다. 평소 학생이 사용하는 책상으로 교사가 가서 상담을 할 수도 있고, 교사의 자리로 학생이 와서 상담을 할 수도 있다. 서로의 이야기를 잘 들을 수 있으면서 너무 가깝지는 않도록 하고 마주 보기보다는 90° 정도의 배치가 긴장감을 줄일 수 있다. 교사의 책상에서 상담을 할 경우 다른 업무의 방해를 받지 않도록 컴퓨터와 스마트폰은 꺼야 하고, 업무관련 서류나 교구들도 시야에 들어오지 않도록 정리하는 것이 좋다. 둘째, 교실은 언제라도 다른 사람이 들어올 수 있어 방해받기 쉬운 공간이라는 점에 대한 대책이 필요하다. 방해가 적은 시간을 상담시간으로 정하거나 미리 상담시간을 알리거나 교실 입구에 '상담 중'이라는 표시를 두어 가능한 한 방해를 받지 않도록 해야 한다. 셋째, 교실의 넓은 공간이 주의를 분산할 수 있는데, 뚜렷한 대책을 세우기 어렵다. 칸막이를 사용하는 것은 답답함을 야기할 수 있으므로 권장되지 않는다. 따라서 교사는 주어진 공간에서 학생을 관찰하면서 가능한 한 상담에 집중할 수 있도록 노력을 기울여야 할 것이다.

실외에서의 상담

점심시간을 이용한 상담의 경우 실내에서 상담을 할 수 있는 공간을 찾기 어려울 수 있다. 이 경우 학교 뜰의 벤치에 나란히 앉거나 산책을 하면서 상담을 진행하기도 한다. 소음도 있고 다른 사람들의 시선에 신경을 써야 하기 때문에 상담에 그리 좋은 환경이라고 할 수 없다. 서로 나란히 앉거나 걸을 경우 교사가 학생을 관찰하기에도 쉽지 않다. 검사를 실시하거나 그림이나 악기와 같은 매체를 사용하는 것은 불가능하다. 그러나 소극적 성격으로 교실 밖을 나가지 않는 학생의 경우 활동량을 늘려 오히려 도움이 될 수 있는 측면도 있다. 따라서 내담자의 특성이나 상담내용에 따라 실외상담도 계획할 수 있으므로 미리 어떤 장소가 적합할지 조사하는 것도 필요하다.

그러나 학교(또는 상담센터)라는 공간을 벗어나는 것은 바람직하지 않다. 내담자와 더 친밀해지고 내담자가 더 편안하게 이야기할 수 있는 공간이라는 이유로 카페나 심지어 술을 파는 곳에서 상담을 진행하는 경우가 있는데, 이것은 잘못된 사례다. 상담이라는 공식적인 활동을 학교나 상담센터가 아닌 사적인 공간에서 진행해서는 안 되기 때문이다. 단, 내담자가 장애나 질병으로 이동할 수 없거나 무단결석 중이거나 가정의 환경에 대한 조사가 필요한 경우 예외적으로 가정으로 방문하여 상담을 진행할 수 있다. 이런 경우가 아니라면 상담은 학교(또는 상담센터)에서 진행하는 것을 원칙으로 정하고 잘 지켜 나가야 한다.

상담시간 확보와 계획

상담은 아무 때나 필요할 때 만나 나누는 대화가 아니라 목표를 가지고 일정 기간 동안 정해진 시간에 정기적으로 만나 대화를 나누는 활동이다. 즉, 상담을 통해 어떤 변화를 하겠다는 목표를 정하고 나면, 그에 맞는 상담 시작시간, 1회 상담시간, 빈도, 전체 상담기간 등에 대해 내담자와 의논하고 계획을 세워야 한다. 내담자의 다른 생활 일정과 상담자의 일정을 고려하여 두 사람이 모두 지킬 수 있는 시간을 확보하는 것이 무엇보다 중요하다.

상담시간의 의미

상담시간은 언제 만나 얼마나 상담을 하는가와 관련된 모든 시간관련 계획과 약속을 의미한다. 상담시간 중 먼저 정해야 할 것은 언제 만날 것인가다. 일반적으로 두 사람이 만나 약속을 정할 때처럼 내담자와 상담자가 모두 가능한 시간 중 적절히 선택한다. 그리고 한번 만났을 때 얼마나 이야기를 나누는가를 정하는데, 한번 만나는 것을 '회기(session)'라고 부른다. 한 회기의 시간은 40~50분으로 정하는 경우가 많고, 내담자가 어려 주의집중 시간이 짧거나 학교에서 점심시간과 같은 시간을 이용할 경우 한 회기는 더 짧을 수 있다. 다음으로 얼마나 자주 만날 것인지 정하는데, 전통적인 상담에서는 1주일에 한번 정기적으로 만난다. 생각의 호흡이 짧은 어린 아동이나 행동변화를 자주 점검해야 할 경우 일주일에 두 번 이상 만날 수 있다. 마지막으로, 상담을 몇 회기 정도 진행할 것인지도 정해야 하는데, 내담자의 문제에 따라 다를 수 있다. 무엇보다 처음에 정한 상담시간은 상담이 진행되면서 변경될 수 있는데, 내담자에게 가장 도움이 되는 것이 무엇인가를 기준으로 결정해야 한다.

상담시간 확보의 어려움

상담에는 일정한 시간 투자가 필요하기 때문에 새롭게 상담이 시작되면 이전과는 다른 시간 사용이 필요하고, 여기에는 여러 가지 어려움이 있을 수 있다. 먼저, 상담자의 경우 풀타임 상담자라면 전체 상담관련 업무에서 해당 내담자와 어떤 시간에 상담이 가능한지 확인해야 하는데, 다른 상담이 많을 경우 내담자가 대기자로 기다리게 된다. 파트타임 상담자와 교사의 경우 다른 업무를 고려해 상담시간을 확보해야 하는데, 풀타임 상담자에 비해 상담시간 확보에 더 많은 어려움을 가질 수 있다. 또한 내담자도 마찬가지로 바쁜 일상에서 상담시간을 확보하기 쉽지 않다. 특히, 학생들의 경우 공부 시간을 할애해야 하는 경우가 많아 부담이 크다. 간혹 수업시간에 해당 수업을 받지 않고 상담을 받으러 오는 학생들도 있는데, 위기상담이 아닌 경우 삼가야 한다. 학교에서는 대부분 방과후 시간을 이용해 상담이 진행되는데, 방과후 프로그램을 비롯해 학생이 참여하고 있는 활동과의 시간 안배를 미리 해야 한다. 따라서 상담자는 자신의 시간만이 아니라 내담자가 상담시간을 어떻게 확보할 것인가에 대해 미리 의논해야 한다.

상담시간에 대한 합의와 계획

상담을 언제, 얼마나 진행할 것인지에 대해 내담자와 합의하고 계획하는 것은 상담을 위한 첫 출발이다. 상담시간을 정하기 위해 상담자는 내담자에게 상담시간의 합의와 계획의 필요성에 대해 먼저 안내한다. 상담은 필요할 때 상황을 봐서 하는 것이 아니라 변화의 목표를 위해 정해진 시간에 정해진 기간 동안 진행되는 활동임을 알린다. 상담시간의 확보 면에서 상담자와 내담자가 모두 어려움을 가지고 있기 때문에 시간 조율은 더욱 중요하다. 학생의 방과 후 시간관리를 부모가 맡고 있는 경우라면 부모와의 의논도 필요하다. 상담자와 내담자가 모두 편안하게 상담에 올 수 있는 시간을 선택해 상담 시작시간, 1회 상담시간, 빈도, 전체 상담기간 등을 정한다.

상담시간의 변경

상담은 정해진 시간에 이루어지는 활동으로 상담자와 내담자는 상담시간을 잘 지켜야 한다. 상황에 따라 상담시간을 변경할 수 있으나 가능한 한 변경하지 않아야 한다. 특히, 상담자가 만나기로 한 상담 시작 시간을 변경할 경우, 상담자에게 상담이 우선순위가 높은 일이 아니라는 인상을 내담자에게 주고, 나아가 내담자는 자신이 중요한 사람이 아니기 때문이라고 느낄 수 있다. 따라서 상담자는 자신의 상황 때문에 상담시간을 변경하는 일은 없어야 한다는 자신만의 지침을 세워 지켜 나가는 것이 필요하다. 부득이하게 상담시간을 변경할 경우, 미리 양해를 구하고 그 이유를 잘 설명해야 한다. 한 회기의 시간, 빈도, 전체 상담 기간은 상담이 진행되면서 변경되는 경우가 많다. 처음에 예상했던 것과 다르게 진행될 수 있기 때문에 그에 맞게 상담시간을 조정해야 한다. 정기적으로 상담의 효과를 점검하면서 상담시간에 대한 의논도 함께 진행한다.

학생과 부모 동의 얻기

상담은 내담자와의 동의하에 진행되는 활동으로 초·중·고 학생의 경우 부모[1] 동의도 필요하다. 동의는 상담이 시작되기 전에 완료되어야 하므로 부모 동의까지 시간이 다소 소요되더라도 기다려야 한다. 또한 상담에 대한 동의 절차와 보고 관련 사항은 상담센터나 학교에 따라 다를 수 있으므로 상담자가 속한 조직의 규정을 알아보고 따르는 것이 중요하다.

상담관련 학교 지침

상담은 학생을 조력하는 기본적인 서비스로 어느 학교에서나 실시하고 있다. 그러나 학생의 사적 정보를 다루고 경우에 따라 학생에게 피해를 줄 수도 있기 때문에 학생과 부모의 동의를 얻기 이전에 관리자의 허락을 받는 절차를 두고 있는 경우도 있다. 뿐만 아니라 전문상담교사나 전문상담사가 학생들에 대한 심리상담을 일임하도록 정한 학교도 있다. 이 경우 담임교사나 교과 담당 교사는 간단한 학생 면담이나 부모 면담만을 담당하도록 하고 있어 심리상담을 진행하기 어려울 수 있다. 어떤 경우이든 학생 및 부모 동의 전에 알아보고 따라야 할 사항이다.

동의서 확보 절차 및 유의사항

상담이 필요한 학생을 발견하고 상담을 진행하기로 합의하면 동의서를 작성

1) 부모가 없는 경우 법적 보호자가 부모를 대신한다. 이 장에서는 편의상 부모로 표현하고 부모가 없는 경우 법적 보호자가 부모의 역할을 하는 것으로 간주한다.

한다. 구두로 동의를 구하는 것만이 아니라 '상담동의서'라는 서류를 통해 동의 사실을 분명히 해야 한다. 상담센터와 학교에 따라 정해진 동의서 양식이 있으므로 이를 준비해 학생과 부모의 서명을 받아 보관한다. 상담센터나 학교에서 동의서 양식을 따로 정하지 않고 있을 경우 이 책의 부록에 제시된 동의서 양식을 사용할 수 있다. 학생과 부모에게 동의서 작성을 요청할 때에는 상담이라는 활동에 대해 안내하고 동의서 작성의 취지와 필요성에 대해 설명해야 한다.

동의서 작성 절차를 살펴보면, 먼저 내담자와의 면담을 통해 상담에 대한 합의를 하고 동의서 작성에 대한 설명을 마친 후 동의서를 작성한다. 동의서에 제시된 내용에 대해 충분히 설명해야 하고, 내담자가 더 추가하고 싶은 내용이 있을 경우 추가할 수 있다. 부모 동의도 받아야 할 경우, 학생과의 면담 후 부모에게 연락해 상담의 과정과 동의서 작성의 필요성에 대해 설명한다. 가능한 한 학생과 부모를 동시에 만나 동의서 작성을 진행하는 것이 좋지만 사정이 여의치 않을 경우 동의서를 가정으로 보내 부모의 서명을 받을 수 있다. 동의서는 2부를 작성해 한 부는 상담자가 보관하고 한 부는 내담자가 보관하게 한다.

구두 동의와 상담동의서 서류에 직접 서명을 하는 것은 심리적 부담감에서 차이가 날 수 있어 동의서 작성을 꺼릴 수 있다. 따라서 동의서 작성 이전에 동의서 작성이 내담자를 보호하기 위한 것임을 잘 안내해야 한다. 특히, 상담동의서에 기술된 문장의 표현 방식이 공식적이고 낯설어 불안을 일으킬 수 있으므로 상담동의서를 읽으라고 하기보다는 그 내용을 하나하나 설명해 주는 것이 좋다.

상담기록 관리

상담은 상담기관(학교 포함)이 주관해 제공하는 공식적 서비스로 기록을 통해 모든 활동을 관리한다. 앞서 살펴본 동의서와 같은 서류를 작성하여 보관할 뿐만 아니라 내담자와의 상담내용을 매 회기마다 기록해야 하고, 심리검사 실시 결과와 해석내용, 다른 전문가 또는 전문기관과의 교류내용, 사례회의나 수퍼비전 내용 등도 모두 기록으로 남겨야 한다. 이러한 내담자에 대한 모든 기록은 비밀보장의 원칙에 따라 보안을 유지해야 하고, 기록물 관리지침에 따라 일정 기간 보관 후 폐기한다.

상담기록의 의미와 필요성

상담기록은 "상담기관과 상담자가 상담활동을 전개하는 과정에서 생산되고 유지되는 일체의 정보"로 정의된다(유정이, 2015). 따라서 상담이 진행되면서 내담자와 관련해 작성하거나 수집된 모든 자료가 상담기록에 해당한다. 상담신청서, 동의서, 심리검사 결과지를 비롯한 서류, 상담자가 작성한 상담내용, 상담회기에 수집된 녹음/녹화물, 수퍼비전 자료 등이 대표적인 예다. 그리고 이 가운데 상담자가 직접 작성하는 상담기록은 정확하고, 솔직하고, 빠짐없이 작성되어야 기록으로서 의미를 갖는다. 내담자 입장에서는 상담기록을 남기지 않는 것이 비밀보장의 측면에서 최선이라고 생각하기 쉬워 기록하는 것을 꺼릴 수 있으나 상담기록을 작성하고 보관하는 것은 상담자의 책임이고 의무사항이다. 따라서 내담자가 기록을 원하지 않을 경우 상담기록의 필요성에 대해 잘 설명하고 동의를 얻어야 한다.

상담을 기록해야 하는 가장 중요한 이유는 상담을 더 잘하기 위해서다. 상담자와 내담자의 기억력에는 한계가 있기 때문에 상담기록을 통해 상담과정을 다시 돌아보고 상담 성과를 평가하고 새로운 상담 계획을 세울 수 있다. 매 회기마다, 중간 점검에서, 그리고 종결에서 상담기록을 통해 이 과정을 반복한다. 상담과정에 대한 상담자와 내담자의 이해만이 아니라 상담에 대한 전문가 평가를 받을 수 있는 사례회의나 수퍼비전을 위해 상담기록이 필요하다. 또한 상담기관은 상담기록을 통해 그 기관에서 이루어지는 상담 업무를 관리한다. 상담자별 상담기록을 통해 언제, 누가, 누구에게, 어떻게 상담 서비스를 제공하고 있는지 파악하고, 상담이 올바르게 운영되고 있는지 확인한다. 상담자 입장에서는 자신의 업무에 대한 관리 및 감독을 받는 것이라고 할 수 있는데, 내담자의 이익을 우선하고 내담자에게 줄 수 있는 피해를 예방하기 위한 조직의 장치라고 할 수 있다. 따라서 상담자는 상담기관의 상담기록에 대한 지침을 반드시 따라야 한다. 마지막으로, 상담기록은 상담자 자신을 보호하기 위해 필요하다. 상담자가 직면할 수 있는 각종 의심과 문제제기, 공격과 분쟁, 오명이나 소송 등으로부터 자신의 상담행위를 정당화하는 거의 유일한 수단이 된다(유정이, 2015, p. 35). 이러한 상담기록의 필요성 때문에 상담과정에 대한 기록을 남기는 것에 대한 책임이 있다는 점이 상담전문가 윤리강령에 포함되어 있다.

상담기록에 관한 정의

- **상담기록**: 상담기관과 상담자가 상담활동을 전개하는 과정에서 생산되고 유지되는 일체의 정보
- **상담기록물**: 상담기관이 업무와 관련하여 생산하거나 접수한 문서 · 도서 · 대장 · 카드 · 도면 · 시청각물 · 전자문서 등 모든 형태의 기록정보 자료(상담회기에 대한 기록, 행정기록, 교육 및 수퍼비전 기록, 종이기록뿐 아니라 전자기록, 녹음이나 녹화를 통해 만들어진 매체기록, 기록에 대한 기록을 모두 포함)
- **상담기록 관리**: 상담기록물의 생산 · 분류 · 정리 · 이관 · 수집 · 평가 · 폐기 · 보존 · 공개 · 활용 및 이에 부수되는 모든 업무

출처: 유정이(2015). **상담기관의 기록관리**, pp. 24-25.

상담기록 확보

상담이 시작되는 것과 함께 모든 과정은 기록으로 남겨야 하고, 가능한 한 정해진 양식에 따라 기록한다. 상담의 과정에 따라 작성해야 할 기록의 대표적인 예를 살펴보면 다음과 같다.

상담신청서

상담신청서는 상담을 시작하기 위해 작성하는 것으로 이름, 성별, 나이, 연락처와 같은 내담자의 인적사항과 이전 상담경험, 상담받고 싶은 문제, 상담 가능 시간과 같은 상담관련 기초정보를 중심으로 구성된다. 내담자에 대한 정보가 요약된 문서로 사례관리에 유용하므로 작성하는 것이 좋다. 대부분의 상담기관은 상담신청서를 구비하고 있어 상담이 시작될 때 내담자에게 작성하게 한다. 상담실이 따로 마련되어 있지 않은 학교의 경우 상담신청서 양식이 없을 수 있는데, **[부록 1]**에 제시한 양식을 활용할 수 있다. 첫 페이지는 주로 인적사항 중심으로 구성되어 있고 그다음 페이지는 적응상태를 간단히 알아볼 수 있는 내용이 포함되어 있다. 적응상태 파악 체크리스트는 상담 종결 단계에서 상담성과 평가용으로도 사용할 수 있다. 제시된 상담신청서의 두 페이지 모두 작성하기 부담스러워할 경우 첫 페이지만 작성할 수 있고, 학생이 직접 작성하기 어려워 할 경우 상담자가 각 사항을 직접 물어보면서 작성할 수 있다.

상담동의서

상담동의서는 앞서 설명한 바와 같이 상담을 진행하는 것에 대한 내담자(학생의 경우 부모 포함)와의 약속을 문서로 남기는 것이다. 상담에 대한 동의는 구두로 진행되는 경우가 많은 것으로 파악(하혜숙, 조남정, 2012)되고 있으나 문서화하여 남겨야 한다. 상담이 시작되기 전에 반드시 작성해야 하고, 상담자와 내담자가 모두 보관해야 한다. 상담기관의 상담동의서를 사용하고, 없을 경우 **[부록 2]**의 양식을 사용한다.

상담 진행 기록

상담이 언제 어디에서 어떻게 진행되었는지에 대한 목록을 작성해 두면 상담 진행을 한눈에 파악할 수 있다. **[부록 3]**과 같이 각 회기를 진행한 후 시간, 장소, 주요 사항을 따로 기록해 두면, 몇 회기가 진행되었는지, 상담시간이 잘 지켜지고 있는지, 상담의 빈도는 적절한지 등을 알 수 있어 사례관리를 위한 중요한 기록이 된다.

상담내용 기록

각 회기에 진행한 상담내용을 기록으로 남겨야 한다. 상담을 진행하면서 기록을 병행하기도 하고 상담이 끝난 직후 작성하기도 한다. 시간이 흐르면서 상담내용을 잊거나 왜곡해 기억할 수 있으므로 시간을 지체하는 것은 바람직하지 않다. 모든 내용을 그대로 적을 수는 없지만, 각 회기에서 진행된 중요한 내용을 중심으로 기록한다. 상담을 진행하면서 주요 내용을 요약해 필기하고, 상담을 마친 직후 회기의 목표와 성과, 상담자의 개입과 그 효과, 내담자로부터 새롭게 알게 된 정보, 다음 회기 계획 등을 간단히 메모해 두는 것이 좋다. **[부록 4]**의 양식을 활용해 기록하거나 각 상담기관의 기록 자침과 양식을 따른다. 예를 들면, 위클래스, 위센터나 시도청소년상담실과 같은 국가기관 산하의 상담기관은 상담내용을 전산으로 기록하도록 정하고 있으므로 상담을 하면서 기록했던 주요 내용을 정해진 양식에 맞게 입력하는 절차를 밟아야 한다. 따라서 하루에 여러 사례를 진행할 경우 사례와 사례 사이에 상담내용 정리 시간을 확보하는 것이 필요하고, 상담 이후 다른 일정을 계획할 때에도 상담내용 정리를 마칠 수 있는 시간까지 고려해야 한다.

회기 중 상담내용 기록에서 유의할 사항은 기록에 신경 쓰느라 상담에 집중하지 못하는 것이다. 중요한 상담내용을 그때그때 정확하게 기록하는 것이 바람직하지만, 기록 작성으로 인해 상담과정에 몰입하지 못한다면 상담 중 기록을 하지 않아야 한다. 그리고 상담자의 기록 행동이 내담자의 집중을 방해하거나 심리적 불편감을 줄 수 있으므로, 기록의 필요성과 어떤 내용을 중심으로 기록하게 되는지 미리 설명하는 것이 좋다.

축어록

축어록이란 상담자와 내담자가 나눈 대화 내용을 그대로 기록한 것을 일컫는다. 상담자와 내담자의 모든 말을 기억해 기록할 수 없으므로 녹음한 다음 전사하여 작성한다. 상담자와 내담자가 한 말의 내용을 가공하거나 빠뜨리지 말고 그대로 적어야 하고, 침묵시간도 측정하여 기록하고 울음/웃음이나 말투와 같은 비언어적 반응에 대한 기록도 포함시켜 가능한 상담장면을 그대로 재현한다. 일반적으로 축어록은 다음 예시와 같이 상담자 반응과 내담자 반응에 일련번호를 붙여 제시하고, 비언어적 반응은 괄호 안에 적는다.

축어록은 상담자 또는 내담자가 상담내용을 돌아보는 자료로 사용되기도 하고, 수퍼비전을 비롯한 교육 및 연구를 위해 작성되기도 한다. 녹음을 위해 내담자의 동의를 먼저 받아야 하는데, 상담동의서 내용에 포함되어 있는 경우 구

축어록의 예

상담자 1: 지난주 잘 지냈어요?
내담자 1: 그냥 그랬어요.
상담자 2: 그냥 어땠어요?
내담자 2: 음. (6초간 침묵) 동생이랑 싸웠는데, 보통 때보다 좀 크게 싸웠어요.
(눈물을 글썽이며) 제가 너무 한심해요.
⋮

두 동의만 받으면 되지만, 그렇지 않을 경우 따로 동의서를 받아야 한다. 내담자의 비밀보장을 위해 축어록에 포함된 이름을 비롯한 개인정보나 개인정보를 유추할 수 있는 정보는 변경하거나 삭제한다.

수퍼비전 보고서

수퍼비전을 받기 위해 그동안 상담이 어떻게 진행되었는지 정리해 보고서를 작성한다. 수퍼비전은 상담자 교육이면서 동시에 내담자에게 최상의 상담서비스 제공을 위해 실시하는 절차로 모든 상담과정에 대해 정확하고 솔직하게 작성해야 한다. 수퍼비전 보고서는 일반적으로 상담을 하게 된 경위, 호소문제를 비롯한 내담자로부터 수집된 정보와 자료들(심리검사 결과 포함), 상담자의 가설과 그 근거, 상담목표, 상담의 진행과정, 회기별 상담내용, 축어록, 수퍼비전을 통해 도움 받고 싶은 점 등의 내용을 포함한다. 수퍼비전을 주관하는 기관이나 수퍼바이저가 요구하는 보고서 양식에 맞춰 준비하는데, 일정한 양식이 정해져 있지 않는 경우 **[부록 5~8]**의 양식을 사용할 수 있다. 그리고 수퍼비전을 받으면서 그 내용을 잘 기록하고 사례에 반영한 사항을 상담내용 기록에 적어 둔다. 수퍼비전을 통한 교육효과를 높이기 위해 수퍼비전 받은 결과를 따로 정리하여 기록으로 남기기도 한다.

종결에 대한 기록

종결에 대한 기록은 한 사례를 마치고 나서 그동안의 상담과정과 상담 성과를 요약해 정리해 두는 것이다. 상담기관의 규정에 따라 반드시 작성해야 하는 경우도 있지만, 종결에 대한 기록은 상담자에 맡겨진 경우도 많다. 의무사항이 아니더라도 한 사례를 끝까지 잘 마무리하고 새로운 사례로 나아가는 중요한 과정이니 가능한 한 작성하는 것이 좋다. 상담의 시작부터 종결까지 과정에서 어떤 목표를 가지고 어떻게 상담이 진행되었는지, 목표 중 성취된 것은 어떤 부분이고 남아 있는 과제는 무엇인지, 전반적인 상담 성과는 무엇인지 등을 중심으로 정리한다. [부록 9]에 양식을 제시했으니 따로 정해진 상담 종결 기록 양식이 없을 경우 활용할 수 있다.

타전문가 의뢰서

제1장에서 살펴보았듯이 상담자는 상담의 시작 시점에서 또는 상담을 진행하는 과정에서 타전문가에게 의뢰하거나 협조할 필요성이 있는지 고려할 필요가 있다. 타전문가에게 의뢰하거나 협조를 구하기 위해 상담자는 지금까지 진행된 상담을 통해 파악한 내담자 문제의 특성과 의뢰의 목적을 설명한 문서를 작성해야 한다. 의뢰서 양식은 주로 해당 기관이나 전문가가 요청하는 경우가 많아 그에 맞게 작성하는데, 예를 들면 위클래스에서는 [부록 10]과 같은 의뢰서를 사용하고 있다.

상담기록의 보관 및 폐기

상담자는 상담기록을 상담이 진행되는 동안 잘 보관해야 할 뿐만 아니라 상담이 종결된 이후에도 일정 기간 보관해야 한다. 상담자는 비밀유지에 대한 내담자와의 약속을 지키기 위해 상담기록의 보안·유지를 철저히 해야 한다. 상담기록은 다른 사람이 보지 않도록 잘 보관해야 하는데, 특히 학교의 경우 교사가 자리를 비운 사이 학생들이 상담기록을 볼 수 있으므로 항상 잠금장치가 된 곳에 보관해야 한다. 상담기록을 컴퓨터에 파일로 저장할 때에도 암호를 설정해 관리한다. 수퍼비전이나 사례회의를 위해 다른 사람이 볼 자료를 출력하거나 복사하면서 파지가 생길 경우 회수하여 종이분쇄기를 이용해 폐기한다. 뿐만 아니라 수퍼비전이나 사례회의가 끝난 후에도 그 자료를 회수하여 상담자가 직접 폐기하는 것이 바람직하다.

상담기록은 내담자별로 분철하여 따로 보관하고, 상담이 진행되는 동안 상담자가 보관하고 상담이 종결된 이후에는 상담기관이나 학교에 따라 지정된 장소에 따로 보관하도록 정하고 있기도 하다. 컴퓨터 시스템에 직접 상담내용을 입력하여 생성된 전자자료의 경우 그 내용을 출력하여 함께 보관할 수 있다. 녹음 및 녹화자료 역시 손상되거나 재생이 어려울 때를 대비해 그 내용을 요약한 자료를 만들어 함께 보관하는 것이 좋다.

상담기록을 어디에 언제까지 보관할 것인가와 같은 보관에 관한 세부사항은 상담기관이나 학교의 지침을 따라야 한다. 일반적으로 상담기록을 영구적으로 보관하는 곳은 없고, 공공기록물 관리에 준하는 경우가 많다. 예를 들면, 위클래스는 상담기록의 보관 연한에 대해 "상담기록은 「공공기록물 관리에 관한 법률 시행령」 제26조에 따라 보존 기간을 5년으로 설정"이라고 정하고 있다.

보안유지에 관한 위클래스 지침의 예

- 사례가 유출되지 않도록 사례관리 보안 유지
- 불가피하게 사례를 공개해야 할 경우 법과 규정을 준수하며, 반드시 학교장과 상의하여 결정하고, 사례 공개에 대해 학생과 법적 보호자의 서면 동의를 구함 (서면동의 절차가 없는 상담일지 공개는 불가)
- 학생을 의뢰한 담임이나 부모가 상담일지 공개를 요청하는 경우
  - 공개하기 전에 내담자의 동의를 구함
  - **내담자의 비밀을 최대한 보장하기 위해 소견서 형식으로 제공**
- 내부(교육청)에서 상담일지 공개를 요청하는 경우, 학교장과 상의하여 결정
  - 내부에서 상담일지 공개를 요청하는 경우, 공개에 응함
  - 공개하기 전에 학생과 법적 보호자의 동의를 구함
  - 내담자의 비밀을 최대한 보장하기 위해 소견서 형식으로 제공

출처: 한국교육개발원(2016). Wee 프로젝트 매뉴얼 1: Wee 클래스 운영, p. 28.

상담기록의 활용과 공유

상담기록은 다음 〈표 2-1〉에 제시된 바와 같이 모든 상담과정에 걸쳐 다양하게 활용된다. 그 가운데 상담의 효과를 높이기 위해 상담기록이 활용되는 것이 일차적 목적이고 과제다. 상담은 단회로 종료되기보다 여러 회기에 걸쳐 진행되는 경우가 많다. 상담이 진행되는 기간 동안 상담자와 내담자가 상담내용을 모두 기억하는 것이 어렵기 때문에 기록이 필요하다. 상담자는 항상 회기를 시작하기 전 상담기록을 통해 어떤 문제로 상담을 시작했고, 어떤 목표를 설정했고, 어떤 작업을 통해 목표가 성취되고 있는지 등을 파악하여 회기를 준비할 수 있다. 지난 회기까지 상담이 어떻게 진행되었는지에 대해 기억에 의존하기보다는 상담기록을 통해 정확하게 파악할 수 있고, 이러한 점검은 상담의 효율성을 증진시킨다. 그리고 사례회의나 수퍼비전을 위해 상담기록을 작성하고 공유함으로써 상담의 질을 높이고 상담자 자신의 성장을 도모할 수 있다.

〈표 2-1〉 상담의 진행과정에 따른 상담기록의 이용

단 계	생산되는 기록	기록의 이용
평가 단계	접수면접 기록지 위기 정도 체크리스트 정신건강 스크리닝 양식 약물남용 스크리닝 양식 초기 평가 양식	내담자 평가와 진단 위기개입 판단 상담자 선정 상담계획의 수립
시작 단계	개인사 양식 정서/행동 평가 양식 진단평가보고서 심리평가보고서 개인상담 계획서	내담자와의 의사소통 전문가 간 의사소통 및 내담자 의뢰 초기 개입에 대한 평가
진행 단계	상담회기과정보고서 부모 및 보호자상담 기록지 집단상담과정보고서 자살방지서약서	기관 정책의 결정 프로그램의 개발 상담의 평가와 연구 통계 수퍼비전

종료 단계	상담성과 평가지 상담종료 요약기록서	상담자의 설명책임성 충족 감사나 소환에 대비 보험이나 의료 등 외부 요구에 반응 상담지식의 개발 보존과 연구에 필요한 기록 선별

출처: 유정이(2015). **상담기관의 기록관리**, p.174.

한편, 상담기관은 상담을 관리하기 위해 상담기록을 확보해야 한다. 상담자 배정에서부터 상담현황 파악과 윤리적 지침이 잘 지켜지고 있는지를 점검하는 일에 모두 상담기록이 활용된다. 이를 위해 상담기관 내에서는 상담기록이 공유되어야 하는데, 각 기관마다 상담기록 공개에 대한 규정이 다르다. 예를 들면, 학교와 같은 공공기관에서 직무상 작성한 모든 기록정보는 정보공개 대상이기 때문에 학교상담에서는 학교의 지침을 따라야 한다.

상담기록의 공유에 대한 필요성은 상담분야의 발전에 기여하기 때문이다. 예를 들면, 상담의 효시라고 할 수 있는 프로이트(Freud)는 자신의 사례를 통해 정신분석의 과정을 설명하고, 로저스(Rogers)는 자신의 축어록과 녹화물을 공개해 연구에 활용되고 있다. 초보상담자들이 소설로 먼저 접하는 얄롬(Yalom)의 경우도 거의 모든 소재는 자신의 상담에서 가져오고 있다. 그리고 상담 분야의 많은 연구는 사례를 직접 다루거나 축어록의 일부를 분석하고 있다. 상담기록이 공유되지 않았다면 상담이론이나 실제는 지금처럼 발전하지 못했을 것이고, 앞으로도 발전하기 어려울 것이다. 뿐만 아니라 상담기록이 공유되는 사례회의나 집단수퍼비전은 많은 상담자를 교육하는 장이다. 따라서 어떤 형태로 어떻게 공유되어야 하고, 공유 과정에서 내담자를 어떻게 보호할 것인가에 대한 과제가 남아 있다.

상담기록의 공유는 현재 진행되는 상담의 효과를 증진시키기 위해서도 필요하고 나아가 상담이라는 영역의 발전을 위해서도 필요하지만, 상담자와 내담자는 모두 자신의 상담과정이 공개되는 것을 꺼릴 수 있다. 상담기록 공유는 상담의 필수적 과정으로 상담동의서에 명시되어 있지만 내담자의 불안을 이해하고 이를 다루어야 한다. 상담자 역시 자신의 상담과정을 다른 상담자에게 공개하는 것을 꺼릴 수 있다. 혹시 잘못한 것을 지적받고 창피를 당하게 될까 두렵다. 바람직하지는 않지만 실제 혼을 내는 수퍼바이저들도 있는 것이 사실이다. 실패는 어느 배움의 과정에서도 존재하는 것으로 실패를 두려워하기보다 실패를 통해 무엇을 더 배우게 되는가에 초점을 두어 이러한 불안을 극복해야 할 것이다.

생각해 볼 문제

1. 부모가 상담에 대해 동의하지 않을 때 또는 구두로 동의했으나 상담동의서 서명을 원하지 않을 때 어떻게 대처할 것인지 생각해 보자.
2. 사례 관리의 측면에서 상담자의 기록 작성과 보관의 중요성에 대해 정리하고, 이것을 내담자에게 어떻게 전달할 수 있을지 그 방안에 대해 생각해 보자.

추천도서

유정이(2015). 상담기관의 기록관리. 서울: 학지사.

김정남, 남정현, 유지원(2018). 상담행정과 사례관리. 서울: 학지사.

제3장

학교상담 윤리

- 전문적 능력과 태도: 상담자의 유능성과 충실성
- 비밀보장
- 내담자의 복지와 권리의 존중
- 상담자–내담자 관계
- 윤리적 갈등과 의사결정
- 학교상담에서 상담윤리를 지키기 위한 노력

"민우의 어머니가 상담시간에 민우가 한 얘기를 구체적으로 모두 알고 싶어 하는데 알려 줘도 괜찮은 걸까? 민우는 자신의 고민을 어머니가 알면 그런 걸로 고민한다고 나무란다고 하면서 알려 주지 말라고 했는데…."

"재은이는 자살을 생각할 만큼 자신에 대한 자책과 우울증이 심한데, 이런 재은이를 석사과정 중인 내가 상담해도 되는 걸까? 내가 상담하는 것보다 경력이 많은 다른 전문가에게 의뢰하는 것이 더 나은 선택이 아닐까?"

학교상담에서 상담자는 건강하고 적응을 잘 하는 학생들의 성장을 조력하는 개입도 하지만, 심리적인 어려움을 경험하면서 학업 및 관계 등 전반적인 적응의 어려움을 경험하는 학생들을 더 자주 상담한다. 미성년자인 학교상담의 내담자는 성인인 상담자에 비해 힘이 약하고 상담자의 영향을 받기 쉽다. 학교상담은 심리적으로 취약한 상태에 있는 학생을 대상으로 이루어질 때가 많으며, 이로 인해 내담자가 쉽게 상담자에게 의존하면서 상담자의 영향이 커지게 된다. 따라서 상담자는 자신의 힘이 내담자에게 어떤 방식으로 영향을 주고 있는지, 내담자에게 해가 되는 방식으로 사용되지는 않는지, 내담자에게 필요한 도움을 적절하게 판단하여 제공하고 있는지 등을 인식해야 한다. 상담윤리는 상담에서 상담자가 지켜야 할 기준을 제시하면서 바람직한 행동을 결정하도록 하는 기준이 된다. 이 장에서는 학교상담 윤리의 주요한 내용들을 소개하고, 실제 사례에서 어떻게 적용되는지 기술한다.

상담윤리는 내담자 복지의 증진과 무해의 원칙, 내담자에 대한 충실성(fidelity)과 책임의 원칙, 진실성(integrity)의 원칙, 공정성의 원칙, 인간의 권리와 존엄에 대한 존중을 기본적인 철학적 이념으로 한다(American Psychological Association, 2017). 특히 내담자에게 해를 끼쳐서는 안 된다는 무해의 원칙은 상담의 전 과정에서 가장 중요하게 다루어져야 한다. 학교상담은 상담의 일반적인 윤리적 기준과 함께 학교라는 특수한 상황에서 상담이 진행되는 것과 관련한 고유한 윤리기준을 가진다. 상담의 윤리에서 중요하게 다루어지는 상담자의 유능성과 충실성, 비밀보장, 사전동의, 상담관계와 관련된 윤리규정과 함께 학교상담의 특수성으로 인해 고려해야 하는 윤리적 측면들은 다음과 같다.

전문적 능력과 태도: 상담자의 유능성과 충실성

상담자의 전문적 능력과 태도는 상담에 대한 지식과 상담을 진행하는 능력을 포괄적으로 의미하는 유능성과 내담자에 대해 관심을 가지면서 성실하게 상담을 진행해 나가는 충실성 등이 포함된다(Welfel, 2010). 한국상담학회 윤리규정(한국상담학회, 2016)에서는 상담자의 전문적 태도와 관련해서, 제1조 전문적 능력과 제2조 충실성에서 규정하고 있다.

제1장 전문적 태도 – 제1조(전문적 능력)

① 상담자는 상담에 대한 지식, 실습, 교수, 임상, 연구를 통해 전문성을 발달시키기 위해 지속적으로 노력해야 한다.
② 상담자는 자신의 능력 및 기법의 한계를 인식하고 전문적 기준에 위배되는 활동을 하지 않는다. 만일 자신의 개인 문제 및 능력의 한계 때문에 도움을 주지 못하리라고 판단될 경우에는 내담자에게 동의를 구한 후 다른 동료 전문가 및 관련기관에 의뢰한다.
③ 상담자는 자신의 활동분야에 있어서 최신의 과학적이고 전문적인 정보와 지식을 유지하기 위해 지속적인 교육과 연수에 참여한다.
④ 상담자는 윤리적 책임이나 전문적 상담에 대해 의문이 생길 때 다른 상담자나 관련 전문가들에게 자문을 구하는 절차를 따른다.
⑤ 상담자는 정기적으로 전문가로서의 능력과 효율성에 대해 자기반성과 자기평가를 해야 하며, 필요한 경우 자신의 효율성을 증진시키기 위해 지도감독을 받아야 한다.

상담자의 유능성은 상담자가 상담을 효과적으로 진행하는 데 충분한 지식을 가지면서, 상담을 유능하게 진행해 나가는 수행능력이 있음을 뜻한다. 정서평가 결과 우울한 것으로 평가된 학생이 있을 때, 상담자가 우울한 학생을 상담해도 좋을지 우울증을 보다 전문적으로 상담하는 상담자에게 의뢰하는 것이 좋을지 고민이라면 이는 상담자의 유능성에 관한 윤리와 관련되는 문제로 볼 수 있다. 상담 학위과정의 이수, 전문적 훈련, 상담관련 자격 등이 유능성을 나타내는 지표가 된다. 상담과정에서 상담자의 유능성과 관련한 질문들의 예는 다음과 같다.

예
- "석사과정에서 수업을 받고 있는 내가 자살위험이 높은 학생을 상담해도 좋은가?"
- "새롭게 배운 상담기법을 내담자에게 적용하기 위해서는 어느 정도의 교육과 훈련이 필요한가?"
- "스트레스로 지치면서 내담자에게도 냉담해지는 자신을 발견했다면 이 상태로 상담을 진행해도 좋은가?"

한국상담학회 윤리규정에서는 상담자의 유능성을 높이기 위한 교육 및 훈련, 자신의 능력의 한계 내에서의 상담, 최근의 상담이론 및 기법을 배우고 적용하기 위한 지속적인 노력, 상담과정에서 필요한 경우 자문과 수퍼비전을 받을 것 등을 강조한다. 학생이 경험하는 문제가 상담자가 교육과 훈련받은 범위를 넘는다면, 상담자는 적절하게 상담할 수 있는 다른 전문가에게 학생을 의뢰하는 것이 윤리적인 결정이라고 볼 수 있다. 상담자는 전문적인 도움을 주기 어렵다고 판단하면 상담관계를 시작하지 말아야 하며, 이미 시작된 상담관계에서는 즉시 종결하고 적절한 전문가에게 의뢰해야 한다고 규정한다(한국상담학회, 2016).

상담자의 유능성과 관련해 어려운 점은 상담자가 특정 문제를 상담할 만큼 유능한지를 판단하는 기준이 항상 분명하지는 않으며, 상담자가 특정 문제를 다루기 어렵다고 느낄 때에도 다른 전문가에게 내담자를 의뢰하고 상담을 종결하기가 항상 가능하지는 않다는 것이다. 예를 들어, 상담 초기에는 상담자가 도움을 줄 수 있는 문제에 대해서 상담을 진행했는데 상담과정에서 상담자가 다루기 어려운 문제가 가장 중요한 문제로 대두된다거나, 상담을 시작하기 전이라도 학생이 다른 상담자에게 상담을 받을 수 있는 여건이 되지 않는 경우 등이 있다. 학교상담의 내담자들은 다른 상담자에게 의뢰되는 것을 거절하기도 하고, 내담자가 동의하더라도 상담을 의뢰할 수 있는 다른 전문가가 없는 경우도 있다. 내담자에게 적절한 후속조치 없이 상담을 종결한다면 상담자가 내담자의 복지 증진을 위해 충분한 역할을 했다고 보기 어렵다.

웰펠(Welfel, 2010)은 전문가가 많지 않은 지역에서 활동하는 상담자의 경우 내담자가 경험하는 다양한 문제를 다룰 수 있도록 여러 문제에 대해서 골고루 훈련을 받는 것이 필요하다고 하였다. 상담자는 자신이 충분히 훈련받지 않은 문제에 대한 상담에서, 문제의 심각한 정도, 의뢰할 수 있는 다른 전문가의 존재 여부, 학생이 다른 사람과 상담을 시작할 가능성 등을 충분히 고려하여 상담의뢰를 결정하며, 부득이하게 상담자 자신이 상담을 지속하는 경우에는 해당 문제의 전문가에게 수퍼비전 및 자문을 받는 것이 필수적이다.

일정 수준의 전문적 능력을 갖추는 것에 더해서, 상담을 진행하는 데에는 내담자와의 약속을 지키고, 내담자의 변화를 위해 최선을 다해 도우며, 내담자를 방치하지 않는 등 상담을 진행하는 전문적 태도가 요청된다. 충실성에 관한 한국상담학회(2016)의 윤리규정은 다음과 같다.

제1장 전문적 태도 – 제2조(충실성)

① 상담자는 내담자를 보다 효과적으로 도울 수 있는 방법에 관하여 꾸준히 연구 노력하고, 내담자의 성장촉진과 문제의 해결 및 예방을 위하여 최선을 다한다.

② 상담자는 자신의 능력의 한계나 개인적인 문제로 내담자를 적절하게 도와줄 수 없을 때에는 상담을 시작해서는 안 되며, 다른 전문가에게 의뢰하는 등의 적절한 방법으로 내담자를 돕는다.

③ 상담자는 자신의 질병, 사고, 이동, 또는 내담자의 질병, 사고, 이동이나 재정적 한계 등과 같은 요인에 의해 상담을 중단할 경우, 이에 대한 적절한 조치를 취해야 한다.

④ 상담자는 상담을 종결하는 데 있어서 어떤 이유보다도 우선적으로 내담자의 관점과 요구에 대해 고려해야 하며, 내담자가 다른 전문가를 필요로 할 경우에는 적절한 과정을 통해 의뢰한다.

⑤ 상담자는 자신의 기술이나 자료가 다른 사람들에 의해 오용될 가능성이 있거나, 개선의 여지가 없는 활동에 참여해서는 안 되며, 이런 일이 일어난 경우에는 이를 시정하여야 한다.

상담자는 내담자에게 최선의 도움을 주기 위해 꾸준히 노력하고, 내담자의 관점과 요구를 우선적으로 고려하여 상담을 진행하며, 상담자 개인의 문제로 내담자에게 적절한 도움을 주기 어려울 때에는 다른 전문가에게 상담을 의뢰하는 등 상담을 지속하는 동안 내담자에게 충실해야 한다. 충실성에 관한 규정은, 상담자가 전문적 능력이 있다고 하더라도 자신이 맡고 있는 다양한 업무나 개인적인 사정으로 인해 상담을 소홀하게 진행하거나 내담자를 방치하는 등 부적절한 상담이 이루어지지 않도록 하기 위한 것이다.

비밀보장

학교상담의 비밀보장

비밀보장은 개인의 사생활과 비밀유지에 대한 내담자의 권리를 최대한 존중하는 것으로, 상담의 대상 및 상담의 내용을 내담자 및 법정 대리인을 제외한 타인에게 제공하지 않는 것을 기본으로 한다. 학교상담에서는 상담 초기에 내담자 및 부모의 동의를 얻은 후 상담을 시작하며, 상담에서 정한 비밀보장의 한계를 제외하고는 내담자의 서면동의 없이는 제3자에게 상담정보를 제공하지 않는다. 상담자는 상담을 시작할 때 비밀보장에 대해서 먼저 내담자에게 설명한 후 시작하는 것이 일반적이다. 상담자는 다음과 같이 비밀보장에 대해 설명할 수 있다.

> "네가 상담에서 한 얘기에 대해서는 선생님이 비밀을 지킬 거야. 다른 학생이나 선생님, 부모님에게도 네가 상담에서 어떤 얘기를 했는지는 비밀이야. 그런데 상담을 진행하다 보면 부모님이 알고 너를 도와주는 것이 좋다고 생각되는 내용들이 있을 수 있어. 선생님이 그런 내용을 부모님에게 직접 전달하고 도움을 구하는 것이 필요하다고 생각될 때 네 의견을 먼저 물어본 후에 부모님에게 얘기할 거야."

비밀보장에 관한 이와 같은 기준에도 불구하고 학교상담에서 상담자가 다음과 같이 비밀보장과 관련한 의사결정을 해야 할 때가 있다.

- "내담자인 3학년 여학생의 부모가 상담내용을 알고 싶다고 할 때, 상담내용을 부모에게 전달해야 할까?"

- "5학년 남학생을 상담한 후 학년이 바뀔 때, 상담기록을 6학년 담임교사에게 보여 주는 것이 학생에게 도움이 될까?"

학교상담은 처음 상담을 시작할 때 내담자 및 보호자의 동의를 얻고 시작하므로 상담 시작 단계에서 보호자는 이미 내담자의 상담사실을 알게 된다. 상담자가 가장 흔히 경험하는 비밀보장 관련 어려움은 내담자의 보호자가 상담내용을 알기를 원하는 경우다. 성인과 달리 미성년자인 내담자는 부모나 교사가 상담을 의뢰해서 비자발적으로 상담을 시작하는 경우가 많고, 상담에 대한 동기도 내담자보다 부모가 더 높은 경우가 많다. 미국학교상담자협회(American School Counselor Association: ASCA, 2016) 윤리규정에서는 학교상담에서 미성년자인 내담자에 대한 비밀보장의 의무를 지키면서도, 자녀의 생활을 잘 이해하고 안내해야 하는 보호자인 부모의 권리와의 사이에서 균형을 유지해야 한다고 규정한다. 상담의 궁극적인 목적이 내담자의 변화와 성장이라고 할 때, 내담자의 문제를 부모가 알고 상담자와 함께 협조해서 내담자를 도와줄 때 내담자에게도 도움이 되는 경우가 많다. 따라서 상담자는 상담 중 다루어진 내용에 대해 부모가 알고 도움을 주는 것이 바람직한 경우에는 미리 상담시간에 내담자에게 알려 동의를 구하고, 이후 부모에게 전달하여 내담자에 대한 최선의 개입이 이루어지도록 하는 것이 도움이 된다.

비밀보장의 예외상황

상담 진행과정에서는 내담자가 스스로를 해칠 위험이나 타인을 해칠 위험과 같은 위기상황이 나타나기도 한다. 이런 상황에서는 비밀보장에 우선해 내담자나 관련인의 안전을 보호하는 조치를 취해, 내담자에게 해가 가지 않도록 한다. 비밀보장의 예외상황은 다음과 같다(한국상담학회, 2016).

제7조(비밀보장의 한계)

① 내담자가 자신이나 타인의 생명 혹은 사회의 안정을 위협하는 경우
② 내담자가 감염성이 있는 치명적인 질병이 있다는 확실한 정보를 가졌을 경우
③ 미성년인 내담자가 학대를 당하고 있는 경우
④ 내담자가 아동학대를 하는 경우
⑤ 법적으로 정보의 공개가 요구되는 경우

비밀보장의 예외상황에 대해서는 첫 회 상담에서 비밀보장을 설명하면서 함께 설명한다. 비밀보장의 예외상황에 대해 상담자는 다음과 같이 설명할 수 있다.

> "상담내용 중에는 선생님이 비밀보장을 할 수 없는 예외가 있어. 민우가 스스로를 해치거나 다른 사람을 해칠 위험이 있을 때, 민우가 아동학대를 당하고 있다는 것을 알게 될 때, 성과 관련한 범죄의 대상이 되었다는 것을 알게 되면 선생님은 너를 보호하기 위해 필요한 절차를 밟게 될 거야. 그런 상황에서는 민우를 보호하기 위해서 부모님과 관련기관에 알리고 네가 안전하게 지낼 수 있도록 도와주게 될 거야."

비밀보장의 예외상황 중 법적으로 신고가 의무화된 경우가 있는데, 「아동학대범죄의 처벌 등에 관한 특례법」(법무부, 2016)에 따른 아동학대의 신고, 「아동청소년의 성보호에 관한 법률」(여성가족부, 2016) 제2조에 따른 아동청소년 대상 성범죄(예: 아동청소년에 대한 강간, 강제추행, 아동청소년이용 음란물의 제작 배포, 아동청소년매매 및 성매매 등)의 신고 등이 이에 해당한다. 법적으로 신고가 의무화된 경우를 포함해서 비밀보장의 예외상황이 발생하면 먼저 내담자와

보호자에게 비밀보장의 예외상황임을 알리고 관련기관에의 신고 및 이후 절차 등을 안내한다. 아동학대나 미성년자 대상 성범죄 등 신고가 의무화된 상황에서 상담자는 다음과 같은 갈등을 호소하기도 한다.

> "상담 중인 내담자가 현재 아동학대를 당하고 있음을 알게 되어 관련기관에 의뢰해 자세한 조사와 후속 조치를 취하겠다고 했는데, 부모가 관련기관에 신고하지 말아 달라고 한다. 이때 상담자가 관련기관에 아동학대 신고를 한다면 이는 비밀보장 위반에 해당하는가?"

비밀보장의 예외상황은 내담자나 보호자의 동의가 필요한 상황은 아니므로 상담자가 취할 절차 및 그러한 절차가 필요한 이유를 미리 안내하는 선에서 내담자와 보호자에게 정보를 제공한다. 이런 경우 내담자나 부모가 반대한다고 하더라도 신고의 의무에 변화가 생기는 것은 아니다. 학교상담에서는 상담자 이외에도 담임교사, 부장교사, 관리자 등 다양한 역할을 하는 전문가들이 학생의 복지에 대한 책임을 함께 가지므로, 학교의 관련인들과 논의를 통해 이후 절차를 진행하는 것이 도움이 된다. 비밀보장의 예외상황 중 한 가지인 내담자가 자신을 해칠 위험, 즉 자살의 위험이 높아 보호가 필요하다고 판단될 때 상담자는 다음과 같이 설명할 수 있다.

> "재은이가 죽음에 대해 자주 생각하고 있고, 이 생각을 행동으로 옮길 계획까지 갖고 있어서 혼자서 그런 생각을 조절하면서 안전하게 자신을 보호할 수 있을지 염려가 돼. 상담 시작할 때 설명했던 것처럼 자신을 해칠 위험이 클 때에는 보호자에게 알려서, 보호자가 네가 안전하게 있을 수 있도록 돕는 조치를 취하도록 하는 것이 우선이야. 내가 지금 부모님에게 연락해서 네 상황과 도움이 필요한 부분, 부모님이 도와주어야 할 부분에 대해서 설명하려고 해. 네가 혼자 있는 것이 안전하지 않기 때문에 지금 전화로 연락한 후 부모님이 오셔서

너와 함께 집으로 돌아가도록 하려고 해. 지금 설명한 과정에 대해서 어떻게 생각하니?"

상담자는 이와 같은 설명을 통해 내담자가 앞으로 진행될 과정을 충분히 이해할 수 있도록 한다. 앞에서 제시된 비밀보장의 예외상황 이외에도 학생의 가출, 성과 관련된 문제, 임신 등 다양한 위기상황이 일어날 수 있다. 법적으로 규정되어 있지는 않지만 가출 등 학생에게 위험할 수 있는 상황에서 상담자는 가출할 경우 위험의 정도, 학생의 발달 수준 및 문제해결능력, 부모에게 가출 관련 정보를 주는 경우 부모의 대응 방식 등을 종합적으로 평가하여 보호자에 대한 정보제공 등 적절한 개입을 한다. 상담자는 내담자가 상담에 지속적으로 참가해 도움을 받는 것이 필요할 때, 위기상황에 대한 정보공개가 상담관계 및 상담의 지속에 미치는 부정적인 영향이 최소화될 수 있도록 내담자 및 부모에게 설명하고 협력해 나간다.

상담기록과 비밀보장

상담에서의 비밀보장은 상담관련 기록에 대해서도 적용된다. 상담관련 기록은 상담신청서, 심리검사 결과 및 평가보고서, 회기기록, 사례개념화, 상담종결 기록, 내담자와의 문자나 이메일 기록 등을 포함한다. 상담기록은 문서 혹은 컴퓨터 파일의 형태로 보관하는데, 상담자만 접근할 수 있는 곳에 잠금장치를 하여 보관하고, 관련 없는 다른 사람들이 문서나 파일에 접근하지 못하도록 관리한다.

상담을 진행하면서 작성하는 기록들을 내담자와 법적 보호자가 보기를 원할 때 내담자와 보호자는 상담기록을 볼 수 있는 권리가 있다. 한국상담학회 윤리강령(한국상담학회, 2016)에서도 상담자는 내담자가 상담기록의 열람을 요구하는 경우 그 기록이 내담자에게 잘못 이해될 가능성이 없고 내담자에게 해가 되지 않으면 응하는 것으로 명시하고 있다. 제3자가 상담관련 기록의 열람을 요구할 때에는 학생 및 보호자의 동의를 구한 후 공개할 수 있는데, 이때에도 내담자의 상담내용에 대한 공개가 최소화되도록 하면서 기록 열람의 목적에 부합하는 부분에 대해서만 기록을 가공해서 공개하는 것이 바람직하다.

학교상담자가 작성, 관리하는 상담자료는 공식적인 학교생활기록이 아니기 때문에, 법적으로 보존연한이 정해져 있지 않다. 미국학교상담자협회(ASCA, 2016)에서는 학생의 학년이 바뀌거나 전학, 졸업 시 상담자가 혼자 보관하고 있는 상담자료를 파기할 것을 권고하는데, 다만 아동학대, 자살, 성희롱 및 성폭력 등에 관한 자료는 이후 법적으로 요청될 수 있으므로 관련법에 따라 보관할 것을 권고한다. 상담자료의 삭제 및 파기는 보호자의 요청에 의해서도 이루어질 수 있다. 청소년상담사 윤리강령(한국청소년상담복지개발원, 2008)에서는 내담자와 보호자가 상담기록의 삭제를 요청하는 경우, 법적 윤리적 문제가 없는 한 삭제하여야 한다고 규정한다. 이는 「개인정보보호법」(행정안전부, 2017) 제4조 정보주체가 개인정보의 처리 정지, 정정, 삭제 및 파기를 요구할 권리를 가진다는 법령에 근거한 것이다. 따라서 학교상담에서는 상담자의 상담기록에 대해 내담자나 보호자가 자료의 삭제 및 파기를 요청하는 경우에, 상담자료가 학교폭력 등 법적 분쟁과 관련되어 법적으로 보존이 필요한 경우를 제외하고는 삭제한다.

내담자의 복지와 권리의 존중

사전동의

내담자는 어려움에 대처할 수 있는 다양한 방법 중 상담을 통해 도움을 받을

지, 누구에게 상담을 받을지 등을 결정할 수 있는 권리와 스스로 결정할 수 있는 자율성을 가진다. 사전동의는 상담 시작 전 상담에 대한 정보를 제공하는 것으로, 이를 통해 내담자가 충분한 정보에 근거해 상담 시작 여부를 결정할 수 있도록 돕는다. 사전동의를 위해 제공되는 정보는 상담의 내용, 진행방식, 상담자의 전문적 배경, 상담을 받는 데 있어서의 이득과 위험, 상담자와 내담자의 역할 등 상담에 관한 전반적인 내용을 포함한다. 학교상담에서는 내담자가 미성년자이므로 내담자와 보호자의 동의를 함께 얻고 상담을 시작하는 것이 필요하다. 사전동의 양식은 [부록 2]에 소개된 양식을 참조한다.

아동상담에서는 아동이 상담신청을 하기보다는 담임교사나 학교상담자가 아동의 행동을 관찰하고 상담을 먼저 제안하는 경우가 많은 데 반해, 청소년 상담에서는 청소년이 자발적으로 학교상담자에게 상담을 신청하는 경우도 많다. 이때 청소년 내담자는 자신의 문제를 부모에게 알리고 싶지 않아서 혹은 도움받고 싶은 문제가 부모와의 관계갈등이라는 이유 등으로 상담을 받는다는 사실을 부모에게 비밀로 해 줄 것을 요청하기도 한다. 공윤정(2008)은 청소년 내담자가 요청할 때 한두 회기 정도를 부모 동의 없이 진행할 수도 있지만, 좀 더 장기적인 상담이 필요한 경우라면 부모 동의를 얻고 상담을 진행하는 것이 바람직하다고 제안하였다. 이는 아동과 청소년의 많은 문제가 부모가 적극적으로 이해하고 개입할 때 변화에 도움이 된다는 점에 기인한다.

내담자의 권리와 다양성 존중

상담은 내담자의 복지를 증진하는 것을 목표로 하며, 내담자는 성별, 인종, 종교, 성적 선호, 장애 등을 이유로 차별받지 않을 권리를 가진다. 내담자 다양성 존중과 관련한 한국상담학회의 윤리강령(한국상담학회, 2016)은 다음과 같다.

제3장 내담자의 복지 – 제9조(내담자 다양성 존중)

① 상담자는 모든 인간의 기본적인 권리, 존엄성, 가치를 존중하며 연령이나 성별, 인종, 종교, 성적 선호, 장애 등의 어떤 이유로든 내담자를 차별하지 않는다.
② 상담자는 내담자의 발달단계와 문화에 적합한 방식으로 정보를 전달한다.
③ 상담자가 사용하는 언어를 내담자가 이해하는 데 어려움이 있을 때는 내담자가 명확하게 이해할 수 있도록 통역자나 번역자를 배치하여 필요한 서비스를 제공한다.
④ 상담자는 자신의 고유한 가치, 태도, 신념, 행위가 사회에서 어떻게 적용되는지를 인식하고 내담자에게 자신의 가치를 강요하지 않는다.
⑤ 상담자는 훈련이나 수련감독 실천에 다문화/다양성 역량 배양을 위한 내용을 적극적으로 포함시키고 수련생들이 이에 대한 인식, 지식, 기술을 습득할 수 있도록 적극적으로 훈련시킨다.

국내에서도 다문화 배경을 가진 인구가 증가하면서 상담자의 다문화상담 유능성이 요구된다. 상담자가 다문화상담 유능성을 가질 때 내담자는 자신의 배경으로 인해 상담 접근성에서 차별받지 않을 수 있다. 학생의 어머니가 한국어가 서툴러서 상담받기를 꺼려 한다면 이는 언어로 인해 상담 접근성이 제한되는 예가 된다. 다문화 배경을 가진 내담자가 공정하게 상담받을 수 있도록 하기 위해서는 상담자가 이중언어를 사용하거나 통역을 구할 수 있다면 도움이 된다.

미국상담학회에서는 다문화와 사회정의상담 유능성(multicultural and social justice counseling competencies)이라는 이름으로 상담자가 갖추어야 하는 유능성의 기준들을 개발하여 제시한다(Ratts, Singh, Nassar-McMillan, Butler, & McCullough, 2015). 다문화와 사회정의상담 유능성을 갖추기 위해 상담자는 상담자 자기인식, 내담자의 세계관, 상담관계, 상담 및 옹호(advocacy) 개입의 네 영역에서 유능성을 갖출 것이 요구된다. 상담관계 영역에서 상담관계에 대한 태도 및 신념, 지식, 기술, 행동에서의 유능성의 몇 가지 예는 다음과 같다.

- **태도와 신념**: 문화, 선입견, 차별, 힘, 특권, 억압이 상담관계에 영향을 미칠 수 있음을 인정한다.
- **지식**: 상담자와 내담자의 세계관, 가치, 신념, 선입견은 어떠하며 이러한 요소가 상담관계에 미치는 영향은 무엇인지에 대한 지식을 발전시킨다.
- **기술**: 다문화 배경의 내담자와 관계를 형성할 수 있는 의사소통 기술을 습득한다.
- **행동**: 상담자와 내담자의 세계관, 가치, 신념, 편견이 상담관계에 어떻게 영향을 주는지에 관한 대화를 시작한다.

다문화상담에서 상담자는 자신과 내담자의 세계관, 가정, 태도, 가치, 신념, 편견, 사회적 정체성, 소속 집단, 힘, 특권 등에 대해 이해하고, 이러한 요소가 상담관계에 미치는 영향을 알며, 이를 토대로 내담자에게 적합한 상담기술과 행동을 발전시켜 나갈 것이 요청된다. 다문화상담에서 상담자는 심리내적, 대인관계적 변화를 목표로 하는 전통적인 상담만이 아니라 기관, 지역사회, 공공 정책, 국제적 수준에서의 변화를 목표로 하는 활동을 할 수 있다.

상담자-내담자 관계

상담자와 내담자의 신뢰롭고 협조적인 관계는 상담의 기본이면서 상담이 효과적이도록 하는 상담도구가 된다. 상담자-내담자의 관계와 관련해서는 다중관계 및 관계에서 경계에 대한 이해가 필요하다.

상담자-내담자 관계에서 경계 지키기

상담자-내담자 관계의 경계는 상담자가 내담자와 개인적인 관계를 맺지 않으면서 전문적으로 도움을 주는 관계를 유지하는 것을 뜻한다. 관계에서 적절한 경계를 유지함으로써 상담자는 내담자에 대한 객관성의 유지 및 효과적인 상담을 가능하게 하는 적절한 구조와 거리를 얻을 수 있으며, 내담자는 상담자를 신뢰하면서 쉽게 말하기 어려운 자신의 문제를 털어놓고 도움을 받을 수 있다(Welfel, 2010). 내담자가 위기상황이 아닌데도 밤 늦게 상담자에게 자주 전화하면서 사소한 고민을 지속적으로 털어놓고 도움을 청하는 상황에서, 상담자가 이를 내담자가 자신의 도움을 늘 필요로 한다는 신호로 받아들여 밤 늦은 시간까지 작은 일들에 대해 상담을 지속해 준다면, 이는 명확하지 않은 경계에 해당한다. 상담자가 내담자와 전문적 관계의 경계를 넘어서는 지나치게 친밀한 관계를 맺는다면 이는 경계의 위반에 해당하여 비윤리적으로 간주된다.

경계의 위반이 결국 내담자에게 잠정적인 해를 미치게 되는 부정적인 행동을 포함하는 데 반해, 경계의 확장(extension) 혹은 경계의 교차(boundary crossing)는 전문적 관계의 경계를 넘어서지만 특별한 상황에서 내담자에게 도움을 주기 위해 하는 일련의 긍정적인 행동을 뜻한다. 예를 들면, 내담자가 가출로 위험한 상황에 처했을 때 보호자나 경찰 등에 알려 적절한 조치를 취하는 것이 일반적이지만, 특별한 경우 상담자가 내담자가 있는 곳을 찾아가 안전한 곳에서 보호받을 수 있도록 직접 돕는 것을 들 수 있다. 특별한 경우 경계의 확장이 받아들여지기는 하지만 상담에서 가장 바람직한 것은 상담자-내담자 간 전문적 관계의 경계를 유지하면서 내담자에게 최선의 도움을 제공하는 것이다.

학교상담에서 다중관계

상담에서 다중관계는 상담자가 내담자와의 관계에서 상담자-내담자의 전문적 관계 이외에 사회적, 금전적 관계와 같은 개인적인 관계를 맺는 것을 뜻한다. 다중관계는 상담을 진행하면서 동시에 다른 관계를 맺는 것에도 적용되지만, 상담관계를 맺기 전이나 후에 사회적, 금전적 관계를 맺는 것도 포함한다. 상담자가 내담자와 사회적 관계나 금전적 관계를 맺는 경우 이에 따른 이해관계로 인해 상담에서 필요한 개입을 하기 어려울 수 있고, 이는 내담자에게 잠정적으로 해가 되므로 금지된다. 상담자가 친구나 친척 등을 상담하지 않는 이유는 이미 존재하는 다른 관계로 인해 상담자의 객관성을 유지하기 어렵기 때문이다. 같은 이유로 상담자가 내담자와 좋은 상담관계를 형성하면서 신뢰가 쌓였을 때 이 관계가 친구관계나 연인관계 등 다른 관계로 발전하는 것이 금지된다. 상담에서 전문적 관계의 경계를 넘는 다중관계의 예는 다음과 같다.

- 친한 친구의 자녀를 상담하는 경우
- 상담이 끝난 후 내담자를 집에 데려와 함께 식사하는 등 사회적 관계를 맺는 경우
- 상담자가 내담자 혹은 내담자의 부모와 연인 관계로 발전하는 경우
- 은행에서 일하는 내담자의 부모를 통해 투자 정보를 얻거나 은행에서 돈을 빌리는 경우

한편, 학교상담에서는 상담을 전공한 담임교사가 학급의 학생을 일정 기간 상담하는 등 불가피하게 다중관계가 형성되는 경우가 많다. 학교에서의 다중관계는 상담을 통해 학생에게 줄 수 있는 이익이 다중관계를 피하기 위해 상담을 하지 않을 때의 해(예: 교사 이외에 학생이 상담받을 수 있는 상담자가 없어 도움을 받기 어려운 경우 등)에 비해 클 것이라고 판단할 때 이루어진다. 불가피하게 다중관계가 형성될 때 상담자는 수퍼비전이나 자문을 받고, 상담에 대한 객관적인 기록 등을 남김으로써 학생이 받을 수 있는 잠정적인 해가 없도록 노력할 책임이 있다(ASCA, 2016). 학교상담자는 다중관계의 위험을 줄이고 관

계의 경계를 유지하기 위해 불가피한 경우를 제외하고 개인적인 SNS나 개인적인 이메일을 사용해서 학생 및 부모와 연락하는 행동은 하지 않는 것이 좋다(ASCA, 2016).

윤리적 갈등과 의사결정

윤리적 갈등상황은 상담과정에서 상담윤리, 법, 임상적 판단 등에서 제시하는 다양한 기준이 충돌하여 관련된 모든 기준을 지키면서 의사결정하기가 어려운 상황을 뜻한다. 상담윤리의 개별적인 기준들은 모두 바람직하지만, 특정한 상황에서는 모든 기준을 동시에 충족하기 어려운 경우가 있다. 상담자는 그러한 상황이 윤리적인 갈등 상황임을 인식하고, 어떤 기준을 우선적으로 적용하는 것이 바람직한지에 대한 의사결정 및 후속 개입을 하게 된다. 학회에서 제시하는 윤리적 의사결정의 과정은 다음과 같다(ASCA, 2016).

① 문제가 무엇인지 정의하기
② 상담윤리규정 및 관련법을 적용해서 관련되는 규정을 파악하기
③ 학생의 나이와 발달 수준을 고려하기
④ 주어진 환경에서 부모의 권리 및 내담자의 권리를 고려하기
⑤ 복지의 증진, 자율성, 무해성, 충실성과 공정성의 원칙을 적용하기
⑥ 잠정적인 행동 대안 및 결과를 예측하기
⑦ 행동을 선택하고 평가하기
⑧ 자문받기
⑨ 선택한 행동을 실행하기

상담자가 경험하는 다음과 같은 윤리적 갈등상황의 예를 보자.

> 학교상담자가 학교폭력의 피해자를 상담하는 중 학교의 관리자가 피해학생의 상담문제 및 변화과정에 관한 상담사례 기록지를 보고 싶다고 요청한다. 상담자는 상담의 비밀보장에 관한 부분과 자신이 속한 기관의 관리자와의 협조관계의 유지에 대한 기준 사이에서 갈등을 경험한다.

윤리적 의사결정과정을 앞의 상황에 적용해 보면, 문제는 비밀보호의 대상인 상담기록을 학교의 관리자가 열람하고자 하는 상황이다. 상황을 좀 더 분명히 하기 위해 상담자는 관리자가 사례기록을 열람하고자 하는 이유를 확인한다. 관련되는 법과 윤리는 「개인정보보호에 관한 법률」, 비밀보장에 대한 윤리강령, 임상적인 부분에서 관리자가 내담자의 정보를 아는 것이 내담자에게 미칠 영향 등이다. 윤리적 갈등상황에서는 상담자의 결정이 내담자에게 잠정적으로 해를 미치게 되는지, 즉 무해의 원칙이 의사결정에 중요하게 반영되어야 한다.

관리자가 내담자의 학교폭력 피해 정도 및 회복 상태를 파악하여 학교폭력위원회에서 의사결정에 참고자료로 사용하려고 한다면, 관리자에 대한 상담정보 제공이 내담자 복지 증진을 위해 도움이 될 수 있다. 법적, 윤리적 고려, 임상적인 판단을 적용하여 학생 및 부모의 동의를 얻어 상담기록을 관리자에게 전하기로 결정한 경우라도, 정보제공이 필요한 부분만을 다시 정리하여 전달함으로써 내담자 정보에 대한 보호가 최대한 이루어지도록 한다. 이 과정에서 상담자는 다른 전문가에게 자문을 구해 다시 한번 자신의 결정을 숙고한 후 실행에 옮긴다.

학교상담에서 상담윤리를 지키기 위한 노력

상담자가 관련법과 윤리에 따라 상담을 진행하기 위해 노력한다고 하더라도 이를 지키기 위해서는 학교의 동료교사, 관리자, 부모의 이해와 협조가 필요하다. 상담관련법과 윤리규정에 익숙하지 않은 같은 기관의 관리자 및 동료들에게 상담업무, 비밀보장, 기록된 정보의 보관과 처리, 업무분장, 책임 등에 대해 논의하고 동의를 구해 나가는 것도 상담자의 사회적 책임에 속한다(한국상담학회, 2016).

특정 교육과 훈련을 받았다고 해서 상담자의 유능성이 완성되고 지속되는 것이 아니라 새로운 상담이론 및 기법을 배우고 유능성을 유지하기 위해 지속적인 노력이 필요한 것처럼, 상담윤리를 지키는 과정도 유사하다. 학교상담은 「초중등교육법」 「아동학대범죄의 처벌 등에 관한 특례법」 「아동청소년의 성보호에 관한 법률」 「개인정보보호법」 등 관련법의 적용을 받아 이루어진다. 2017년 「개인정보보호법」이 개정되는 등 관련법과 윤리규정이 지속적으로 개정되고 있으므로, 상담자는 변화하는 법과 윤리규정을 배우고 상담에 적용해 나간다. 특히 사소한 상담윤리의 위반이 윤리규정에 대한 민감성을 떨어트려 점차적으로 큰 위반으로 이어질 수 있으므로 주의한다.

생각해 볼 문제

1. 학교상담에서의 전문성 향상을 위해 지속적으로 노력할 수 있는 활동이 무엇인지 두세 가지 정도를 생각해 보자.
2. 최근 상담을 하면서 윤리적 갈등을 경험했던 상황을 떠올려 보고, 윤리적 의사결정 과정을 적용하여 결정해 보자.

추천도서

공윤정(2008). **상담자 윤리**. 서울: 학지사.

양미진, 이귀숙, 신정란, 류다정(2015). **청소년상담복지에 관한 윤리적 · 법적 대응 매뉴얼: 상담사례를 중심으로**. 부산: 한국청소년상담복지개발원.

제4장

상담 수퍼비전

"막상 상담을 하려니 너무 걱정되고 불안해요. 혼자서 잘 할 수 있을까요? 누가 도와주면 좋을 텐데…."

"학생상담도 부담스러운데, 수퍼비전을 꼭 받아야 할까요? 수퍼비전을 받으면 어떤 도움이 될까요? 그동안 상담관련 교육연수는 많이 받았는데, 교육연수와는 어떻게 다르지요?"

"수퍼비전에서 어떤 이야기를 해야 할까요? 수퍼비전을 위해 무엇을 어떻게 준비해야 하는지 잘 모르겠어요."

이 단계에 이르기까지 초보상담자는 책과 강의 등을 통해서 다양한 상담이론에 대한 기초 지식을 쌓고, 기본적이고 필수적인 면접기법을 접하였을 것이다. 또한 혼자서 연습하거나 수업을 같이 듣는 동료학생과의 역할연습, 사례연구 등을 통해 이러한 지식과 기술을 연마할 기회를 가졌을 것이다. 그동안의 준비과정을 통해 초보상담자는 비로소 내담자를 만나 그동안 배웠던 이론과 기법을 체화해 나가며 내담자를 이해하고, 효과적인 개입을 시도해 볼 기회를 갖는다. 이렇듯 초보상담자가 전문가로서 거듭나기 위해 전문성 발달에 필요한 교육과 훈련은 다양하다. 그러나 상담자 발달 과정에서의 전문성 향상은 혼자만의 수련이나 강의식 교육, 상담실습 및 경험만으로 이루어지는 것이 아니라 수퍼비전이라는 핵심적인 훈련과정을 필요로 한다. 수퍼비전은 상담자가 전문가로서 성장할 수 있도록 긴밀하고 협조적인 도제식 관계를 통해 상담에 필요한 지식과 기술을 연마하는 과정이다.

이번 장에서는 상담 수퍼비전의 중요성과 필요성, 수퍼바이저와 수퍼바이지의 역할과 의무, 수퍼비전 내용과 형식, 수퍼비전을 위한 준비사항을 구체적으로 소개한다.

상담 수퍼비전은 무엇인가

상담 수퍼비전(clinical supervision)은 상담자가 자신의 상담 전문성을 증진시키기 위하여 다른 상담자로부터 지도 · 감독을 받는 것을 의미한다. 이

때 수퍼비전을 통해 전문성을 증진시키려는 사람을 수퍼바이지(supervisee), 수퍼바이지의 발달을 위해 자신의 전문성을 내어 주는 사람을 수퍼바이저(supervisor)라고 부른다. 수퍼비전은 중세라틴어인 supervisus에서 유래하였는데, '위에서'라는 의미의 super와 '바라보다'라는 의미의 videre가 결합된 단어로 '위에서 살핀다, 관찰한다'의 의미를 가진다. 그러므로 수퍼바이저는 수퍼바이지의 상담 및 수련과정을 전반적으로 도와줄 수 있는 전문성을 가진 사람이 수행하게 된다. 상담에서 상담자와 내담자가 치료적인 동맹관계(therapeutic alliance)를 맺고 내담자의 문제해결과 성장을 돕는 것처럼, 수퍼비전에서는 수퍼바이저와 수퍼바이지가 협력적인 동맹관계를 만들고, 수퍼바이저가 제공하는 체계적이고 구체적인 피드백과 성찰과정을 통해 수퍼바이지의 전문성 발달을 돕는다.

상담 수퍼비전의 필요성

수퍼비전은 왜 필요할까? 앞에서 살펴본 것처럼 수퍼비전은 일차적으로 수퍼바이지의 전문성 발달을 목적으로 한다. 그러나 상담 수퍼비전은 그 자체로 다양한 역할을 수행한다.

상담자에 대한 지지 및 상담자 전문성 발달

일차적으로 수퍼비전은 수퍼바이지가 상담과정을 통해 개인적으로나 전문가로서 성장하고 발달할 수 있도록 돕는 과정이다. 흔히 초보상담자는 상담을 하기 전뿐만 아니라 상담을 하는 동안에도 많은 모호함을 느끼며, 어떻게 해야 할지, 어떻게 하는 것이 더 좋은 개입이었는지, 혹시 잘못한 것은 있지 않은지 걱정하고 불안해한다. 또한 상담이 끝난 후에도 상담이 올바른 방향으로 가고 있는 것인지, 다음 회기에는 무엇을 해야 할지 걱정을 한다. 혹은 다 잘 되어 가고 있고, 잘 하고 있다고 자신만만하게 생각하다가 어느 날 갑자기 내담자가 연락도 없이 약속된 상담시간에 나타나지 않거나 회기가 끝날 때쯤 예고도 없이 이제 그만하고 싶다고 이야기를 하면 갑자기 상담자로서 자신감과 자기효능감이 추락한다. 내가 상담자로서 형편없었던 것은 아닐지, 무엇을 잘못한 것인지, 혹시 다르게 했어야 하는 것은 아닌지 거듭 생각하며 자책하게 되고, 어떤 경우에는 이런 고민을 하게 만든 내담자가 야속하고 미워지기도 한다. 비밀보장의 원칙 때문에 누군가와 나눌 수도 없는 이런 답답한 마음을 다른 상담자에게 나누어 보지만 나와 비슷한 수준의 상담자가 해 주는 이야기는 "어머, 선생님도 그랬어요? 저도 그랬어요. 우리 어떻게 해요."이거나 "제 내담자는 잘 하고 있고 어제는 제게 상담이 엄청 도움이 된다고 하던데…. 혹시 선생님께서 ○○하셔서 그런 건 아닐까요?"다. 속이 시원하지 않다. 이렇게 상담자가 상담을 하며 드는 고민과 어려움을 나누고, 문제에 대한 해결책을 찾을 뿐만 아니라 내담자가 변화를 만들어 내는 기쁘고 감격스러운 순간을 함께 나누고, 더 효과적으로 조력할 수 있도록 사례개념화와 상담기법을 배우고 연습하는 과정이 필요하다.

수퍼비전은 이러한 과정을 함께 하는 과정이다. 수퍼비전을 통해 수퍼바이지는 수퍼바이저에게 상담과정에서의 어려움과 고민을 나누며, 정서적인 지지를 받고, 상담자로서 자신의 모습을 발견하고, 전문성 발달을 위한 기술과 지식을 상담사례에 직접 적용할 수 있도록 도움을 받는다. 이러한 과정을 통해 평범한 조력자가 전문성을 갖춘 상담자로 성장하게 된다.

내담자 보호

수퍼비전은 상담자인 수퍼바이지만을 위한 것은 아니다. 사실 궁극적으로는 내담자를 위한 것이다. 보다 정확하게 이야기하자면, 수퍼비전은 상담자인 수퍼바이지의 성장을 통해 상담이 보다 효과적이고 윤리적으로 이루어지도록 도움으로써 내담자의 문제해결과 성장을 돕는다. 수련과정에 있는 상담자는 자신의 상담 진행과 효과에 대해 객관적인 평가를 내리기가 어렵고, 때로는 경험과 근거가 부족한 채 자신감을 갖고 있으며, 무엇이 내담자를 위한 최선인지에 대한 잘못된 이해를 가지고 있을 수 있다. 따라서 수퍼바이저는 경험과 전문성을 바탕으로 수퍼바이지의 상담과정을 면밀히 관찰하고 검토하고 탐색함으로써 상담자가 내담자의 호소문제와 기능정도를 적절하게 탐색하고 평가하고 있는지, 내담자의 어려움과 그 이유에 대한 사례개념화를 적절하게 하고 있는지, 내담자에게 적절한 조력을 하고 있는지 등을 살펴서 수퍼바이지가 상담자로서 자신의 기량을 최대로 발휘할 수 있도록 돕는다. 이러한 수퍼바이저의 역할은 궁극적으로 내담자를 보호한다. 또한 수퍼바이저는 상담자 윤리의 관점에서 비밀보호, 자료관리, 상담관계 등이 윤리적이고 전문적인 기준에 부합하도록 수퍼바이지를 감독하고 적절하게 개입함으로써 내담자를 보호한다.

상담자 전문성 발달 및 관리

이제 수퍼비전의 필요성을 대학원 등의 교육기관과 상담센터 등의 상담기관의 입장에서 살펴보자. 교육기관에는 훈련 중인 학생 및 상담 수련생이 있고, 상담기관에는 고용한 상담자가 있을 것이다. 훈련프로그램과 기관을 운영하는 입장에서는 상담자가 전문성을 꾸준히 발달시킬 수 있도록 돕는 동시에 내담자가 일정 수준 이상의 상담을 경험할 수 있도록 상담자를 지도 · 감독하는 것이 필요하다. 수퍼비전은 기관이 자기 기관에 소속된 상담자의 전문성 발달과 질 관리를 위해 사용할 수 있는 가장 효과적인 방법 중 하나다. 수퍼비전은 앞에서 다룬 것처럼 지지와 조력의 역할을 하지만 평가의 기능도 수행한다. 기관은 믿을 만한 자격을 갖춘 상담자에게 수퍼바이저의 역할을 수행하도록 하고 조력이나 도움이 필요한 상담자에게 수퍼비전을 받도록 권고하거나 혹은 요구한다. 수퍼바이저는 기관 내 상담자일 수도 있고, 기관에서 섭외한 외부 상담자일 수도 있다. 기관은 수퍼비전을 통해 소속 상담자들이 전문성을 향상시키도록 격려하고 내담자들에게 적절한 서비스를 제공하는지를 점검하고 적절한 조치를 취할 수 있도록 돕는다.

공공 보호

조금 더 시야를 넓혀 보자. 새로이 배출되는 상담자의 전문성 관리는 상담 관련 학계나 상담전문가 집단에게 매우 중요한 사안이다. 현재 상담을 받고 있는 내담자의 안녕과 상담을 공부하고 수련 중인 상담자의 성장에 국한되는 문제가 아니다. 사회에서 상담자는 전문가로서 영향력을 가진다. 특히, 이 영향력은 사람의 심리적 건강과 해결방법에 대한 전문적 지식이 절대적으로 부족할 수밖에 없는 일반 대중에게 절대적이다. 따라서 학계는 동료 상담자가 지식과 기술, 태도에서 일정 수준 이상의 전문성을 갖추고 윤리적으로 기능하기를 기대한다. 수퍼바이저는 새롭게 이 분야에 입문한 사람이 앞으로 상담자로서 충분히 성장하고 윤리적으로 기능할 수 있는 사람인지 평가함으로써 대중을 보호할 의무를 가진다. 수퍼바이저는 문지기(gate keeper)로서 수퍼바이지에게 충분한 피드백과 교육훈련기회를 제공하고, 그럼에도 불구하고 상담자로서 필요한 자질을 갖추지 못한 수퍼바이지를 감별할 책무성을 가진다.

수퍼바이저-수퍼바이지 관계

수퍼비전은 수퍼바이저와 수퍼바이지가 긍정적이고 협력적인 관계를 형성함으로써 보다 효과적으로 수퍼바이지에게 도움을 줄 수 있다. 수퍼비전 관계에서 분명하고 중요한 사실 중 하나는 수퍼바이저와 수퍼바이지가 서로 존중하고, 협력적인 관계를 맺지만, 동등한 관계가 아니라는 점이다. 인지적으로나 정서적으로 수퍼바이지는 자신보다 상담관련 경험과 지식이 많은 수퍼바이저에게 의지하고 도움을 구할 수밖에 없다. 또한 수퍼비전의 중요한 활동 중 하나는 평가다. 수퍼비전에서는 수퍼바이지의 전문성 발달을 위해 수퍼바이저가 수퍼바이지의 상담과정을 면밀하게 살펴보고, 지속적으로 평가하고, 그에 따라 피드백을 제공하고 개입하는 등 지도 · 감독과 평가가 필수적이다. 또한 많은 경우, 수퍼바이저는 해당 기관에서 행정적인 영향력을 갖고 있고, 그렇지 않더라도 해당 분야에서 수퍼바이지에 비해 더 많은 인맥과 자원 등을 가지고 있다. 이와 같은 이유로 인해 기본적으로 수퍼바이저는 수퍼바이지보다 많은 권위와 힘을 갖게 된다. 따라서 수퍼바이지는 배우고 성장하고자 하는 욕구와 동시에 평가에 대한 불안감과 두려움을 동시에 느끼게 된다. 이와 같은 수퍼바이지의 불안감과 두려움은 사실 일반적인 것이다. 수퍼바이저는 수퍼바이지와의 관계에서 유연하고 지지적으로 반응함으로써 수퍼바이지가 보다 긍정적인 수퍼비전 경험을 하고 전문성 성장을 촉진할 수 있다.

수퍼바이저의 역할

마치 교사가 학교에서 학생보다 더 많은 권위와 책무성을 가지는 것처럼, 수퍼바이저도 수퍼비전에서 많은 역할과 의무를 가지고 있다. 일반적으로 수퍼바이저의 역할은 크게 교육과 평가, 상담, 자문으로 구성된다.

교육자로서 수퍼바이저의 역할

수퍼바이저는 교육자로서 수퍼바이지의 전문성 수준에 적절한 상담에 필요한 지식과 기술을 습득하도록 돕는다. 수퍼바이저는 초보상담자가 경청, 질문, 재진술, 요약, 공감 표현 등과 같은 기본적이고 필수적인 상담기술을 상황에 적절하고 효과적으로 사용할 수 있도록 돕는다. 예를 들어, 수퍼바이저는 상담 축어록이나 녹음파일 등을 통해 수퍼바이지가 상담기술을 적절하게 활용하였는지 살피며, 필요에 따라 역할연습이나 축어록 분석 등을 통해 대안적인 방안을 모색하도록 돕는다. 또한 수퍼바이저는 수퍼바이지가 내담자의 심리·사회·직업적 기능 정도나 위기 정도를 진단하고 평가할 수 있도록 관련된 면접 기술 및 질문을 교육한다. 내담자에게 심리검사가 필요한 경우, 내담자의 호소문제 및 상황에 적절한 심리검사의 선택과 결과해석을 수퍼바이지가 할 수 있도록 돕는다. 또한 수퍼바이지가 내담자를 이해하기 위한 사례개념화를 정확하게 할 수 있도록 적절한 상담이론 및 접근방법을 제안하고 가르쳐 줄 수 있다.

상담자로서 수퍼바이저의 역할

수퍼바이저는 분명히 수퍼바이지의 상담자는 아니다. 그러나 수퍼바이저는 마치 '상담자처럼' 수퍼바이지가 상담 수련 과정에서 겪는 감정이나 생각, 문제 행동, 어려움 등을 탐색하고 효과적이고 적응적으로 해결할 수 있도록 수퍼비전에서 다룬다. 예를 들어, 수퍼바이저는 수퍼바이지가 상담에서 겪는 불안, 걱정, 호기심, 흥미 등 다양한 인지적·정서적 반응을 다루고, 어떤 임상적 개입을 결정하는 과정에 영향을 미친 다양한 요인을 점검함으로써 수퍼바이지가 초보상담자라는 자신의 새로운 정체성에 잘 적응하고 자신의 능력을 충분히 발휘할 수 있도록 돕는다. 그러나 상담에서와 달리, 수퍼비전의 목적은 이러한 과정을 통해 수퍼바이지의 문제를 해결해 주고자 하는 것이 아니라 수퍼바이지가 상담자로서 잘 기능하고 성장할 수 있도록 돕는 것이다. 만약 수퍼바이지에게 미해결과제가 있고, 그것이 지속적으로 내담자와의 관계나 상담자로서의 수행에 부정적인 영향을 미친다면, 수퍼바이저는 수퍼바이지에게 교육분석(개인상담)을 적극적으로 권고할 것이다. 참고로 수퍼비전의 내용은 상담과 달리 교육과 평가의 일환으로 이루어지기 때문에 비밀보장의 원칙이 적용되지 않는다.

자문가로서 수퍼바이저의 역할

수퍼바이지는 상담과 관련하여 궁금한 것이 분명히 많을 것이고, 다양한 영역에서 수퍼바이저의 도움이 필요하다. 수퍼바이저는 수퍼바이지가 필요로 하는 사안에 관하여 전문가로서 의견을 제시하거나 조언을 한다. 예를 들어, 수퍼바이저는 수퍼바이지의 사례 이해와 관련하여 객관적인 시각으로 사안을 검토해 주고, 수퍼바이지가 상담자로서의 정체성을 발달시켜 나가는 과정에서 겪는 다양한 역할 혼란이나 진로 문제에 대해 조언을 해 주거나, 혹은 상담자로서 겪는 윤리적 딜레마나 어려운 상황에 대해 윤리적이고 치료적인 의사결정을 내릴 수 있도록 도와줄 수 있다.

수퍼바이저의 의무

수퍼바이저는 수퍼바이지의 전문성 성장을 위해 수퍼비전 전 과정에서 적극적으로 참여하고 대처할 의무를 가진다. 수퍼바이저의 주요 의무는 다음과 같다.

수퍼바이지의 성장과 학습을 촉진하는 환경 제공

수퍼바이저는 수퍼바이지가 상담자로서 성장하며 필요한 지식, 기술, 자기 이해 등의 능력을 키워 나갈 수 있는 지지적이고 촉진적인 환경과 관계를 제공한다. 필요하고 적절하다면, 기관 내에서 수퍼바이지를 보호하거나 옹호해 줄 보호자로서의 책임도 가진다.

수퍼바이지의 사례관리 및 상담에 대한 총체적인 책임

수퍼바이지의 모든 상담관련 수행은 원칙적으로 수퍼바이저의 관리감독 아래에 있으며, 수퍼바이저가 책임을 진다. 따라서 수퍼바이저는 수퍼바이지의 사례(내담자) 선정 및 배정, 사례 진행, 종결 및 위기상황 등을 종합적으로 검토하고 파악할 의무가 있으며, 필요한 조력을 적절히 제공하여 내담자를 보호하고 상담자가 적절한 수준의 서비스를 제공하도록 돕는다.

수퍼바이지의 발달 및 성장에 대한 지속적이고 구체적인 피드백과 종합적인 평가 제공

수퍼바이저는 수퍼바이지의 상담 수행 전반에 대한 면밀한 관찰과 탐색에 근거하여 지속적으로 구체적이고 건설적인 피드백을 제공한다. 예를 들어, 수퍼바이저는 수퍼바이지의 회기노트나 상담녹음을 듣거나 탐색과 성찰을 촉진하는 질문을 할 수 있다. 수퍼바이저는 상담의 시작이나 마무리와 관련된 진행, 질문이나 재진술, 요약 등의 상담기술, 객관적이고 정확한 노트 기록, 검사 선택이나 해석, 상담 자료의 관리 등 구체적인 사안에 대해 수퍼바이지의 발달 및 수행정도를 확인하고 축어록 작성, 역할연습 등의 도움이 되는 활동을 제시하거나 개선방향을 안내한다(예: "회기록을 작성할 때 상담자의 해석이나 가정은 단정적인 어조를 피하고 가설형의 문장을 써서 작성해야 합니다." "회기를 시작할 때 오늘 상담이 어떤 구조로 이루어질 것인지 내담자에게 안내를 해 주면 도움이 될 것 같네요."). 또한 수퍼비전이 이루어지는 일정 기간 동안 수퍼바이지의 전문성 발달과 성장을 기록하여 이를 종합적으로 평가한다. 이 과정을 통해 수퍼바이지는 자신이 성장한 영역과 앞으로 보다 노력을 기울여야 할 영역을 확인함으로써 향후 자신의 전문성 신장을 위한 중요한 자료로 활용할 수 있다.

수퍼바이지의 역할과 의무

효과적이고 긍정적인 수퍼비전을 경험하기 위해 수퍼바이지도 수퍼비전에서 다음과 같은 역할과 의무를 성실히 수행해야 한다.

자신의 상담경험을 솔직하고 정직하게 보고하기

수퍼바이지는 수퍼비전에서 자신의 상담경험을 가감 없이 털어놓을 수 있어야 한다. 여기서 말하는 상담경험이란, 실제로 상담에서 자신과 내담자가 했던 말과 행동(언어적/비언어적 메시지), 상담과정 혹은 전후에 관찰한 내담자의 이상행동 및 요구, 상담 진행 과정, 상담자 자신에 대한 가졌던 생각이나 느낌, 상담에 대한 계획 등을 모두 포함한다. 따라서 초보 수퍼바이지는 수퍼비전에서 자신이 상담에서 훌륭하게 잘 해낸 부분뿐만 아니라 어려웠던 점, 실수한 점, 또는 정말 부끄러운 실수나 불편한 마음들도 나누게 된다. 이 과정을 통해 수퍼바이저는 수퍼바이지의 경험과 발달, 처해 있는 상황에 대해 더욱 잘 알게 되고, 구체적이고 실질적으로 도움을 제공할 수 있게 된다. 또한 수퍼바이지가 자신의 경험에 대해 갖는 개방적인 태도는 상담과정에서 드러날 수 있는 많은 문제를 수퍼비전을 통해 미연에 방지하는 데 큰 도움이 된다. 상담자에게 이렇게 자신의 부족한 부분과 마주하고, 그것을 수퍼바이저라는 타인에게 내어놓는 것은 상당히 많은 용기를 필요로 하는 일이다. 그러나 이는 상담자의 전문성 발달과정에서 자기객관화라는 과업을 수행하는 데 가장 기본적인 조건이다. 세상 어떤 수퍼바이저도 초보상담자가 상담을 완벽하고 실수 없이

할 것이라고 기대하지 않는다. 문제가 되는 것은 실수를 하거나 잘못을 저지른 것 그 자체일 때보다 자신의 실수나 잘못은 은폐하고 변명하고자 하는 방어적인 태도인 경우가 훨씬 많다는 것을 기억하자.

상담사례기록과 시간 엄수하기

수퍼바이지는 상담사례기록과 자료 관리를 철저하게 하고, 관련 자료의 검토나 확인이 수퍼바이저에게 용이하도록 시간을 엄수할 필요가 있다. 대부분의 상담 실습 기관에서는 사례기록이 회기가 끝난 후 최대 7일에서 14일 이내에 완료 · 보고되도록 한다. 이때의 사례기록은 상담자(수퍼바이지)가 자신의 회기를 기록하고, 수퍼바이저의 검토를 받은 후 수정하고 보완되어 완성된 사례기록을 의미한다. 정확하고 윤리적인 상담사례관리를 위하여 모든 상담기록은 상담한 직후나 상담 당일 작성되는 것이 바람직하며, 아무리 늦어도 내담자와 다음 회기를 진행하기 전에 기록하도록 한다. 사례기록이 빠른 시일 내로 완성될 수 있도록 수퍼바이저와 협의한 일정에 따라 상담회기기록을 공유하고 피드백을 받아 수정하여 완성하도록 노력을 기울여야 한다.

수퍼바이저에게 위기상황 지체없이 보고하기

수퍼바이지는 내담자가 위기상황인 경우, 가장 빠르게 수퍼바이저에게 보고할 의무를 가진다. 상담장면에서 말하는 위기상황은 비밀보장의 원칙에서 예외상황이 되는, 내담자가 심각하게 자신과 타인(상담자 포함)의 생명과 안전에 위해를 가했거나 가할 가능성이 있는 상황을 의미한다. 이러한 상황은 초보 상담자가 혼자서 전문성을 발휘하기 어려운 상황이므로 반드시 수퍼바이저에게 직접, 바로 보고해야 하고, 상황을 알리고 자문을 받아야 한다.

상담자로서 윤리적 책무 다하기

상담자는 상담과 관련하여 말과 행동, 태도를 전문가 윤리에 부합하도록 최선을 다해야 한다. 예를 들어, 상담한 내용이나 내담자에 대한 이야기, 상담 중 알게 된 이야기 등을 동료교사나 배우자, 친구, 지인과 나누거나 상의하는 일은 반드시 피해야 한다. 특히 내담자나 정신건강에 대한 부정적인 언급은 비윤리적인 행동으로 각별히 주의를 기울여야 한다.

예

동료교사: 오늘 지수가 선생님이랑 상담한다고 하던데, 어땠어요? 깊은 이야기 좀 들을 수 있으셨어요? 궁금하네요.

상 담 자: 지수가 그런 이야기를 선생님께 했군요. (내담자는 상담자를 밝히거나 상담받는다는 것을 이야기할 수 있지만, 상담자는 내담자의 상담 사실을 인정하거나 확인해 줄 수 없다.) 그런데 상담관련 이야기는 민감한 사항이고 비밀이 보장되어야 해서 말씀 드리기는 좀 어려울 것 같아요.

동료교사: 에이, 뭘 그렇게 깐깐하게 하세요. 지수가 원래 말을 잘 안 해서 어려우셨죠?

상 담 자: 선생님, 정말 이야기 드릴 수가 없어요. 죄송합니다.

예

친　 구: 상담하기 쉽지 않지? 매일 정신적으로 온전하지 않은 문제 많은 아이들 이야기를 듣고 조언해 주려니 얼마나 힘들겠어? 나 같으면 못할 거야. 네가 만났던 이상한 학생들(내담자들) 이야기 좀 해 줘봐.

상 담 자: 내 걱정도 해 주고 고마워. 그런데 상담에 찾아온다고 해서 정신이 온전하지 않거나 이상하지 않고, 문제가 딱히 많은 건 아니더라고. 만나 보니 정말 평범한 아이들인데, 이런 저런 이유로 힘들고 잘 해 보려고 하다 보니 상담도 받고 그러는 거지. 너는 요새 어떻게 지내? (내담자나 상담에 대한 이야기가 아니라, 친구의 이야기로 주의를 돌린다.)

상담 및 내담자와 관련된 내용은 반드시 동료 상담자나 수퍼바이저 등 상담전문가와 공개되지 않은 닫힌 장소(문이 닫힌 회의실 등)에서 상의하고 논의한다. 예를 들어, 복도에서 상담자들끼리 내담자 이야기를 한다거나, 공공장소에서 전화를 이용해 다 들리도록 내담자 이야기를 하는 것은 윤리적이지 않은 행동이다. 또한 상담교육 및 훈련을 받지 않은 동료교사에게 상담 및 내담자와 관련된 내용을 이야기하는 것은 비윤리적인 행동이다. 공개사례발표나 수퍼비전 등 내담자에 대한 이야기를 구체적으로 해야 하는 상황에서도 일반적으로 내담자의 신원이 밝혀질 만한 정보(이름, 나이, 지역, 가족관계, 상호명 등) 등은 미리 가명이나 변환하고, 구체적인 상담내용(주 호소문제나 증상, 진단, 개입 등)과 관련하여 꼭 필요한 경우, 구두로 전달하는 것이 바람직하다.

이와 더불어 상담자는 상담회기기록, 상담녹음자료, 심리검사자료, 내담자의 인적사항 및 약속 장부 등 상담사례와 관련된 모든 기록은 비밀보장의 원칙에 위배되지 않도록 보관이나 전달과정에서 최선을 다해야 한다. 전자문서의 경우, 비밀번호 등의 암호화 과정을 거치고, 기타 자료의 보관은 잠금장치가 있는 문서보관함과 사무실을 이중으로 이용하는 것이 필요하다. 특히 학교에서 상담이 이루어지는 경우, 내담자 및 다른 학생이 상담 자료에 접근이 가능하지 않도록 각별히 주의를 기울여야 하며, 자료가 유출될 위험을 고려하여 내담자의 중요한 인적사항은 변환하거나 가명을 사용하는 등 신중한 관리가 필요하다. 이 과정에서 어려움을 겪거나 궁금한 점이 있으면 수퍼비전 시간을 활용하여 수퍼바이저에게 자문을 구한다.

수퍼비전의 형태

상담과 마찬가지로 수퍼비전도 독특하고 다양한 형태를 가지고 있다. 수퍼비전은 참여하는 인원에 따라 수퍼바이저 1인과 수퍼바이지 1인으로 이루어진 개인 수퍼비전, 1인 이상의 수퍼바이저와 2인 이상의 수퍼바이지로 이루어진 집단 수퍼비전, 공식적인 수퍼바이저 없이 비슷한 수준의 상담자로만 구성된 또래(동료집단) 수퍼비전 등으로 나눌 수 있다. 이 중 집단 수퍼비전이 현재 가장 많이 행해지고 있는 수퍼비전의 형태로, 상담 수련과정에서뿐만 아니라 계속/평생 교육의 일환으로 많이 사용되고 있다. 개인 수퍼비전이 보다 긴밀한 1:1 관계 속에서 면밀하고 섬세한 지도 · 감독 및 피드백을 제공할 수 있다는 장점이 있지만, 인력과 시간, 비용 면에서의 제약이나 제한 때문에 집단 수퍼비전이 현실적으로 많이 이루어지고 있다. 집단 수퍼비전은 특히 초보상담자에게 유용할 수 있는데, 동료 상담자의 사례발표를 통해 다양한 상담사례와 상담기술, 사례개념화 등을 보다 폭넓게 접할 수 있고, 비슷한 고민과 어려움을 겪는 동료 상담자로부터 지지적인 상호작용과 피드백을 경험함으로써 상담자로서 성장하는 데 많은 도움을 받을 수 있다는 장점이 있다.

수퍼비전의 구조

상담이 라포를 형성하는 단계, 호소문제를 파악하고 목표를 세우는 단계, 작업 단계, 종결 단계의 과정으로 이루어지고, 각 회기 내에서도 도입, 중간, 마무리 단계가 있는 것처럼, 수퍼비전도 시간 순서에 따라 과정과 단계를 가진다. 여기서는 상담관련 전공 대학원 프로그램에서 일반적으로 이루어지는 한 학기 단위의 집단 수퍼비전에 초점을 두고 수퍼비전의 전체 구조와 회기별 구조를 소개하고자 한다.

수퍼비전의 전체 구조

수퍼비전의 처음 몇 회기는 수퍼바이저와 수퍼바이지가 라포를 형성하는 동시에 수퍼비전에 대한 구조화가 이루어지는 단계다. 수퍼바이저와 수퍼바이지가 서로에 대해 알아 가면서 협력적인 관계를 만들어 가며, 수퍼비전이라는 공동의 과제를 위한 오리엔테이션을 하는 것이다. 수퍼비전 구조화는 일반적으로 수퍼비전의 기간과 간격, 시간 및 장소 등을 논의하고, 서로에 대한 기대와 수퍼비전에 대한 기대를 나누고, 각 회기별 진행을 어떻게 할 것인지 결정하는 과정으로 이루어진다. 한 학기 동안 수퍼비전을 받으며 수퍼바이지가 상담자로서 성장하고자 하는 영역 및 목표를 나누면서, 수퍼비전에서 수퍼바이저가 이를 어떻게 다루고 조력할 수 있는지 의견을 나누기도 한다. 이와 더불어 수퍼바이저는 자신의 교육 및 상담수련 경험이나 자격, 상담이나 수퍼비전에서 활용하는 주요한 이론적 접근방법과 기술, 상담 및 수퍼비전에 대한 자신만의 철학과 방침 등을 나눌 수 있다.

그다음 수퍼비전 회기들은 수퍼바이지가 사례를 배정받고(혹은 선택하고), 상담을 진행시켜 나가는 과정과 궤적을 함께한다. 상담자의 중요한 욕구와 필요, 내담자의 기능 수준과 호소문제의 심각성 등에 따라 수퍼바이저는 직접적인 교육 · 상담 · 자문 활동을 병행하며 구체적인 피드백과 조언을 통해 수퍼바이지가 상담에 효과적이고 적절하게 개입하고 상담자로서 꾸준히 성장할 수 있도록 돕는다. 주로 이 시기에는 내담자의 호소문제 이해를 위한 사례개념화, 호소문제 해결을 위한 적극적이고 전략적인 개입방법, 내담자와의 관계에서 드러나는 상담자의 자기이해와 알아차림 등이 중요한 수퍼비전의 이슈가 된다.

진행하던 회기의 종결이나 학기의 마무리 절차에 따라 수퍼비전은 내담자의 종결을 준비하는 과정을 함께하며 수퍼바이지의 전문성 발달과 성장을 평가한다. 이 시기 수퍼비전에서는 내담자 종결준비 시키기와 종결과제 다루기, 수퍼바이지 자신의 종결에 대한 마음가짐 등을 다루고, 한 학기 동안 수퍼바이지의 상담 수행에 대한 종합적인 평가가 이루어진다. 이 과정을 통해 수퍼바이저는 수퍼바이지에게 전문성의 지속적인 발달을 위한 다음 발달 과제를 제시한다. 마지막으로, 수퍼바이저와 수퍼바이지도 그동안의 수퍼비전 성과와 수퍼비전 관계를 다루면서 차근차근 종결을 준비한다.

수퍼비전의 회기별 구조

수퍼비전 각 회기는 수퍼바이지의 근황과 지난 회기 이후의 내담자 및 상담 업데이트로 시작하는 것이 일반적이다. 만약 내담자와 관련하여 수퍼바이저에게 반드시 보고해야 하는 중요한 사항(예: 위기상황)이나 상담 진행과 관련하여 직접적인 조언이나 피드백이 필요한 경우, 회기 시작 전이나 업데이트를 할 때 수퍼바이저와 집단에게 분명한 의사표현을 하는 것이 필요하다.

특별한 위기상황이나 보고사항이 없다면, 시간과 인원 수에 따른 여건에 따라, 수퍼바이지 전체가 돌아가며 자신의 사례를 발표하거나 미리 사전에 조율한 발표순서대로 수퍼바이지 한 명이 집중적인 수퍼비전을 받는 것이 일반적이다. 자신의 사례를 발표하는 상담자는 미리 사례발표와 이해를 도울 상담사례내용을 정리한 문서를 준비하고, 이를 수퍼바이저를 포함한 집단 구성원에게 나누어 준다. 상담자는 선정한 내담자를 짧게 소개하고, 회기 내용을 요약하여 제시하면서 내담자 및 사례진행에 대한 자신의 생각과 감정을 함께 나눈다. 또한 수퍼바이저와 동료 상담자에게 원하는 피드백이나 조언을 구체적으로 밝히고, 관련된 상황을 보고한다. 이 과정에서 미리 상담자가 준비해 놓은 상담회기 녹음을 짧게 듣거나 축어록을 함께 살펴볼 수 있다.

상담자의 보고가 마무리되면, 정해진 순서에 따라 수퍼바이저와 동료 상담자가 사례에 대한 관찰과 의견을 지지적이고 공감적인 태도로 전달하고, 눈에 띄는 상담 성과나 상담자의 성장이 보인다면 격려와 축하를 표현한다. 이와 더불어 상담자나 사례진행에 대한 질문이나 궁금증, 상담자의 개입에서 미처 놓친 부분이나 대안적인 반응에 대한 제안, 혹은 앞으로의 진행 방향에 대한 생각 등이 있다면 신중하고 배려하는 태도를 가지고 구체적으로 전달한다. 피드백을 받은 수퍼바이지는 이에 대한 자신의 생각과 계획을 나누고, 추가 의견을 구할 수 있다.

마지막으로, 수퍼바이저는 오늘 수퍼비전에서 다룬 내용과 관련되거나 상담자 발달단계상 필요하다고 생각되는 자료나 교육 내용 등을 추가로 다루고, 다음 수퍼비전 회기에 대한 계획을 논의한다. 수퍼바이지는 오늘 수퍼비전에서 배부한 상담관련 기록이나 각종 기록물을 동료상담자들로부터 다시 잘 수합하여 문서파쇄기나 문서파쇄전문업체 등을 반드시 이용하여 안전하고 확실하게 폐기한다.

상담 수퍼비전의 내용

수퍼비전에서 다루고 논의하는 내용은 크게 내담자와 관련된 내용과 상담자(수퍼바이지)와 관련된 내용으로 나눌 수 있다.

내담자와 관련하여 다루는 내용

내담자를 중심에 두고 상담의 질을 높이기 위해 다루어지는 다양한 활동이

이 항목에 포함된다. 내담자 선택과 배정, 내담자와 라포 형성 및 치료적 동맹 맺기, 호소문제와 구체적인 증상의 파악, 상담목표 설정, 진단과 평가, 내담자의 호소문제에 대한 사례개념화 및 상담이론의 적용, 상담기술의 적용과 사용, 내담자 보호, 치료적 개입과 계획, 심리검사의 선택과 해석 등 다양한 내용이 수퍼비전의 주제가 될 수 있다.

상담자(수퍼바이지)와 관련하여 다루는 내용

상담자를 중심에 두고 상담자의 전문성 성장과 발달을 위해 다루어지는 다양한 활동이 이 항목에 포함된다. 상담자가 상담과정에서 겪는 다양한 정서 탐색, 상담자 자신의 가치체계와 세계관에 대한 알아차림, 내담자에 대한 역전이에 대한 이해, 내담자와의 역동 및 관계에서 상담자가 겪는 어려움, 상담자로서 그리고 개인으로서 자기 자신에 대한 이해, 자기 이해 정도가 상담관계 및 사례이해에 미치는 영향 등을 수퍼비전의 주제로 다룰 수 있다. 또한 상담자의 수퍼바이지로서의 태도와 자세도 수퍼비전의 주요한 주제가 될 수 있는데, 상담자가 자신과 다른 의견과 생각에 개방적인 태도를 갖고, 새로운 접근이나 기술을 시도하고 배우고자 하는 태도를 갖도록 수퍼바이저가 지속적으로 권고할 수 있다. 이 밖에도 상담자의 향후 진로와 상담자로서의 정체성, 전문성 발달에 필요한 교육과 훈련에서의 이슈 등도 수퍼비전에서 다룰 수 있는 중요한 주제다.

상담 수퍼비전을 받기 위한 준비

우리가 내담자를 맞이하기 위해 상담회기를 준비하는 것처럼 수퍼비전에 참여할 때에도 여러 가지 준비가 필요하다. 수퍼비전을 운영하는 수퍼바이저의 선호, 수퍼비전 철학 및 이론적 기반 등에 따라 수퍼바이저가 기대하는 바나 요구하는 준비가 다를 수 있다. 또한 같은 수퍼바이저라 할지라도 수퍼바이지의 전문성 발달단계에 따라 수퍼비전에 필요한 준비가 달라질 것이다. 따라서 여기에서는 초보상담자가 수퍼비전에 참여할 때 공통적으로 준비할 사항으로 기대되는 것을 중심으로 다루고자 한다.

태도와 마음가짐

수퍼비전은 도제식 과정이므로 수퍼바이지가 얼마나 배움과 성장에 대해 긍정적이고 적극적인 태도를 가지고 있느냐가 수퍼비전 성과에 중요한 요인이 된다. 수퍼바이지가 가지면 도움이 될 만한 태도를 정리하면 다음과 같이 요약할 수 있다. 자신과 다른 의견과 생각에 개방적인 태도, 새로운 접근이나 기술을 시도하고 배우고자 하는 태도, 자신의 사고, 감정, 행동을 성찰하고 반추하고자 하는 마음가짐, 자신의 행동과 역할에 책임과 최선을 다하고자 하는 마음가짐, 건설적인 피드백에 대한 열린 마음이다. 관계는 상호작용을 기반으로 하기 때문에 수퍼바이저도 물론 수퍼바이지가 좋은 태도와 마음가짐을 가질 수 있도록 최선을 다해 도와주어야 한다. 수퍼바이저는 혼내거나 지적하는 사람이 아닌, 나의 성장을 곁에서 지켜보며 도와주는 사람이라는 것을 기억하자.

질문이나 도움받고 싶은 부분에 대한 준비

수퍼비전에 참여하기 전, 시간을 충분히 두고 지난 회기까지의 상담을 되돌아보며, 수퍼바이저의 도움을 받고 싶은 영역이나 궁금한 점을 곰곰이 생각해 보고, 질문 등을 준비한다. 예를 들어, 상담의 특정 부분에서 내담자의 반응이 이해되지 않거나, 아니면 내담자의 이야기에 대한 상담자 자신의 반응이 적절했는지 등의 의문이 생길 수 있는데, 녹음파일을 해당 부분에 맞춰서 수퍼바이저와 함께 들을 수 있도록 준비하거나 해당 부분의 축어록을 만들어 준비할 수 있다. 또는 상담하면서 들었던 여러 가지 마음이나 고민들(예: 어려운 환경에 있는 내담자를 상담하며 느꼈던 무기력함이나 죄책감, 내담자에 대한 미움이나 짜증, 내담자로부터 느끼는 과도한 호감이나 불편감) 등이 있다면 수퍼비전 시간에 잊지 않고 수퍼바이저와 나눌 수 있도록 미리 준비한다.

자료 준비

수퍼비전에 참여하기 전, 그동안의 회기를 진행하면서 사용하거나 수집한 자료나 회기기록을 정리하고 준비한다. 일반적으로 수퍼비전을 위해 준비하는 자료로는 상담사례기록-회기보고서, 각종 검사결과지 및 검사해석자료, 상담녹음파일 등이 있다. 특히, 상담녹음파일은 피드백이나 조언이 필요한 부분에 미리 맞춰 놓아 수퍼비전 시간에 지체 없이 바로 들을 수 있도록 준비해 놓는 것이 필요하다. 수퍼바이저에 따라 상담회기 축어록이나 수퍼비전 보고서 등을 요구할 수 있다.

생각해 볼 문제

1. 상담자로서 성장하기 위해 어떠한 (스스로의) 노력과 (수퍼바이저의) 도움이 필요한지 생각해 보자.

추천도서 및 사이트

방기연(2011). 상담 수퍼비전의 이론과 실제. 경기: 양서원.

각 학회별 월례사례발표회 및 사례연구대회 등 참고

−한국상담학회(http://www.counselors.or.kr/)

−한국상담심리학회(http://www.krcpa.or.kr/default.asp)

−한국초등상담교육학회(http://www.kece.or.kr/index.html)

제5장

상담 초기 과제

- 상담 초기의 과제
- 상담관계 형성하기
- 내담자의 문제 이해하기
- 상담 초기에 기억해야 할 것들

"사실 학생들과 상담을 시작할 때 무엇부터 어떻게 해야 할지 당황스럽습니다. 교사로서 교실에서 학생들을 만났을 때와는 달라야 할 것 같은데, 상담이 무엇인지, 상담교사는 무엇을 하는 사람인지 저 스스로도 분명치 않아서 학생들과의 상담을 시작할 때도 자신이 없습니다."

"상담은 처음이 중요하다고들 하는데 상담의 초기 단계에 무엇을 해야 하고, 어떻게 해야 하는지 구체적으로 배우고 싶어요."

"사실 상담이 필요한 학생들은 먼저 상담을 요청하지 않죠. 대부분 상담자가 먼저 이런 학생들에게 상담을 하자고 하는데, 이때 학생들은 상담하는 걸 내켜 하지 않습니다. 이렇게 원하지 않는 상담을 해야 할 때 어떤 방법으로 상담을 시작할지 궁금해요."

이 장에서는 학생과의 상담 초기에 상담자가 해야 할 중요한 과업들을 소개한다. 상담 초기가 언제까지를 말하는가는 상담의 전체 길이에 따라서 달라지겠으나 일반적으로 1~3회기에 해당되는 기간을 말한다. 상담의 초기에는 상담이라는 특별한 작업이 효과적으로 이루어지기 위해서 반드시 해야 할 과제들이 있다.

이 장에서는 상담 초기에 무엇을 해야 하는지를 살펴볼 것이다. 구체적으로, 상담 초기에 상담관계를 어떻게 형성하는지, 내담자의 문제는 어떻게 이해하는지, 그리고 상담 초기에 상담자가 반드시 알아야 할 중요한 사항들은 무엇인지에 대해서 살펴본다.

상담 초기의 과제

상담 초기의 중요성

상담 초기는 상담 전 과정에서 매우 중요한 시기다. 상담 초기에 내담자는 자신의 문제 혹은 어려움을 토로하면서 상담에 대한 기대를 가지며, 상담자는 상담관계를 형성하면서 상담을 어떻게 진행할 것인지에 대한 계획을 가다듬는 과정이라는 의미에서 내담자와 상담자는 각자의 입장에서 중요한 목표가 있다. 이러한 두 사람의 목표는 상담자와 내담자 간 상담관계를 맺으면서 진행되는데, 상담관계의 형성은 관계를 맺었다는 사실만으로도 치료적이며, 동시에 내담자로 하여금 상담에 협력할 수 있게 한다는 점에서 중요하다.

많은 내담자에게 상담을 시작하는 시점은 중요한 순간이다. 내담자가 문제를 더 이상 견딜 수 없거나, 내담자가 누군가에게 도움을 요청하기로 결정하였거나, 누군가가 내담자의 문제를 심각하게 지각하고 상담을 받도록 했기 때문이다. 상담의 시작 지점은 내담자가 어떤 경우로든 변화를 할 수밖에 없는 시점이고, 그런 시점에 상담자라는 전문가와 만나게 되었다는 점에서 의미가 크다. 이러한 중요한 순간에 상담자는 전문적인 식견과 경험을 바탕으로 내담자의 문제를 이해하고, 내담자의 기대를 적절히 다루면서, 상담 초기의 작업들을 시작해야 한다.

상담자들은 흔히 상담이 진행될수록 내담자의 '진짜' 어려움이 나오고, 내담자의 '깊은' 문제가 나타날 것으로 기대하기도 한다. 그러나 '진짜' 혹은 '깊은' 문제를 찾기 위해 내담자가 지금 가져온 현재의 문제를 간과해서는 안 된다. 현재의 문제가 내담자에게는 중요하며, 현재의 문제가 변화할 때 내담자는 자신의 보다 깊은 문제를 진지하게 볼 수 있기 때문이다. 상담 초기에는 상담관계를 형성하는 과정 속에서, 내담자가 지금 가져온 현재의 문제를 공감적으로 경청하고, 이를 상담목표로 바꾸어 세우면서, 상담이 내담자에게 중요한 시간이 될 수 있다는 기대를 심어 주어야 한다.

한편, 학교장면에서는 내담자의 요청에 의해서 상담이 시작되지 않고 상담자가 불러서, 혹은 부모에 의해 의뢰되어서 상담이 시작되는 경우도 많다. 이 경우 내담자는 상담에 협조적이지 않거나, 상담자를 신뢰하지 않을 수 있다. 상담자는 비자발적 내담자의 심정을 이해하고 내담자와의 상담관계를 맺는 데 특히 노력을 기울여야 한다. 비록 상담자가 불러서 혹은 부모의 요청으로 상담을 시작하기는 했으나 상담시간이 결코 누군가를 위한 시간이 아니라 내담자를 위한 시간이며, 지금까지 만났던 어느 누구와의 만남과는 다른 시간으로서 상담을 통해 결국은 내담자가 원하는 것을 얻을 수 있다는 점을 전달해야 한다.

상담 초기에 반드시 해야 할 과제

상담 초기에 해야 할 과제는 다음 다섯 가지로 나누어 살펴볼 수 있다.

첫째, 내담자의 호소문제 혹은 상담받게 된 문제를 듣는다. 즉, 내담자의 호소문제 혹은 증상이 무엇인지, 문제 혹은 증상이 시작될 때 당시의 상황은 어떠했는지, 그것을 해결하기 위해서 어떤 노력을 했는지를 묻는다. 이와 함께 지금 상담을 받게 된 이유는 무엇인지, 주변 사람들은 내담자의 문제에 대해서 어떻게 생각하는 것 같은지, 자신은 왜 그런 문제가 생겼다고 생각하는지, 자발적으로 상담을 요청한 것이 아니라면 상담자나 부모는 내담자에게 왜 상담을 받으라고 했을 것 같은지 등을 자세히 듣는다. 이 과정에서 내담자가 과거에 상담경험이 있는지, 병원을 내방한 경험은 있는지, 어떤 진단을 받았는지 등 과거 상담관련 경력을 물어보는 것도 필요하다. 사용할 수 있는 질문의 예는 다음과 같다.

- "상담에서 가장 하고 싶은 얘기가 무엇이니?"
- "○○에게 가장 힘든 부분이 무엇인지 알고 싶구나."
- "○○는 그 문제를 해결하기 위해 어떤 걸 해 봤니?"
- "○○가 지금 상담을 받겠다고 생각한 이유가 무엇일까?"
- "부모님은 ○○의 문제를 어떻게 생각하시니?"
- "○○는 스스로 생각하기에 왜 그런 문제를 경험하게 된 것 같니?"
- "부모님은 왜 ○○에게 상담을 받으라고 하신 것 같니?"

둘째, 내담자가 어떤 과정을 통해 문제 혹은 어려움을 경험하게 되었는지에 대한 이해를 위해 내담자의 성장과정, 성격적 특성과 그 변화, 가족 특성과 가족성원 간의 관계 등의 정보를 파악한다. 이러한 탐색은 내담자의 현재 문제와 관련되어 파악하는 것이 중요하며, 필요시 내담자의 부모를 만날 수도 있다.

예 학교에서 외톨이로 지내는 초등학교 4학년생

- "○○가 학교에서 늘 혼자 지내는 것 같아서 선생님이 좀 염려가 되었단다. 그래서 ○○에게 상담을 하자고 했어. 작년에는 학교생활이 어땠는지 선생님께 말해 줄래?"
- "학교가 끝나면 ○○는 무얼하는지 궁금하네."
- "○○는 부모님에게 학교생활에 대해서 말씀을 드리니?"
- "주말에는 주로 가족들과 무얼 하며 보내니?"
- "동생과는 사이가 어때?"

셋째, 앞의 두 가지 과정을 통해 얻은 심리학적 자료를 활용하여 내담자의 문제에 대한 사례개념화를 시도한다. 사례개념화는 내담자의 문제 혹은 증상이 어떻게 생겼고, 현재 유지되는 이유는 무엇이며, 내담자의 강점은 무엇인지에 대한 상담자의 가설을 말한다.

넷째, 상담의 목표를 설정한다. 상담은 목표가 있는 활동으로서 내담자가 꺼낸 호소내용을 상담에서 다룰 수 있는 내용으로 바꾸어야 한다. 적절한 상담목표란 변화를 확인할 수 있고, 내담자가 원하며, 상담자가 필요하다고 생각하고, 상담기간에 적절하며, 내담자의 동기 및 심리적 역량에 맞는 것이다.

예 학교를 자퇴하고 싶지만 엄마의 반대로 엄마와 갈등을 겪는 초등학생

상담자: 상담을 통해서 뭐가 달라지면 좋겠니?

내담자: 엄마가 학교 가라는 말을 안 했으면 좋겠어요.

상담자: 엄마가 ○○에게 학교 가라는 말을 안 하면 좋겠구나. 그런데 엄마가 상담을 받는 것이 아니라, ○○가 상담을 받으니까 엄마가 그 말씀을 안 하도록 하는 건 어렵겠다.

내담자: 그래도 그게 제가 제일 바라는 거니까….

상담자: 엄마가 학교 가라는 말을 안 하게 하려면 ○○가 무엇을 해야 할 것 같

으니?

내담자: 저도 그걸 알면 좋겠어요.

상담자: **그럼 상담을 통해서 ○○가 얻고 싶은 것은 엄마가 나에게 학교 가라는 말을 안 하게 할 수 있는 방법을 알게 되는 것, 그것이 상담목표일 수 있겠구나.**

내담자: 네.

다섯째, 상담구조화를 해야 한다. 상담을 시작한 초기에 내담자들은 상담이 무엇인지, 상담시간에 내담자는 무엇을 하는지, 상담자는 무엇을 하는 사람인지에 대해서 잘 알지 못한다. 다만, 상담이라는 '활동'을 통해 자신의 문제가 나아지거나, 자신이 원하는 것이 이루어지기를 바라는 마음에서 상담시간에 참여한다. 따라서 상담자는 내담자의 이러한 기대에 대한 이해를 표현한 후, 이것이 이루어지기 위해서 상담자는 무엇을 하며, 내담자는 어떤 것들을 해야 하고, 어떤 것들은 하면 안 되며, 상담시간에 가능하지 않은 것은 무엇인지, 비밀보장이 되는 것과 될 수 없는 것은 무엇인지, 그리고 상담의 기간, 시간, 장소 등을 구체적으로 설명해야 한다. 무엇보다 교사이면서 상담자 역할을 할 때의 상담자는 보다 더 구체적이고, 명확한 상담구조화가 필요하다. 담임교사로서 자신의 학교생활을 자세히 알고 있고 공부를 가르쳐 주는 교사가 '상담자'라는 역할로 다가왔을 때 학생이었던 '내담자'는 매우 혼란스러운 마음으로 교사를 바라볼 수 있기 때문이다.

상담관계 형성하기

상담은 상담자와 내담자라는 특별한 관계를 통해 이루어진다. 상담자와 내담자 사이에 맺은 특별한 관계로 인해 내담자는 상담자가 자신의 이야기를 이해할 것이라는 기대를 하면서, 누구에게도 말할 수 없었던 이야기를 털어놓을 수 있고, 이야기를 하는 과정에서의 고통스러운 감정을 경험할 수 있는 용기를 낸다. 상담관계는 보통 라포, 촉진적 상담관계, 작업동맹(치료적 동맹) 등 여러 가지 이름으로 불린다. 이와 같은 여러 가지 이름의 공통점은 상담관계는 전문가인 상담자와 도움을 필요로 하는 내담자 사이에 맺어진 관계로서, 친밀하고, 신뢰할 수 있으며, 치료적 성과를 가져올 수 있고, 내담자의 건강한 자아와 상담자의 전문역량이 공동의 목표를 향해 협력하는 관계라는 것이다. 상담관계 형성은 상담이 성공하는 데 필수적이지만, 내담자는 내면의 혼란이 크고 고통스러우며, 누구와도 이런 얘기를 할 수 없었던 그간의 시간 때문에 상담관계를 형성하는 것이 어렵다. 내담자에게는 상담관계의 형성이 성공적인 상담을 위해 가장 필요하지만, 오히려 내담자이기 때문에 상담관계를 형성하는 것이 더 어려운 것이다. 상담자와 내담자 간에 상담관계가 형성되었음을 알 수 있는 여러 가지 신호가 있다. 상담관계가 형성되면 내담자는 상담을 하면서 어떤 것들이 좋아지고 있는지를 얘기하고, 상담시간에 방어를 하지 않고 자신의 이야기를 자유롭게 전달하며, 자신의 이야기와 일치되는 비음성언어를 보인다. 또한 상담자의 말을 오해하지 않고 이해하게 되고, 상담자가 내담자의 말을 잘못 이해하거나 상담자의 의견이 자신과 다를 때에도 편안하게 이에 대해서 말할 수 있게 된다(Heaton, 2006). 상담관계는 전(全) 상담과정 동안 필요하지만, 특히 상담 초기에는 상담자와 내담자가 상담관계를 맺는 것이 중요하다. 그 이유는 상담자와 상담관계를 맺었다는 체험 자체가 내담자에게 도움이 되고, 상담관계 형성이 바탕이 될 때 이후의 상담작업이 가능하기 때문이다. 상담관계는 다음의 작업들을 통해 이루어질 수 있다.

촉진적 조건

로저스(Rogers)는 상담자가 제공하는 세 가지 촉진적 조건을 통해 내담자가 치유와 성장을 이룰 수 있다는 이론을 제시한 바 있다. '과연 세 가지 촉진적 조건으로 내담자에게 치유가 가능한가'라는 점에 대해서는 다양한 논의가 있지만, 이 세 가지 촉진적 조건이 상담관계를 형성할 수 있다는 점에 대해서는 이견이 크지 않다.

첫 번째 조건은 무조건적인 긍정적 관심이다. 상담자는 내담자에게 관심을 갖는다. 그 관심은 내담자를 돕고 싶고, 어려움에 대해서 알고 싶으며, 변화와 성장을 이루고 싶은 긍정적인 측면에서의 관심이다. 또한 긍정적 관심은 어떤 조건하에서만 있는 것이 아니다. 무조건적 긍정적 관심이란 내담자가 처한 상황이 어떠하든, 또한 내담자가 느끼는 감정이 기쁨, 슬픔, 분노, 사랑, 복수, 공포, 수치심, 사랑, 두려움, 혼란, 질투 등 무엇이든 간에, 상담자가 이를 판단하지 않고 있는 그대로 존중하는 태도를 말한다. 상담자는 내담자를 무조건적 긍정적으로 관심을 갖고 받아들이지만, 이와 함께 내담자의 개선을 돕기 위한 관심도 함께 가지고 있어야 한다.

예 수업시간에 친구들과 떠들고, 교사의 지시를 무시하며 수업을 방해하는 내담자(상담시간에 내담자는 자신의 잘못은 없으며 모든 게 친구들 때문이라고 말한다.)

내담자: 애들이 먼저 제게 말을 걸었다니까요… 전 아무 잘못 없어요. 선생님이 원래부터 저를 싫어하니까 자꾸 제가 한 것처럼 생각하시는 거예요.

상담자: (내담자가 변명한다고 생각하기보다, 내담자의 고통이 무엇인지에 대해 관심을 갖는다.) 왜 선생님이 ○○를 싫어한다고 생각하게 되었어?

내담자: 선생님은 늘 저에게만 뭐라고 하시니까요.

상담자: 그렇게 생각했구나. 어떤 일이었는지 한번 얘기해 줘. 선생님도 그 사실을 좀 알 필요가 있는 것 같아.

두 번째 조건은 공감적 이해다. 상담자가 내담자를 공감적으로 이해하는 것은 상담관계를 맺을 수 있는 기반을 제공한다. 공감적으로 이해한다는 것은 상담자가 내담자의 입장이 되어, 내담자의 감정을 가능한 한 가까이 느끼고, 이를 전달하는 것을 말한다. 6장 '탐색을 위한 면접기법'에서는 공감 반응이라는 이름으로 이를 설명하고 있는데, 상담자의 공감반응을 통해 내담자는 자신의 감정을 보다 깊이 탐색하고, 느끼고, 알아차리게 되기 때문에 공감반응은 탐색을 위해 필요하다. 내담자뿐만 아니라 누구라도 자신의 감정을 공감하고, 이해하는 사람에게는 마음을 열고 자신의 이야기를 보다 자세히, 깊이 있게 얘기한다. 따라서 심리적 문제가 있고, 누구에게도 이해받지 못한 내담자의 경우 상담자의 공감적 이해는 보다 중요할 것이다. 이때 '내담자의 입장'이 될 수 있도록 노력하는 것이 중요한데, 이를 위해서는 질문 반응과 재진술 반응을 통해 내담자의 입장에 대해서 충분히 이해하려고 노력해야 한다. 상담자가 내담자가 그렇게 느끼게 된 상황, 이유, 전제 등에 대해서 충분히 알게 될 때 내담자의 입장이 될 수 있고, 그럴 경우에만 내담자의 감정을 공감적으로 이해할 수 있기 때문이다. 공감적 이해가 되지 않았음에도 불구하고, 공감적 이해가 된 척하면서 반응하는 것은 상담관계를 형성하는 데 오히려 방해가 된다.

예 항상 동생에게 양보하라는 엄마에게 화가 난 내담자

내담자: 엄마는 항상 저에게만 양보하라고 해요. 동생이 잘못했어도, 동생이 거짓

말로 엄마를 속여도….

상담자: 동생이 얄밉고, 엄마에게는 화가 나겠네. (내담자에 대해서 상담자의 공감적 이해를 전달함. 깊이 있는 공감적 전달을 위해서 상담자는 경청을 지속한다.)

내담자: 전 이제 다 포기했어요 뭐….

상담자: 다 포기했다니?

내담자: 아무 기대도 안 한다고요.

상담자: 그 동안은 기대를 했었구나. 어떤 기대였어? (내담자가 무엇을 기대했고, 무엇을 포기했는지를 질문함으로써, 내담자의 상태를 보다 정확히 알려는 시도를 한다. 이를 통해 내담자의 입장을 알 수 있고, 보다 정확하고 깊이 있는 공감적 이해를 할 수 있다. 내담자가 한 말만 이해하는 것이 아니라, 혹은 내담자의 말이 잘 이해가 안 될 때 이해하는 척을 하는 것이 아니라, 충분한 내용을 파악함으로써 정확한 공감적 이해를 하고, 이를 전달하는 것이 중요하다.)

세 번째 조건은 일치성이다. 일치성이란 상담자가 자신의 내면에서 일어나는 감정이나 태도와 일치하는 모습을 내담자에게 보일 때를 말하며, '투명성'이라고도 불린다. 우리는 '사회적 가면'을 지니고 산다는 말이 있다. 자신의 내부에서 일어나는 것을 상대방에게 그대로 보이는 것이 아니라, 상대가 바라는 것 혹은 사회적으로 용인되는 내용을 적절한 정도와 방식으로 드러내는 것이다. 이렇게 할 때 우리는 비난받지 않고, 관계에 부정적인 결과도 없다. 그러나 '이렇게 하는 것이 언제나 상대방에게 도움이 되는 반응일까?'라는 측면에서 볼 때는 '그렇다'고 말하기 어렵다. 때로 이런 반응을 들을 때 상대는 그 말의 진정성을 의심하고, 진심을 얘기하지 않는 상대방에게 섭섭할 수 있으며, 진정으로 자신을 위한 반응이라고 느끼지 않는다. 상담장면에서 상담자의 일치성이 상담관계에 도움이 되는 것은 바로 이러한 이유다. 상담자는 자신의 내면에서 일어나는 감정이나 태도를 내담자를 위해서 그대로 보여 준다. 상담자는 비록 자신의 투명성이 상담자에 대한 오해를 낳을 수 있고, 일시적으로 내담자에게는 상처가 된다고 해도 내담자를 위해서 용기를 가지고 정직하게 전달한다. 상담자의 진실성은 내담자가 상담장면 밖에서 사람들과의 관계에서 경험하지 못한 귀한 경험이다. 여러 가지 위험에도 불구하고, 상담자가 내담자를 위해 자신의 내면에서 일어난 것들을 그대로 전달해 주는 사람이라는 사실이 상담관계를 특별하게 만드는 것이다. 진실로 내담자를 위하는 상담자의 모습을 경험하면서 내담자는 상담자에게 마음을 열고, 자신의 내면을 솔직하게 애기하면서 상담자와 상담관계를 맺게 된다.

예 친구는 필요 없고 학교에서는 공부만 하면 된다는 내담자

내담자: 뭐… 애들이 저랑 안 놀아 줘도 괜찮아요. 원래 학교는 공부하는 곳이잖아요.

상담자: 친구가 안 놀아 줘도 괜찮다고?

내담자: 네… 전 상관없어요. 선생님이 걱정할 그런 거 없다고요.

상담자: 선생님은 네 말이 정말 진심일까? 그런 생각이 드네. 네가 말은 그렇게 하지만 진심이 아닐 거 같아서…. (상담자의 마음을 그대로 전달하면서, 내담자로 하여금 자신의 진심을 말할 수 있도록 한다.)

상담구조화

상담구조화는 상담시간에 무엇을 하고, 어떤 것이 상담목표로 가능하며, 상담시간에 내담자가 할 수 있는 것과 해서는 안 되는 것, 상담자가 하려고 하는 것과 할 수 없는 것, 비밀보장, 자살 및 위기상황에 대한 조치 등을 내담자에게 알리고 설명하는 것이다. 특히 교사가 상담자로서 상담을 진행할 때는 비밀보장 이슈를 조금 더 구체적으로 전달하고, 이와 관련된 내담자의 염려를 듣는 것에 좀 더 많은 시간을 할애해야 한다. 예를 들어, 내담자는 '내 얘기를 상담자가 다른 애들에게 말하면 어쩌지?' '상담자가 엄마에게 상담내용을 말하면 어쩌지?'라는 염려를 한다. 이에 대해서 상담자는 상담시간에 나눈 내용에 대해서는 다른 누구에게도 말하지 않을 것이며, 말하게 될 경우 미리 내담자에게 물어보고 그 내용과 시기를 함께 논의할 것이라는 점을 분명히 말해야 한다. 그러나 자신이나 타인을 해칠 가능성, 혹은 법을 위반할 경우에는 내담자의 허락 없이 상담자의 판단에 따라 비밀보장이 어렵다는 점도 분명히 전달해야 한다.

상담구조화는 상담 1회기 때 하는 것이 좋으며, 상담이 진행되는 과정에서도 필요하다면 언제든 상담구조화를 다시 한다. 상담구조화를 할 때는 너무 길게 설명하기보다, 간단하게 필요한 부분만 전달하며, 상담구조화를 듣고 내담자가 궁금한 것을 묻도록 해서 내담자에게 정확히 전달되었는지 확인한다. 다음은 상담구조화의 예다.

- "상담시간에는 ○○가 힘들어하는 문제를 선생님과 함께 얘기하게 될 거야. 얘기하는 시간 자체가 ○○에게 큰 위로와 도움이 되기도 하고, 그 과정에서 ○○가 스스로 해결방법을 찾기도 한단다. 때로는 상담시간에 함께 얘기하면서 ○○가 보지 못했거나, 생각하지 못했던 부분을 선생님이 알려 주기도 하지."
- "이제부터 매주 1회 화요일 방과후에 상담을 하는 거야. 한번 상담할 때 시간은 50분이지만, 상황에 따라서는 더 짧아지거나 더 길어질 수도 있어. 혹시 상담시간을 지킬 수 없을 때는 반드시 선생님께 미리 알려 줘야 한단다."
- "상담시간에 나누는 얘기는 모두 비밀보장이 될 거야. 그러나 ○○가 자신이나 타일을 해치거나 해칠 가능성이 있을 때, 그리고 법적인 문제가 있을 때는 비밀보장이 가능하지 않아. 무엇이든 궁금한 게 있으면 말해 줘."

학교에 따라서 조용하고 비밀보장이 이루어지는 상담실이 비치된 곳이 있지만, 어떤 경우는 학생들이 모두 하교한 후 교실에서 상담을 진행할 수밖에 없는 경우도 있다. 또한 상담시간을 따로 내기 어려워 점심시간을 활용하여 학생들이 있는 가운데 학생들과 조금 떨어진 공간에서 상담을 하거나, 청소시간에 교실 한쪽에서 이루어지는 상담도 있을 수 있다. 상담자가 교사라는 점을 고려할 때 상담 장소와 시간은 각자 처한 여건에 따라 융통성 있게 할 수밖에 없으나, 내담자가 편안한 마음으로 비밀보장에 대한 염려 없이 상담을 받을 수 있도록 해야 한다.

발달적 관점

교사가 만나는 내담자는 성인 내담자와 여러 가지 면에서 다르다. 무엇보다 내담자가 발달과정상에 놓여있다는 점에서 그렇다. 발달적 관점을 취한다는 것은 내담자의 문제가 비록 지금은 '문제'이지만 내담자가 성장함에 따라 자연히 없어질 수 있기 때문에 시간을 두고 지켜 볼 필요가 있다. 또한 주변의 환경에 영향을 많이 받을 수 있으므로 환경적인 부분에 관심을 두어야 하며, 한 영역의 문제가 다른 영역의 문제와 깊이 관련될 수 있어서 여러 영역을 함께 살펴보아야 한다는 것이다. 예를 들어, 도벽 문제를 가진 내담자의 경우 당장 성급히 진단을 내리고 어떤 조치를 취하기보다 상담을 통한 내담자의 변화를 지켜보면서, 이와 함께 도벽 문제에 친구, 가족, 학교 등 주변 상황이 어떻게 영향을 주고 있는지 판단할 필요가 있다. 또한 도벽 문제는 학업에 영향을 주고, 친구관계에 영향을 준다. 학업과 친구관계 문제는 자존감에 영향을 미치며 이는 결국 다시 도벽 문제에 부정적인 영향을 주는 등 아동 내담자의 경우 문제가 내담자의 생활과 자존감에 미치는 영향력은 더 빠르고 심각하다. 발달적 관점에서 내담자의 문제를 살펴본다는 것은 이러한 영향력에 대해서 상담자가 주의 깊게 살펴보고, 이러한 요인들을 함께 고려하며 상담하라는 의미다.

비자발적 내담자와의 상담

상담센터에서는 법적인 문제와 관련하여 반드시 상담을 해야 하는 상황이 아니라면 내담자가 상담을 요청하지 않는 한 상담이 이루어지기 어렵다. 그러나 학교에서는 상담을 원치 않지만 상담을 하게 되는 비자발적 내담자가 비교적 자주 있다. 그 이유는 상담자가 내담자의 문제를 직접 볼 수 있기 때문에 상담자가 요청해서 상담을 할 수 있고, 부모의 요청으로도 상담이 이루어지기 때문이다.

상담이 상담자와 내담자의 상담관계를 바탕으로 내담자의 자기탐색을 통해 이루어지는 것임을 고려할 때 비자발적 내담자와의 상담은 쉽지 않다. 해결중심치료에서는 비자발적 내담자를 두 가지 유형으로 나누고, 각 유형에 맞는 상담자의 태도와 전략을 소개한 바 있는데 이 전략은 학교상담에서도 유용하다.

첫 번째 유형은 상담을 받으라고 해서 오기는 왔지만 자신은 아무 문제 혹은 어려움이 없다고 여기는 내담자다. 이 유형의 경우 내담자가 어려움에 처해 있다고 설득하거나, 무언가를 바꾸어야 한다고 강요하기보다는 그저 상담자와 만나서 얘기하는 것 자체를 격려하고 칭찬해 주는 것이 좋다. 내담자는 자신의 얘기를 누군가에게 말하는 경험이 부족하기 때문에 상담자와 정기적으로 만나서 얘기하고, 자신의 생각 혹은 감정을 나누는 것이 중요하다. 내담자가 자신이 하고 싶은 이야기를 상담자와 편안하게 나누면서 이해받는 것 자체가 상담목표가 되는 것이다. 내담자는 상담을 경험하면서 자신의 생각과 감정을 알게 되고, 무엇을 원하는지가 분명해지면서 자신이 실제로 원하는 것이 있고, 그동안 그것이 이루어지지 않아서 힘들었으며, 그것을 이루고 싶은 마음이 생긴다. 이때 내담자는 자발적인 내담자로 바뀐다.

예 학교에서 외톨이로 지내지만 정작 본인은 아무 문제가 없다고 생각하는 내담자

상담자: ○○는 선생님이 상담하자고 해서 어땠어?

내담자: 뭘 얘기하는 게 좋을지 모르겠어요. 저는 사실 아무 문제도 없는 것 같아서요.

상담자: 그렇구나. 선생님은 ○○가 늘 혼자 있고, 점심도 혼자 먹고, 혼자 집에 가는 것이 어떨까 궁금해. ○○는 괜찮다고 하니까 선생님 생각과는 좀 다르구나. 어쩌면 ○○의 마음을 선생님이 들으면 좀 더 ○○를 이해할 수 있겠다.

내담자: ….

상담자: 학교에서 친구들과 얘기하지 않고 하루를 지내는 게 어떠니?

내담자: 괜찮아요. 하지만 가끔 심심하긴 해요.

상담자: 가끔 심심했구나. 그 가끔이 언제였니?

내담자: 혼자서 할 게 없을 때요.

상담자: **그럴 때가 있었구나. 그때 얘기를 좀 더 해 보자.**

두 번째 유형은 상담시간에 오기는 했으나 자신의 어려움은 다른 사람 혹은 상황 때문에 생겼기 때문에 자신에게는 문제가 없으므로 상담할 필요가 없다고 생각하는 경우다. 이들은 자신이 아니라 다른 사람이 상담을 받아야 한다고 생각하거나, 상황이 바뀌면 문제가 해결될 수 있을 것이라고 여긴다. 이 경우 상담자는 내담자에게도 문제의 책임이 있음을 섣불리 설득하려고 하지 않아야 한다. 그보다 타인 혹은 상황이 문제의 원인이라고 여기는 내담자의 마음을 이해하고, 공감하고, 수용한다. 이런 태도로 상담을 하게 되면 내담자는 상담시간이 제법 올 만한 시간이 된다. 왜냐하면 상담시간에 상담자가 자신의 입장을 이해하고, 자신의 억울함이 당연하다고 말해 주기 때문이다. 내담자는 그동안 아무도 알아 주지 않았던 자신의 여러 가지 감정을 털어놓을 수 있고, 그 감정과 생각들은 상담자의 이해와 수용을 통해 조금씩 이해받게 되기 때문에 상담시간은 내담자가 인간으로서 자신의 존재를 인정받는 시간이며, 자신이 틀리지 않았음을 확인하는 시간이 된다. 상담자의 이해, 공감, 수용, 타당화를 받으면서 내담자는 자신이 진심으로 원하는 것을 조금씩 느끼게 된다. 이제 내담자는 상담시간에 자신이 원하는 것을 얘기하게 된다. 두 번째 유형의 내담자와의 상담 예는 다음과 같다.

예 자신을 흉보는 친구들 때문에 학교 다니기 싫은 내담자

내담자: 애들이 제 흉을 보고 다니는데 왜 제가 상담을 받아야 하나요? 애들이 잘못하고 있고, 전 피해자인데….

상담자: 그렇게 생각할 수 있겠다. 애들 때문에 ○○는 피해자고, 문제가 해결되려면 애들이 ○○의 흉을 보지 말아야 하니까.

내담자: 그러니까 저는 상담받기 싫어요.

상담자: 그렇구나. 선생님이 생각해도 애들이 상담받아야 하고, ○○는 상담을 받을 이유가 없다는 마음이 충분히 들 수 있을 것 같아.

내담자: 제가 상담을 받으면 마치 제가 문제가 있는 사람처럼 보이잖아요.

상담자: 그렇게 생각을 할 수도 있겠네. 애들이 ○○ 흉을 보고 다녀서 학교 다니는 게 싫었다니 많이 힘들었구나.

내담자: 그랬어요. 학교 오기 싫어요.

상담자: 그렇지. 모두들 ○○에 대해서 오해를 하고 있을 테니. 누구라도 그런 상황에서는 학교에 오기 싫은 마음도 들지.

내담자: 저를 오해하는 애들이 많아요. 오해를 풀고 싶기도 하고….

상담자: 오해를 풀고 싶구나. 오해를 풀면 뭐가 좋아질 것 같아?

내담자: 저를 나쁘게 생각하지 않을 거고 그럼 친구도 다시 생기겠죠.

상담자: 친구가 다시 생겼으면 하는구나.

내담자: 그렇죠. 친구가 있으면 좋긴 하니까요.

상담자: ○○는 오해를 풀 수 있는 방법을 알고 있니?

내담자: 몰라요.

상담자: 친구들이 ○○에 대한 오해를 풀 수 있는 방법을 상담시간에 선생님과 함께 생각해 보면 어떨까?

그러나 상담이 필요함에도 불구하고 내담자가 끝까지 상담을 받으려고 하지 않는 경우도 있다. 이처럼 내담자가 끝까지 상담을 원하지 않을 경우에는 부모상담을 시도할 수도 있고, 적절한 상담자에게 의뢰할 수도 있으며, 상담 이외의 방법을 고려할 수도 있다. 상담자는 내담자가 누군가의 도움이 필요한 상태이며, 그것이 실제로 이루어지고 있는지를 계속 모니터링해서 내담자가 어려움에 홀로 처해 있지 않도록 해야 한다.

이중관계의 긍정적 활용

교사가 학생을 상담할 때는 전통적으로 이중관계가 형성된다. 다시 말해서, 학생의 교과와 생활지도를 담당하는 교사이면서, 학생의 심리문제를 상담하는 상담자의 역할을 동시에 맡게 되는 것이다. 일반적인 상담장면에서는 이중관계를 피하라고 하지만, 교사이면서 상담자의 역할을 동시에 맡을 수밖에 없는 학교장면에서는 이중관계를 피할 수 없기 때문에 이중관계가 줄 수 있는 부정적 영향을 줄이면서 동시에 이중관계의 장점을 적극적으로 활용할 필요가 있다.

이중관계의 부정적 영향으로는 상담자가 교사이기 때문에 내담자가 자신의 깊은 이야기를 하기 꺼려 하거나, 부모상담의 경우 부모는 자신의 자녀를 좋게 보이기 위해 솔직한 얘기를 하지 않거나, 상담자로서 내담자를 이해하고 수용하는 상담자-내담자 관계를 맺은 이후 교사-학생 관계로 돌아갔을 때 교사로서 학생에게 엄격함과 공정함을 유지하기 어려워지는 경우(내담자도 상담시간에 보인 상담자의 모습을 교실에서 교사에게 기대할 수도 있다.) 등이다.

그러나 이러한 부정적인 측면에도 불구하고 교사의 역할과 상담자의 역할을 동시에 맡게 될 경우의 장점도 있다. 가장 큰 장점은 내담자, 즉 학생의 문제를 다양한 관점에서 이해할 수 있다는 점이다. 일반적인 상담에서 상담자는 내담자의 호소문제를 내담자의 입장에서 듣게 될 뿐, 직접 그 상황을 목격할 수 없고, 관련된 사람들에 대한 정보가 없다. 그러나 교사이면서 상담자 역할을 할 경우 상담자는 학생이 호소하는 문제를 상담자의 입장에서 이해하는 한편, 교사로서 평소 학생의 생활을 보아 왔기 때문에 학생이 말하는 얘기를 보다 깊이 이해할 수 있고, 만약 학생이 호소하는 문제가 학급의 다른 친구들과 관련될 경우 교사는 그 친구들을 만나서 좀 더 파악할 수도 있기 때문에 내담자 문제를 보다 깊이 이해할 수 있다.

학생 입장에서는 교사가 이미 자신을 평소에 잘 알고 있고, 자신의 어려움도 익히 짐작하고 있을 것이라는 점에서 교사에게 마음의 문을 쉽게 열 수도 있다. 또한 교사는 내담자의 어려움을 빨리 알아차리고 학생에게 상담을 요청하여 상담을 시작할 수 있으며, 상담의 변화를 실제 학교생활을 통해 직접 평가할 수 있다는 점에서도 유리하다. 흔히 내담자들은 상담실에서 자신의 문제를 이해하고, 변화를 계획하고, 상담장면 밖에서의 과제 수행에 동의하지만 실제 생활에서 이를 행동으로 옮기는 것이 쉽지 않다. 반면에, 교사가 상담자 역할을 동시에 맡았을 경우 상담자는 내담자가 상담시간 밖에서 어떤 시도를 하고 있는지, 예상치 않은 어려움은 무엇인지, 상황 속에 어떤 새로운 변수가 발생했는지 등을 직접 확인할 수 있다. 따라서 다음 상담시간에 상담자는 내담자의 보고와 함께 상담자의 관찰 자료들을 활용하여 상담시간을 보다 효과적으로 진행할 수 있다.

내담자의 문제 이해하기

내담자의 문제를 이해한다는 것은 상담이론, 정신병리, 심리학적 지식을 바탕으로 내담자의 문제를 설명하는 것으로서, 이를 토대로 상담을 진행할 전략을 세울 수 있다. 여기에서는 내담자의 문제 이해를 내담자 문제의 평가, 상담사례개념화, 상담목표 설정, 내담자의 자원 발견으로 각각 나누어서 설명한다.

내담자 문제의 평가

상담자는 내담자의 문제가 교사의 상담으로 도움을 받을 수 있는지를 먼저 가늠해 보아야 한다. 가늠의 기준은 내담자가 교사 상담자에게 마음의 문을 열고 상담에 참여하고 있는지, 내담자는 임상증상이 있음에도 불구하고 학생으로서의 기능들(등교, 수업참여, 학교생활, 숙제, 시험)을 수행하고 있는지를 고려하여 이것이 가능한 경우에는 교사 상담자가 상담을 할 수 있다. 그러나 교사 상담자에게 마음의 문을 열지 않고, 학생으로서의 기능수행이 안 되며, 보다 전문적인 진단이 필요한 경우에는 전문상담기관이나 병원으로의 의뢰를 고려해 본다.

예 감정조절이 안 되고, 게임에 빠져 있는 초등학교 4학년 진호

진호는 엄마의 의뢰로 상담이 시작되었다. 진호의 문제는 시도 때도 없이 화를 내는 등 감정 조절이 안 되고, 부모님이 정해 놓은 규칙을 너무나 많이 어기고 그 후에 거짓말을 하는 것이다. 진호는 수업 중에 산만하고, 최근 들어 부모님께 반항을 많이 하며, 자기 마음대로 되지 않을 때 두통을 호소하고 얼굴이 빨개지는 등

뭔가 문제가 있는 것 같다는 게 엄마의 생각이다. 작년 2월에 사시수술을 한 뒤 눈을 보호하기 위해 인터넷 사용을 자제하도록 규제를 했지만, 진호는 거짓말을 하고 인터넷을 사용하거나, 동네 PC방에서 게임을 하곤 한다면서 진호가 인터넷 중독일 수도 있다고 걱정했다. 엄마는 진호가 생활이 정리가 안 되고, 친구들이 사소하게 놀리거나, 작은 일에도 쉽게 짜증을 내고, 시도 때도 없이 고함을 지르기도 한다고 보고했다. 엄마는 상담을 통해 진호가 책임감 있고, 자신을 잘 통제하는 사람이 되기를 바랐다. 부모님이 동네에서 학원을 운영하기 때문에 진호의 외할머니가 진호를 주로 양육했고, 진호가 학교에 입학할 무렵 동생이 생기면서 진호에게 충분한 사랑과 생활지도를 못한 것 같다고 했다. 아마도 그때 제대로 생활지도를 못 해서 지금 진호가 이런 문제를 가지게 된 것 같다고 생각했다. 최근 진호를 예절교실에 등록시켜서 매일 차로 데려다주었는데, 알고 보니 진호가 출석을 하지 않고 어딘가에서 놀다 왔음을 알고 충격과 실망이 커서 진호에게 상담이 필요하다는 생각을 갖게 되었다. 학교에서 진호는 비교적 친구도 많고, 성적도 상위권을 유지하고 있다. 상담자가 진호와 상담을 시작해 보니 진호는 친구가 놀릴 때 친구들을 때려 주고 싶은데 때리지 못할 때 짜증이 나고 머리가 아프다고 했다. 진호는 자신에게 가장 힘이 되어 주는 사람은 엄마나 아빠가 아니라 외할머니라고 답했다.

진호는 친구들이 놀릴 때 짜증이 나기는 하지만 학교생활을 수행하는 데 지장을 초래하고 있는 수준은 아닌 것으로 보인다. 부모가 문제라고 생각하는 것들에 대해서 진호 자신은 문제로 지각하지 않았으며 진호의 바람은 친구들이 놀릴 때 짜증이 나고 이에 대한 대책을 강구하는 것이었다. 비록 진호 스스로 상담을 신청하지는 않았으나 기능상에 문제가 없고, 상담을 하고 싶은 마음이 있는 것으로 판단되어 상담이 가능할 것으로 보인다.

상담사례개념화

상담사례개념화는 내담자의 문제가 어떻게 발생했고, 왜 현재 지속되고 있는지를 상담이론, 성격형성에 관한 심리학적 지식, 정신병리이론을 활용하여 이루어진다.

상담사례개념화는 상담 초기에 얻은 자료를 토대로 상담자가 가설적으로 형성한 것이기 때문에 매 회기 상담을 진행하면서 새로 첨가하거나, 수정되어야 하며 그런 의미에서 사례개념화의 최종판은 상담이 종결될 시점에 이루어진다고도 말할 수 있다. 앞에 제시된 진호의 사례에 대한 사례개념화는 다음과 같다.

예 감정조절이 안 되고, 게임에 빠져 있는 초등학교 4학년 진호

진호는 어릴 때 일하는 부모로 인해 외할머니에게 양육되면서 안정적인 사랑과 신뢰를 받지 못했을 가능성이 있고, 반면에 첫아이기 때문에 부모의 기대를 크게 받았을 것으로 예상된다. 일곱 살 아래 동생의 존재로 인해 진호는 나이보다 더 어른스럽게 행동하고, 모범을 보여야 했을 수 있으며, 따라서 부모의 말에 어긋난 행동은 엄하게 금지되었을 수 있다. 진호는 이러한 양육환경에서 자신이 원하는 것은 참고, 양보하고, 포기하면서 지냈을 가능성이 높고, 4학년이 되면서 그동안 참고 지내 왔던 것들이 하나둘씩 표현되고 있는 것으로 보인다. 부모에 대한 분노와 섭섭함이 말로 표현되지 못하는 것은 과거에 말로 의사소통하지 못했고, 부모는 진호의 의사를 존중하지 않았으며, 진호 스스로도 말로 해 봤자 소용없을 것이라는 판단에 의한 것일 수 있다.

부모와의 갈등은 학교생활에 전이되어 친구들의 작은 놀림에도 쉽게 화가 나고, 보복하고 싶은 욕구가 생긴다. 특히 부모에게는 섭섭함과 화를 표현하지 못했지만 친구들에게는 가능하기 때문에 이를 행동으로 옮기게 되고, 가능하지 못할 때 화가 더 나는 것으로 보인다. 진호는 분노와 함께 두통과 안면홍조 등의 신체화 반응도 함께 나타나고 있어서 진호의 정서조절 문제가 오랫동안 지속되어 왔고, 본인의 노력에도 불구하고 이제는 신체로 반응하는 단계에 이른 것으로 보인다. 적절한 양육환경의 부족으로 자신의 정서를 어떻게 조절하는지 배우지 못한 진호는 이후로 여러 가지 자동화된 신념들을 가질 수 있다. 예를 들면, '부모님은 나를 사랑하지 않고 오직 공부만 잘하기를 원한다.' '친구들은 나를 놀리려고만 한다.' '화를 내지 않으면 내가 원하는 것을 얻을 수 없다.' '나는 이미 틀렸다.' '게임을 줄이는 것은 불가능하다.' 등이 있을 수 있다.

상담목표 설정

상담목표는 내담자의 상담참여 기간 및 의지, 내담자의 문제, 문제의 심각도 등에 따라서 적절하게 설정되어야 한다. 예를 들어, 졸업을 앞두고 1~3회의 상담만이 가능한 경우는 10회 이상의 상담을 할 수 있는 상황과는 다른 목표를 설정해야 한다. 또한 초등학생 내담자의 경우 상담의 목표를 '자기이해' '성격변화' 등으로 정하는 것보다, 내담자가 원하는 것을 토대로 구체적이고 가시적인 변화를 상담목표로 설정하는 것이 적절하다. 상담목표를 설정할 때의 기준들을 고려해보면(신경진, 2015), 상담목표는 내담자가 원하는 것을 포함해야 하고, 실천 가능한 현실적인 목표여야 한다. 상담목표는 반드시 한 개일 필요는 없으며, 여러 개의 상담목표일 경우 여러 개의 상담목표가 우선순위로 연결되도록 한다. 앞의 진호의 사례에 대한 상담목표를 세워 보자.

예 감정조절이 안 되고, 게임에 빠져 있는 초등학교 4학년 진호

진호는 자신이 상담받을 문제가 없다고 생각하고 있는 비자발적 내담자로서 진호가 상담시간에 자신의 마음을 얘기하게 하는 것이 중요하므로 이것이 상담목표가 된다. 예를 들면, "누군가에게 말할 수 없는 어려움이나 속상함을 상담시간에 충분히 털어놓는다." 이 목표와 함께 "부모님이나 친구들에게 자신이 하고 싶은 것을 짜증을 내거나 화를 내지 않고, 말로 전달한다." "컴퓨터 게임시간을 부모님과 타협하여 정하고, 이를 지킨다." 또한 상담목표로 적절하다.

때로는 "부모님이 게임에 대해서 잔소리를 안 하면 좋겠다." "친구들이 나를 놀리지 않았으면 좋겠다."와 같은 바람을 내담자가 상담목표로 꺼낼 수도 있다. 내담자의 바람이 이해받고 수용될 수는 있지만, 내담자가 아니라 부모님이나 친구의 변화를 원하는 것이기 때문에 적절한 상담목표라고 볼 수 없다. 상담자는 내담자의 바람에 대해서 충분히 듣고, 이해한 뒤 그런 바람을 이루기 위해서 내담자가 해야 할 것들을 찾아서 상담목표로 만들어야 한다. 이 경우 "부모님의 잔소리를 덜 듣기 위해서 내가 해야 할 것을 안다." "친구들이 나를 놀리지 않게 하려면 내가 무엇을 해야 하는지 안다." 등이 될 수 있겠다.

내담자의 자원 발견

상담시간에 내담자는 자신의 문제, 고통, 부정적 감정과 생각들, 자신의 단점과 갈등, 자신이 시도했으나 성공할 수 없었던 이야기들을 주로 얘기한다. 상담자는 이러한 이야기를 경청하고 이해하면서도 한편으로는 내담자의 힘, 자원, 성공경험, 강점이 무엇인지를 지속적으로 살펴야 한다. 내담자의 자원은 상담자가 적극적으로 찾지 않으면 쉽게 드러나지 않는다. 이렇게 발견한 내담자의 자원은 내담자 스스로도 알지 못했던 것일 수 있고, 알지만 자원이라고 생각하지 못했던 것일 수도 있다. 그러나 내담자가 이미 가지고 있는 자원들을 상담자로부터 듣고 나면 내담자는 스스로도 몰랐던 자신의 긍정적인 측면에 대해서 자신감을 느끼고, 변화에 대한 기대를 할 수 있다. 또한 상담자는 내담자의 자원을 상담에 활용할 수도 있다. 부모의 의뢰로 상담받게 된 진호의 자원은 다음과 같이 발견되었다.

예 감정조절이 안 되고, 게임에 빠져 있는 초등학교 4학년 진호

진호의 성적이 상위권이고 친구도 많다는 점은 자원으로 보인다. 비록 짜증을 내거나 고함을 치는 방식일지라도 의사소통을 하고 있다는 점도 자원이 될 수 있다. 아무리 힘들어도 속으로만 삭히고, 누르는 것이 아니라 표현한다는 것은 진호가 스스로 원하는 것이 있다는 의미며, 이를 표현할 정도의 힘이 있다는 뜻이기 때문이다. 또한 외할머니가 자신에게 가장 힘이 되는 사람이라고 말한 것도 진호의 자원이 된다. 부모님이 아니라 할머니를 힘이 되는 사람으로 지각한다는 것이 부모님에게는 섭섭할 수 있겠으나, 그보다 더 중요한 것은 진호가 신뢰하고, 의지하고, 마음을 열 수 있는 사람이 가족 중에 있다는 사실이다.

상담자는 이러한 진호의 자원들을 발견하여 진호에게 얘기해 줄 수 있다. 또한 상담과정에서 진호의 짜증과 고함이 자기표현을 할 수 있다는 증거라는 긍정화 전략을 사용할 수 있다. 진호가 외할머니와 맺은 애착경험은 상담시간에도 상담자와 상담관계를 맺을 수 있을 가능성이 높은데, 실제로 상담관계를 맺는 과정에서 진호에게 이를 설명해서 진호로 하여금 이 부분에 대한 자신감을 갖게 할 수도 있다.

상담 초기에 기억해야 할 것들

전체 상담기간을 가늠한다

상담 초기에 상담자는 상담의 전체 기간을 가늠해 보는 것이 좋다. 전체 상담기간을 예상할 때 고려해야 할 것은 내담자의 문제, 내담자의 상담에 대한 동기, 상담 이외에 필요한 도움(병원, 전문상담자, 외부 상담센터), 내담자의 형편(상담을 받을 수 있는), 방학 기간 등이다. 상담의 전체 기간을 예상하여 상담목표를 설정할 때 상담목표를 달성할 가능성은 높아진다.

예 • 방학을 한 달 남기고 상담을 시작한 경우 한 달 동안 달성할 수 있는 상담목표를 정한다.
• 상담동기가 매우 낮고, 상담시간에 부정적인 태도를 많이 보이는 경우 단기 상담을 진행하고, 상담에 대한 평가를 수시로 한다.

효과적인 상담을 위한 외부자원을 알아본다

상담의 효과는 오로지 상담시간에만 의지할 수 없다. 내담자 주변의 자원들을 활용하여 상담의 효과를 배가하는 노력이 필요한데, 교사 상담자의 경우 내담자의 주변 자원들에 접근하기 쉽기 때문에 주변 자원을 활용하는 것도 가능하다. 여기에서의 외부자원이란 내담자의 부모, 가족, 친구, 상담선생님, 학원선생님, 이전 학년 담임교사 등을 말한다. 상담자는 이러한 여러 외부자원들과 연락을 취하면서 정보를 습득하고, 그들에게 구체적으로 협조를 요청하며, 때로는 내담자와의 상담전략을 함께 논의할 수도 있다. 상담내용에 대한 비밀을 보장하되 주변 사람들과 협력적인 관계를 유지하면서 주변 사람들의 도움을 끌어내는 일은 상담 초기에 특히 중요하며, 상담과정 내내 필요하다.

상담자는 자신이 최선을 다하면 다른 외부자원은 필요 없다고 생각하기 쉽다. 그러나 한 사람의 상담자가 할 수 없는 일들이 외부자원과 협력할 때 가능해진다. 무엇보다 내담자가 아동이라는 점에서 주변의 사람들과 함께 작업할 때 내담자를 보다 효과적으로 도울 수 있다.

예 **수업을 방해하고, 교사의 말을 전혀 듣지 않는 내담자**

상담자는 내담자와의 상담과 함께 내담자의 부모 혹은 가족과 상담을 시도하여 내담자가 집에서는 어떤 행동을 보이는지, 학교에서의 내담자 문제행동에 대해서 부모님이 인지하고 있는지, 이에 대한 부모님의 견해는 어떤지 알아본다. 또한 내담자의 이전 담임을 만나 내담자의 학교생활이 어떠했는지, 이전 담임교사는 어떤 시도를 했었는지, 문제가 나타난 계기나 사건이 있었는지 등을 살펴본다. 이 과정을 통해 상담자는 내담자에 관한 다양한 정보를 수집할 수 있으며 상담 초기에 알게 된 정보들을 상담 진행에 활용할 수 있다.

상담에 대한 희망을 갖게 한다

내담자들은 상담의 초기에 흔히 이런 질문을 한다. "상담받으면 좋아지나요?" "상담을 하면 문제가 해결이 될까요?" 혹은 상담자에게 직접 묻지는 않지만 마음속에 궁금증으로 남아 있을 수도 있다.

상담자는 내담자로 하여금 상담을 통해 뭔가 달라질 수 있겠다는 희망을 심어 주어야 한다. 이것은 직접적으로 "상담을 받으면 좋아지지."라고 말할 수도 있고, "함께 노력하면 무엇인가를 얻을 수 있단다."라고 조금 덜 분명하게 말할 수도 있다. 중요한 점은 상담자가 상담 초기에 내담자에게 이러한 희망을 전달해야 한다는 것이다. 상담에 대한 희망은 상담자의 말과 함께 매 회기 긍정적인 상담결과가 생길 수 있도록 하는 상담 진행으로 가능하다. 여기에서 말하는 긍정적인 상담결과란 최종 상담목표가 조금씩 이루어지는 것이 될 수도 있고, 내담자가 상담시간을 좋아하고 기다리는 마음이 되는 것일 수도 있으며, 상담자에 대한 신뢰가 높아지는 것이 될 수도 있다.

예 작은 일에도 화를 참지 못하고, 친구들과 자주 다투는 내담자

내담자: 전 원래 화를 잘 내요. 엄마도 제가 화를 잘 낸다고 매번 말씀하셨고요.

상담자: 원래 화를 잘 냈다고 엄마가 말씀하셨니?

내담자: 네. 제가 생각해도 그렇고요. 그래서 상담을 받아도 별로 도움이 안 될 것 같아요. 제 생각은….

상담자: 상담이 OO에게 별로 도움이 될 것 같지 않다는 생각이 드는구나.

내담자: 네, 엄마도 저를 포기했다고 했구요. 선생님은 제가 상담받으면 좋아질

수 있을 것 같아요?

상담자: 엄마의 얘기가 ○○에게 영향을 주는 것 같구나. 하지만 선생님은 ○○가 선생님과 함께 노력하면 좋아질 수 있다고 생각해.

내담자: 네?

상담자: 얼마만큼 좋아질지 정확히 얘기할 수는 없지만 상담시간에 선생님과 ○○가 함께 노력하면 달라질 수 있지. (내담자의 상담에 대한 회의감을 이해하면서, 노력 여하에 따라 달라질 수 있다는 희망을 전달하였다.)

교사 상담자인 경우 상담자 모드로 전환한다

교사가 상담자 역할을 할 경우 상담 초기에 상담자로서의 전환에 주의를 기울인다. 이를 위해서 내담자에게 상담 초기에 상담구조화를 해야 하며, 상담자 스스로도 교사가 아니라 상담자로서 학생을 만나고 있다는 점을 명심해야 한다. 더욱이 내담자가 교실에서 수업 진행을 방해하고, 학생들 간에 문제를 일으키는 등 여러 가지 어려움을 야기한 경우 교사는 학생과 상담자로 만날 때 온전히 '상담자'로 만나는 것이 쉽지 않다. 따라서 상담을 교실이 아닌 다른 장소에서 하거나, 상담 시작 전에 상담시간에 무엇을 할 것인지 분명히 하거나, 사례개념화를 새로 시도해 보면서 상담자로서 내담자를 만나려는 노력을 기울여야 할 것이다.

예 수업을 방해하고, 친구와 자주 싸우고, 교사에게 대드는 내담자

수업을 방해하고, 친구와 싸우는 원인이 주로 내담자에게 있고, 교사에게도 자주 대드는 학생을 상담할 때 교사는 상담자로서 내담자를 만나기 어렵다. 이때 상담자는 학생의 그런 행동이 무엇을 얻기 위한 것인지, 무엇이 불안하고 걱정이 되어서 하는 행동인지, 어떤 사건으로 인해 그런 행동을 시작하게 되었는지, 어떤 가정에서 자랐고, 어떤 가족역동으로 인해 그런 행동을 하는지, 상담자 자신은 이 내담자에 대해서 어떤 마음이 드는지 등에 대해 스스로 생각해 본다. 내담자를 한 인간으로 존중하는 태도를 가지고 이해하려는 노력을 할 때 상담자는 내담자와 진심으로 만날 수 있다.

생각해 볼 문제

1. 내담자와의 상담관계 형성은 상담 초기에 매우 중요한 작업이다. 상담자로서 자신이 생각하는 상담관계 형성의 방법은 무엇인지 생각해 보자.
2. 상담 초기는 어떤 방식으로 내담자를 도울 수 있을지를 결정하는 중요한 단계다. 상담을 포함하여 내담자를 돕기 위한 가장 효과적인 방법이 무엇인지를 결정하기 위해서 어떤 노력을 해야 하는지 논의해 보자.

추천도서

신경진(2015). 상담의 과정과 대화 기법. 서울: 학지사.

Heaton, J. A. (2006). 상담 및 심리치료의 기본기법[*Building basic therapeutic skills: A practical guide for current mental health practice*]. (김창대 역). 서울: 학지사. (원전은 1998년에 출판).

제6장

상담회기의 구조와 진행

- 상담회기 시작하기
- 회기 초반
- 회기 중반
- 회기 마무리

"상담을 진행해도 행동변화가 별로 일어나지 않고 이것이 상담인지 그냥 나누는 얘기인지 모르겠어요. 상담 때마다 약속을 한 가지씩 하는데 한 번도 지켜지지 않아요."

"올해로 교직경력이 10년차이지만 처음으로 상담자의 입장에서 상담을 해 보는 중입니다. 교사의 입장으로 살아온 세월이 있어서인지 자꾸 충고를 하고 싶어지고 무슨 말을 해야 할지 난감합니다. 아이가 대답을 하고 나면 그다음에 어떻게 이어 가야 할지 잘 모르겠어요."

상담자들은 기본면접기술(감정반영, 즉시성, 직면 등)과 더불어 다양한 변화의 전략(빈의자 기법, 인지 재구조화, 모델링 등)을 배우고 연습한다. 각각의 기법과 전략을 충분히 구사할 줄 알아도 40~50분간 진행되는 상담회기 동안, 어떤 시점에서 또는 어떤 상황에서, 그리고 어떤 순서로 어떤 기법과 전략을 사용해야 내담자에게 이로울지를 매 순간 결정하는 것은 상담자에게 있어서 또 다른 어려운 과제다. 이 장에서는 상담회기가 진행되는 시간적 순서에 따라 회기의 시작, 초반, 중반, 마무리 단계에서 상담자가 수행해야 할 일들을 학교상담사례들을 통해 소개한다.

상담회기 시작하기

상담자와 내담자의 만남은 매우 의미 있는 일들이 일어나는 시간이지만 상담자와 내담자 모두 어느 정도의 불안을 느끼며 서로를 마주하게 된다. 내담자에게 있어 상담실은 자신의 사적인 세계를 타인에게 드러내는 공간이며, 상담자에게는 내담자를 위해 무엇인가를 해야 한다는 부담을 느끼는 곳이기 때문이다. 상담자는 본격적인 개입을 시작하기에 앞서 자신과 내담자 모두 심리적 준비가 될 수 있도록 노력해야 한다.

상담내용 기록지 읽기

새로운 회기를 시작하기 직전에 지난 회기에 대해 메모해 둔 것들을 읽어 볼 시간을 갖는다. 이를 통해 지난 회기에 일어난 일들에 대한 기억이 생생히 살아날 수 있으며 새로운 회기에 수행해야 할 작업들의 밑그림을 마음속으로 그려 볼 수 있다. 회기 메모를 읽어 보는 것은 상담자가 내담자를 맞아들일 심리적 준비를 하는 것이며 회기 시작 전의 불안을 감소시키는 데에도 도움이 된다.

내담자 맞아들이기

학교상담에서는 내담자가 원하지 않는데도 상담을 받는 일이 흔하다. 대개는 교사의 권유에 의해 상담이 시작되기 때문에 항상 비자발적 내담자의 입장을 고려할 필요가 있다. 상담을 받는다는 것은 누구에게나 부담스러운 일이지만, 비자발적 내담자에게는 더욱 그렇게 느껴질 수 있다. 비자발적 내담자들은 사람들이—특히 상담자가—자신을 문제 있는 아이라고 여기기 때문에 어쩔 수 없이 상담을 받고 있다고 생각하는 경우가 많다. 시작부터 상담자에게 비난받을 것 같은 불안을 느끼며 상담자와 마주 앉는 것이다. 이러한 불안의 크기가 클수록 상담자 앞에서 자신의 사적인 세계를 드러내는 것을 주저하게 된다. 불안에 압도된 내담자는 별다른 고민이 없다고 말하거나 부정적 측면을 탐색하는 질문들에 대한 답변을 회피하며 저항적인 태도를 취한다. 이러한 태도가 지속된다면 상담자를 당황스럽게 할 뿐만 아니라 오랫동안 유지될 경우 상담목표의 성취를 저해하는 요인으로 작용하게 된다. 따라서 회기가 시작된 직후의 가장 중요한 과제는 수용적 분위기를 조성함으로써 내담자의 불안을 감소시키고 자기개방을 촉진하는 것이다. 이를 위해 다음과 같은 사항들을 고려해 볼 수 있다.

만남에 대한 기쁨을 표현한다

내담자와 인사를 나눌 때 내담자와 다시 만난 것에 대한 기쁨을 분명하게 드러내는 것이 좋다. 내담자들은 상담자가 자신을 좋아하는지 싫어하는지에 대해 적지 않게 신경이 쓰이는 법이다. 그래서 상담자의 표정과 말투를 예민하게 살펴보고 자신을 어떻게 여기는지를 추측하려 한다. 그러나 대부분의 상담자들은 자신이 어떤 표정과 말투로 내담자를 대하는지 잘 의식하지 못한다. 혹시 회기 시작 후 상당한 시간이 지나도 내담자가 편안해 보이지 않는다면, 상담자 자신의 모습을 동영상으로 촬영해서 확인하는 것이 도움이 될 것이다.

가벼운 질문을 제시한다

쉽게 대답할 수 있는 가벼운 질문으로 회기를 시작하는 것이 좋다. 그리고 상담자 자신이 말을 많이 하기보다 내담자의 발언을 이끌어 내는 데에 주력해야 한다. 회기 초반에 고조된 불안은 내담자가 말을 많이 할수록 빠르게 감소하는 반면 상담자의 발언이 많아질수록 더 오래 머물러 있기 때문이다. 이때 내담자의 부정적인 측면에 대한 질문들은 거꾸로 불안감을 증폭시킬 수 있으므로 피하는 것이 좋다.

내담자가 어떤 기분인지 살펴본다

비언어적 행동들을 관찰하여 내담자가 현재 어떤 감정 상태에 놓여 있는지를 추측한다. 말로 감정을 표현하는 것이 서툴거나 이를 회피하는 내담자의 경우에도 비언어적 행동에는 자신의 감정이 그대로 드러나게 된다. 입으로는 기분이 괜찮다고 말하지만 표정과 말투는 다른 감정을 드러내는 경우가 드물지 않다.

강렬한 감정은 내담자의 핵심문제와 관련되어 있다

회기 시작 직후부터 내담자의 비언어적 행동에 강렬한 긍정 또는 부정적 감정이 관찰될 경우, 이를 다루는 것이 당일 회기의 주요 과제가 될 수 있음을 염두에 두어야 한다. 강렬한 감정은 항상 내담자의 핵심문제와 관련되어 있기 때문이다. 강렬한 긍정적 감정은 최근 내담자의 주요한 욕구가 충족된 경험이 있었음을 보여 주며, 반대로 강렬한 부정적 감정은 주요한 욕구를 좌절시키는 사건이 발생하였음을 의미한다. 설사 상담자가 미리 계획한 것과 강렬한 감정을 다루는 것 사이에 직접적인 관련성이 보이지 않는다 할지라도 이 감정을 어느 정도 다룬 후에 본래의 계획을 진행해야만 내담자가 상담에 몰입할 수 있다.

회기 초반

비자발적인 내담자 또는 나이 어린 내담자와 상담할 때 내담자가 상담과 관련 없는 이야기를 많이 해서 어려움을 겪는 경우가 종종 있다. 다른 이유도 있겠지만, 상담시간에 무엇을 하면 자신에게 도움이 될지에 대해 명확하게 인식하지 못하는 것이 주요한 원인으로 작용한다. 회기 초반에는 지난 회기의 내용들을 요약하고 호소문제와 관련된 긍정적 변화들을 탐색함으로써 자연스럽게 내담자가 상담에 대해 이해할 수 있도록 도와야 한다.

지난 회기 요약

지난 회기에 다루어진 주요한 화제 또는 목표가 무엇이었는지에 대해 회고하는 시간을 갖는다. 지난 회기에 대한 기억을 새롭게 함으로써 내담자가 상담에 참여할 심리적 준비를 할 수 있도록 돕는 것이 주된 목적이다. 내담자에게 질문을 제시하는 것이 일반적인 진행방식이다. 혹시 내담자가 답변을 어려워하는 경우에는 상담자가 요약을 해 줄 수도 있다. 이 경우 기계적으로 사실을 전달하기보다는 지난 회기에 드러난 내담자의 감정과 욕구를 정리해 주는 것이 좋다. 이렇게 하면 상담자에게 이해받고 있다는 느낌을 경험할 수 있기 때문에 내담자와의 작업동맹을 굳건히 하는 데에 도움이 된다. 학교에서 따돌림을 당하고 있던 초등학교 5학년 미선이와의 면담 일부를 아래에 제시한다. 미선이는 또래관계에서 극도로 위축된 모습을 보였지만 실은 친구를 무척 사귀고 싶어 하던 여학생이다.

상담자: 미선아, 지난번에 상담시간에 무슨 이야기했었지?

미 선: (모르겠다는 표정)

상담자: 추석 전이었는데? 미선이가 학교생활에서 어떻게 되고 싶다고 했었는데?

미 선: 갑자기 생각이 안 나…(말끝을 흐림)

상담자: 갑자기 생각이 안 나? 응… 그래… 지난 시간에 미선이가 친구들하고 친해졌으면 좋겠다고 했었지? 미선이가 생각하는 친구는 마음이 기쁠 때 같이 기뻐해 주고 슬플 때는 같이 위로해 주는 사람인데 이런 친구 사귀면 좋겠다고 그랬고. 또 친구들이 미선이한테 좋은 말 해 주고 같이 놀자고 해 주고, 이런 친구 사귀고 싶다고 그랬었지.

미 선: 아! 이제야 생각 나요…(웃음). 그날 갑자기 비 와서 선생님이랑 같이 우산통에서…(웃음). 선생님은 우산 찢어진 거 쓰고.

자기표현을 어려워하는 미선이를 돕기 위해 상담자는 지난 회기에서 다룬 미선이의 욕구, 즉 친구를 가지고 싶은 마음을 요약해 주었다. 그러자 말끝을 흐리며 주저하던 미선이가 보다 긴장을 낮추고 말문을 열기 시작했다.

혹시 과제가 있었다면 과제의 내용이 무엇이었는지에 대해 간단히 대화를 나누어도 좋다. 그러나, 과제수행 여부에 대해 성급하게 점검하는 것은 바람직하지 않다. 내담자에게 심리적 부담을 줄 수 있기 때문이다. 이로 인해 일부 내담자들은 상담자와의 만남을 회피하기도 한다. 아래의 상담자는 매 회기 내담자와 인사를 교환한 후 곧바로 과제수행 여부를 점검하였는데 과제수행을 하지 못했을 때마다 내담자가 답변을 얼버무리거나 거짓말을 하는 것처럼 느껴진다며 상담 진행을 어려워했었다.

상담자: 유라야. 만나서 반갑다. 지난번에 선생님이랑 약속한 거 있었잖아. 일주일 동안 해 보기로 한 거 잘 지켰어?

유 라: 어… 그 공부하기로 한 건 잘 못 지켰는데… 다른 거는 해 보긴 다 해 봤어요.

상담자: 다른 거? 어떤 약속했는지 기억나?

유 라: 네, 욱할 때 숫자 세는 거랑 그 방법 꾸준히 하는 거랑.

상담자: 공부 빼고 다른 건 다 지켰어?

유 라: 욕은 했는데 숫자는 세어 봤어요.

상담자: 그럼 욕은 어떤 순간에 나왔지?

유 라: 맨 처음엔 동생이랑 말하다가. 애들하고 있을 때는 어… 순간 저도 모르게 갑자기 욕이 나와 가지고….

상담자: 문자나 카톡으로 욕하거나 그런 적 없어?

유 라: 네.

상담자: 확실해?

유 라: 네.

상담자: 어… 기억하는 순간엔 없어?

유 라: 네.

회기시작과 동시에 상담자가 과제수행 여부를 집중적으로 확인하자 유라는 "네."라는 대답을 반복하고 있다. 이것은 내담자가 저항적 태도를 취하기 시작했음을 의미한다. 이런 방식의 회기진행이 반복되면서 유라는 상담에 흥미를 잃었으며 상담자가 자신을 신뢰하지 않는다고 여겼다.

긍정적 변화 탐색

내담자의 과제수행과 관련하여 상담자들이 종종 잊고 있는 사실이 한 가지 있다. 상담에서 가장 중요한 것은 '과제를 충실히 수행했는가?'가 아니라 '내담자의 삶이 좋아졌는가?'라는 점이다. 상담자는 누구나 내담자가 과제를 성실히 수행하는지의 여부에 신경이 쓰인다. 내담자가 과제를 잘 해 오면 기분이 좋고 그렇지 않을 때에는 기분이 언짢거나 의욕이 떨어지곤 한다. 이러한 일이 발생할 때 내담자가 아닌 상담자 자신의 심리적 필요를 충족시키고 싶은 마음이 작용하고 있음을 알아차려야 한다. 그 예로 내담자에게 존중받고자 하는 욕구, 내담자에게 영향력을 미치고자 하는 욕구 등을 들 수 있다. 또 한 가지 생각해 볼 중요한 문제가 있다. 상담자의 입장에서는 과제수행이 중요한 일로 여겨지겠지만, 과제수행이 실제로는 내담자의 문제해결에 그다지 도움이 되지 않을 가능성이 있다는 것이다. 나아가 내담자는 지난 회기에 부여받은 과제를 하지는 않았지만 그것보다 더 효과적인 새로운 방법을 시도했을 수도 있음을 알아야 한다. 따라서 상담자가 해야 할 일의 우선순위 첫 번째는 내담자의 삶 속에서 발생한 긍정적 변화를 탐색하는 것이다. 이것은 내담자 자신의 변화로 표현될 수도 있고 가족과 친구와 같은 환경의 변화로 언급될 수도 있다. 내담자와 환경, 양자는 서로 연관되어 있기 때문에 한쪽의 긍정적 변화는 다른 한쪽의 긍정적 변화와 밀접한 관련성을 갖는다. 따라서 상담자는 내담자가 자신과 환경의 긍정적 변화, 그리고 양자 사이의 인과관계를 알아차릴 수 있도록 도와야 한다. 아래의 대화는 내담자의 삶속에서 발생한 긍정적 변화를 탐색하는 모습을 보여 준다.

상담자: 미선아, 지난번 상담 이후로 학교생활에서 좋아진 게 뭐가 있을까?

미 선: 좋아진 거요? 오늘 있었어요. 승환이한테 오늘 제가 어디 청소하냐고 말했는데요. 계단 쓸기 하면 된대요.

상담자: 승환이가 미선이가 물었을 때 대답을 해 줬구나!

미 선: 친절하게 대답해 줬어요.

상담자: 친절하게 대답해 줬어? 와! 진짜 기분 좋았겠다. 오늘 승환이의 어떤 점이 친절하게 느껴졌어?

미 선: 저한테 소리를 지르지 않았어요. 오늘은 기분이 산뜻해요.

앞의 상담자는 학교에서 경험한 긍정적 변화를 탐색하고 있다. 보다 높은 연령의 내담자들의 경우, 긍정적 변화가 발생한 범위를 정해 주지 않은 상태에서 물어도 괜찮지만, 어린 내담자들일수록 학교에서 일어난 일, 집에서 일어난 일 등으로 탐색의 범위를 한정해 줄 때 보다 수월하게 긍정적 변화를 발견해 내는 경우가 있다. 긍정적 변화가 없었다거나 잘 모르겠다고 하는 경우는 복수의 비교대상들 중에서 가장 나은 것을 찾아보도록 하는 것이 도움이 된다. 예를 들면, "지난 월, 화, 수요일 중에 제일 기분이 좋았던 것은 언제니?" "아빠랑 병원에 가면서 화가 많이 났구나. 그날 아빠랑 있으면서 화가 덜 나거나 기분이 조금 괜찮았던 순간이 잠깐이라도 있었을 것 같아." 등의 질문을 생각해 볼 수 있다. 긍정적 변화를 발견하는 것은 내담자의 긍정적 정서를 증가시키는 효과도 가지고 있다.

긍정적 변화를 찾아낸 후 상담자가 반드시 해야 할 일은 긍정적 변화를 이끌어 낸 요인들을 내담자 자신에서 발견하는 것이다. 이 요인들은 지난 회기의 과제와 유사할 수도 있고 전혀 다른 것일 수도 있다.

상담자: 승환이가 소리를 지르지 않고 대답을 해 줘서 우리 미선이 기분이 산뜻했구나. 선생님이 궁금한 게 하나 있는데, 미선이가 어떻게 했길래 승환이가 그렇게 친절해졌을까?

미 선: 잘 물어봤어요.

상담자: 쉽지 않았을 텐데 모르는 걸 물어보다니 정말 대단하구나. 어떻게 물어봤

는지도 얘기해 줄래?

미 선: 말투를 좀 친절하게 "나 어디 구역 청소하면 돼?"라고.

원래 미선이는 모둠활동, 청소 등의 단체활동을 할 때 잘 모르는 것이 있어도 아이들이 싫어할까 봐 묻지 못하고 혼자 행동하다가 아이들의 분노를 사는 일이 잦았었다. 아이들의 분노를 자주 접하다 보니 미선이 자신도 아이들에 대한 분노를 쌓아 가고 있었고 종종 이를 표출하기도 했다. 상담을 받은 후 같은 반 승환이가 미선이에게 친절하게 대답을 해 준 사건, 즉 환경에 긍정적 변화가 발생했다. 이러한 긍정적 변화는 내담자인 미선이 스스로가 새로운 행동을 시도했기 때문에 발생한 것이다. 상담자는 질문을 통해 구체적으로 미선이가 취한 어떤 행동이 미선이의 환경에 긍정적 변화를 가져왔는지를 깨달을 수 있도록 도와주었다. 즉, 자신의 긍정적 변화와 환경의 긍정적 변화 사이의 관련성을 이해하게 된 것이다. 이 작업이 진행된 후 미선이는 모르는 것이 있을 때 친구들에게 물어보는 빈도가 늘어났다.

회기 중반

지난 회기 요약과 긍정적 변화 탐색이 끝나고 나면 오늘 내담자가 고민하고 있는 문제에 대한 본격적인 대화가 시작된다. 화제 결정, 부정적 감정 다루기, 욕구 탐색, 회기 목표 설정, 변화를 위한 개입의 순으로 상담자가 수행해야 할 과제들을 다음과 같이 소개한다.

화제 결정

지난 상담회기를 요약하고 내담자의 긍정적 변화에 대한 대화를 진행하면서 회기 초반의 서먹서먹함이 감소하고 내담자가 자신의 문제에 대해 이야기할 심리적 준비가 되었다고 판단되면 당일의 회기에서 다룰 주요한 주제를 내담자 스스로 결정할 수 있도록 도와야 한다. 상담과 수업을 혼동하는 상담자들의 경우 자신이 중요하다고 생각하는 화제를 내담자에게 일방적으로 제시하거나 해야 할 활동들을 사전에 결정해 놓고 수업진도를 나아가듯이 회기를 운영하는 경우가 있다. 상담의 궁극적인 목표는 내담자의 행복을 증진시키는 것이지 상담자가 옳다고 여기는 사고와 행동을 내담자에게 가르치는 것이 아니다. 따라서 상담에서 가장 중요한 질문 두 가지는 '현재 무엇이 내담자를 고통스럽게 하고 있는가?'와 '내담자가 자신의 삶에 무슨 일이 일어나기를 바라는가?'다. 전자는 내담자의 호소문제, 후자는 내담자의 욕구와 관련된 질문이다. 이 두 가지 질문에 대한 답변은 오직 내담자 자신만이 가지고 있다. 상담자가 해야 할 일은 내담자가 이 질문들에 대해 충분히 생각하고 자유롭게 표현할 수 있는 환경을 제공하는 것이다. 그런 다음 내담자의 이야기를 경청한 연후에야 이 두 가지 질문에 대한 내담자의 입장을 이해할 수 있게 된다. 따라서 회기 중에는 내담자가 중요하게 여기는 주제들에 대해 이야기해야 한다. 그렇다고 해서 내담자에게 일어난 모든 일에 대해 시시콜콜 이야기를 듣는 시간이라는 뜻은 아니다. 상담의 목표가 내담자 자신의 행복을 증진시키는 것이며 상담시간에는 자신의 행복 증진에 도움이 되는 활동을 한다는 것에 대해 내담자가 충분히 인식하고 있는 상황, 즉 상담의 구조화가 잘 진행된 경우 내담자는 상담시간에 자신이 하고 싶은 이야기의 범위를 스스로 결정할 수 있게 된다. 앞서 언급한 회기 요약과 긍정적 변화 탐색 작업은 자연스럽게 내담자의 주의를 자신의 행복과 관련된 중요한 주제들로 전환시키는 효과를 가지고 있다. 만일 상담의 구조화가 충분히 되어 있지 않다면 내담자는 어떤 이야기를 해야 할지 몰라 연예인이나 게임 이야기로 많은 시간을 보내게 될지도 모른다. 물론 엄밀한 의미에서 보면 내담자의 발언 중에 내담자의 호소문제 또는 욕구와 전혀 관련이 없는 것은 존재하지 않는다. 그러나 학교상담에서는 투입할 수 있는 시간과 노력이 상담자와 내담자 모두 매우 제한되어 있다. 따라서 상담의 목표 및 절차를 종종 내담자에게 주지시킴으로써 상담시간이 보다 효과적으로 활용되도록 노력할 필요가 있다. 다시 미선이의 사례로 돌아가 보자.

상담자: 미선아, 오늘 선생님과 어떤 이야기를 나누고 싶니?
(회기의 화제를 내담자가 결정하도록 이끄는 상담자의 모습을 볼 수 있다. "오늘 무슨 이야기를 나누면 도움이 될까?"라고 질문해도 좋다.)

미 선: 오늘 제가 먼저 주은이한테 말을 걸었는데요. 주은이가 공기할 때 꺾기를 진짜 잘하는 거예요. 그래서 제가 주은이 보고 "너 혼자 집에서 그거 꺾기 연습한 거야?"라고 했는데 주은이는 말은 안 하고 고개를 끄덕였어요.

상담자: 지난 상담시간에 이야기했던 것처럼 오늘 미선이가 주은이에게 먼저 말을 걸었구나.

미 선: (고개 끄덕임) 근데 왜 고개만 끄덕였는지 모르겠어요.

상담자: 그런데 주은이가 말을 안 해서 섭섭한 게 있었구나.

미선이는 지난 회기에서도 친구를 사귀고 싶은 욕구를 표현했었고 자기가 친구들에게 먼저 다가가는 것을 과제로 삼았었다. 상담자가 과제수행에 대해 먼저 언급하지 않았음에도 내담자는 자신이 무엇을 시도했으며 결과가 어떠했는지를 자연스럽게 이야기했다. 회기 초반에 지난 회기 요약과 긍정적 변화 탐색을 통해 상담과 직결된 주제로 자연스럽게 초점전환이 이루어진 결과라고 할 수 있다.

내담자의 이야기를 들으면서 한 가지 주의해야 할 점은 자칫 내담자가 아닌 다른 사람들에 대한 이야기 중심으로 화제가 흘러가지 않도록 해야 한다는 것이다. 상담에서 변화시켜야 할 대상은 타인이 아니라 내담자의 감정, 사고, 행동이므로 이에 대해 질문하거나 요약함으로써 대화의 초점을 내담자 자신에게 유지시킬 수 있도록 도와야 한다. 앞 사례의 상담자는 친구 주은이의 반응이 아니라 내담자 미선이의 행동(친구에게 먼저 말을 건 것)과 감정(친구의 반응에 대한 섭섭함)을 요약하여 제시함으로써 초점을 내담자 미선이에게 돌리려 노력하고 있다. 아울러 상담자는 미선이가 친구의 반응을 중요하게 여기고 있으며 이와 관련된 욕구를 내비치고 있음도 읽을 수 있어야 한다.

부정적 감정 다루기

삶에서 일어난 중요한 문제들에 대해 이야기할 때 내담자들은 흔히 분노하거나 실망감을 드러낸다. 이러한 부정적 감정의 대상은 자신의 뜻대로 통제되지 않는 환경(타인의 태도, 학교수업 등)이나 자신(성격, 외모 등)이다. 이 중에서도 학교상담에서 가장 자주 등장하는 주제는 타인을 향한 부정적 감정이다. 회기가 시작된 직후의 어색한 분위기가 해소되어 가면서 내담자들은 타인이 자신에게 취한 부당한 행동들을 나열하고 이에 대한 부정적 감정을 토로하기 시작한다. 미선이의 사례에서는 또래들에게 다가가고자 하는 자신의 노력에 대해 냉담하거나 적대적인 태도를 나타내는 또래들에 대한 이야기가 자주 나타난다. 매번 미선이는 서운하다거나 속상하다는 감정을 드러내곤 했다. 상담의 궁극적인 목표는 내담자의 행복 증진이며 내담자의 감정, 사고, 행동을 변화시킴으로써 성취가 가능해진다. 변화의 대상 세 가지 중에서 가장 먼저 다루어야할 것은 감정이다. 상담이론에 따라 감정 다루기에 비중을 두는 정도에 차이가 있기는 하다. 그러나 사고와 행동을 변화시키기 위한 시도를 할 때 내담자가 강렬한 부정적 감정에 압도된 상황에서는 저항에 부딪히기 쉬움을 유념해야 한다. 다음에 제시된 대화는 쌍둥이 형과의 갈등이 잦았던 초등학교 3학년 진수의 세 번째 회기다. 상담자는 갈등의 원인이 진수가 상황을 해석하는 방식, 즉 사고에 있다고 여겼다. 회기 시작 직후부터 부정적 감정을 토로하던 진수에게 곧바로 사고변화 작업을 시작하자 겉으로는 상담자에게 협력하는 듯 보였다. 당시 상담자는 회기 종료 시마다 내담자에게 당일의 상담이 도움이 된 정도를 점수로 평가하도록 하고 있었는데, 이날은 전체 10회기 상담 중에서 가장 낮은 평점을 받은 회기였다.

진　수: (씩씩거리며) 오늘 쌍둥이 형이 대놓고 저를 무시했어요. 아람단에 가서 제가 자리 잡고 앉았는데 쌍둥이 형이 저한테 "너 뭐 거기 앉냐?"라고 해서 "내 맘이거든."라고 했어요. 그랬더니 "메롱~메롱~" 하고 가는 거예요.

상담자: 그걸 왜 무시했다고 생각해?

진　수: (더욱 감정이 고조되며) 아니, 그래서 다시 들어 봐요. 제가 그래서 "아씨!" 쫓아가서요. 의자를 팍 밀어 넣어서 못 나오게 했어요.

상담자: 그게 왜 대놓고 무시를 한 거야…?

진　수: 아니 말로 표현을 못 하겠는데… 막 대놓고 짜증 나게 한 다음에….

상담자: 그 무시했다라는 건 진수의 뭐야?

진　수: 생각….

상담자: 형이 너한테 메롱한 사건 때문에 짜증이 난 게 아니라 형이 너를 무시했다는 생각 때문에 짜증이 나는 거라고 했었지?

진　수: (답답하다는 듯) 아니 내가….

상담자: 그래서 그 생각을 어떻게 하면? 그 생각을 어떻게 하면 진수야? 응?

진　수: (침묵)

상담자: 그래서 그 생각을 어떻게 하면 네 마음이 편안해진다 그랬었어?

진　수: (마지못해) 바꾸면….

앞의 예에서 보듯 회기가 시작되고 나서 내담자가 강한 부정적 감정을 표현하는 경우, 감정을 조금이라도 해소할 기회를 제공한 후에 다른 시도들이 진행되어야 내담자의 적극적인 협력을 이끌어 낼 수 있다. 이러한 작업의 순서는 하나의 회기 내에서만 적용되는 것이 아니라 상담의 전 과정에 걸쳐 동일하게 적용된다. 회기 초기 또는 상담 초기일수록 감정을 다루는 작업의 비중이 높으며 후기로 넘어갈수록 사고 및 행동의 비중이 증가하게 된다. 부정적 감정 다루기 작업의 핵심은 다음의 두 가지로 요약될 수 있다.

첫째, 부정적 감정을 있는 그대로 표현할 수 있는 환경을 제공해야 한다. 이를 위한 가장 일반적인 방법은 자연스러운 대화 속에서 내담자가 마음속에 있는 이야기를 자유롭게 하도록 허용해 주는 것이다. 감정 다루기 작업이 성공적으로 진행되고 있다면 내담자는 문제 상황에서 경험한 부정적 감정을 마치 지금 그 일이 일어나고 있는 것처럼 회기 중에 다시 체험하게 된다. 이 감정이 어떤 것이든 마음껏 경험하고 표현해도 좋다고 상담자가 허용을 해 주었기 때문이다. 내담자가 보다 수월하게 감정에 몰입하고 이를 표현할 수 있도록 돕기 위해 종종 특별한 기법이나 활동이 사용되기도 한다. 예를 들면, 문제 상황을 역할극을 통해 재연하거나 그림, 만들기, 인형 등을 통해 상징적으로 표현할 기회를 제공할 수도 있다. 따돌림당하던 미선이의 사례로 다시 돌아가 부정적 감정을 다시 체험하고 표현하도록 도와준 예를 살펴보자.

상담자: 상민이가 미선이한테 나쁜 말을 했는데도 가만히 있었구나. 왜 미선이가 가만히 있었을까?

미　선: 저도 모르게 가만히 있었어요.

상담자: 미선이 마음을 다 아는 요정이 봤다면 뭐라고 이야기해 줄까?

미　선: 감정을 잘… 못 표현해서….

상담자: 감정을 잘 표현하는 게 어떤 거지?

미　선: 속상한 걸 속상하다고 말하는 것.

상담자: 미선이는 그게 잘 안 되는 것 같아?

미　선: (고개 끄덕임.)

미선이는 또래와 교사를 비롯한 타인이 자신에게 어떤 반응을 보일지를 염려하던 내담자였다. 미선이가 감정표현을 주저하자 상담자는 미선이가 아닌 다른 대상—요정—의 입을 통해 자신의 마음을 표현하도록 했다. 이러한 작업은 자기개방에 대한 부담을 감소시키는 긍정적 효과를 발휘한다.

상담자: 만약에 감정 표현을 잘 하게 되면 아까 상황에 뭐라고 할까?

미 선: (목소리가 점점 커지며) 그런 말하면 나 기분 나쁘다고!

상담자: 미선이 목소리를 들으니 얼마나 속상했는지 잘 알 것 같아. 미선아, 지금 기분이 어떠니?

미 선: 조금 후련한 것 같아요.

상담자가 문제상황으로 다시 돌아간 모습을 상상하도록 하자 미선이는 마치 상민이가 지금 앞에 와 있는 것처럼 억누르고 있던 분노를 표현하며 감정 정화—"후련한 것 같아요."—를 경험했다. 부정적 감정은 그때 거기에서가 아닌 지금 여기에서 다시 체험되고 표현될 때 해소될 가능성이 더욱 높아진다.

둘째, 부정적 감정을 다룰 때에 요구되는 또 다른 한 가지 작업은 내담자의 감정에 대해 공감을 표현하는 것이다. 이는 내담자에게 다음의 두 가지 메시지를 전달하는 것을 의미한다. 첫 번째 메시지는 내담자가 지금 여기에서 체험하고 있는 감정이 잘못된 것이 아니라 타당하다는 것이며, 두 번째 메시지는 이 감정을 상담자 앞에서 표현하는 것을 허용한다는 것이다. 공감은 내담자가 경험하고 있는 감정을 요약하여 전달함으로써 표현될 수 있다. 앞에 제시한 미선이의 사례에서 상담자가 "주은이가 말을 안 해서 섭섭한 게 있었구나." "미선이 목소리를 들으니 얼마나 속상했는지 잘 알 것 같아."라고 언급한 것은 공감의 전형적인 예다. 다른 사례도 살펴보면, 초등학교 4학년 남학생 철수는 부모가 이혼한 후부터 분노조절에 어려움을 겪기 시작했다. 어느 날 철수는 급식시간에 친구와의 사소한 다툼으로 감정이 폭발하여 줄도 안 서고 짜증을 부리고 있었다. 상담자가 가까이 다가가 얼마나 화가 났는지 교사의 손을 기분만큼 꽉 쥐어 보라고 하자 철수는 교사의 손이 아플 정도로 힘껏 쥐었다. 상담자가 철수의 감정이 옳은지 그른지 따지지 않고 있는 그대로 표현할 기회를 제공한 것이다. 이러한 경험은 내담자로 하여금 자신의 감정이 존중받고 있음을 느끼게 한다. 그러고 나서 상담자는 "아, 철수가 이 정도로 화가 많이 났었구나. 그래, 선생님도 이제 알겠어."라고 공감을 표현했다. 잠시 후 철수의 고조되었던 감정은 놀라울 정도로 빨리 안정되었다. 자신의 감정을 마음껏 표현할 기회를 부여받고 이것을 타인에게 조건 없이 수용받는 경험을 할 때, 부정적인 감정은 줄어들고 긍정적 정서는 늘어나게 된다. 뿐만 아니라 공감은 내담자가 자신의 감정에 초점을 유지한 상태로 자기개방을 계속해 나아갈 수 있도록 도와준다. 상담자는 내담자의 감정이 옳은지 그른지에 대해 어떠한 가치판단도 해서는 안 된다. 자신이 상담자에게 평가받는다고 느낄 때 내담자는 감정표현을 회피하기 때문이다. 아울러 상담자가 내담자에게 부정적 감정을 체험하거나 표현하는 것을 강하게 금지한다 하더라도 이 감정이 결코 사라지지 않는다는 사실을 유념해야 한다. 예를 들어, 아버지에게 욕을 하고 싶다고 말하는 내담자에게 그것이 옳지 않다고 설득한다면 아버지에게 더 이상 분노하지 않게 될 것인가?

욕구 탐색

부정적 감정의 근본적인 원인은 좌절된 욕구다. 욕구란 내담자가 자신의 삶에서 '일어나기를 바라는 일들'이다. 욕구가 없으면 감정도 생겨나지 않는다. 감정과 욕구 사이의 관계는 마음이라고 하는 동전의 양면이라고 할 수 있다. 부정적 감정을 거꾸로 뒤집으면 좌절된 욕구가 드러나고, 긍정적 감정을 느낀 순간들을 되짚다 보면 충족된 욕구가 무엇인지 알 수 있게 된다. 내담자가 가진 욕구를 발견하고 이를 실현시키기 위한 시도를 하는 것은 곧 내담자의 행복을 증진시키는 일이며 상담자의 가장 중요한 역할이다. 부정적 감정에 압도된 내담자들은 대개 지금 무엇이 싫은지, 즉 '일어나지 않기를 바라는 일

'들에 대한 이야기를 격앙된 감정과 함께 이어 가지만, 정작 '일어나기를 바라는 일'이 무엇인지에 대해서는 잘 알지 못하는 경우가 많다. 부정적 감정으로 인해 내담자의 주의가 부정적인 것들에 집중되기 때문이다. 내담자가 자신의 욕구로 초점을 돌릴 수 있도록 상담자가 별도의 노력을 하지 않으면 상담회기는 부정적 감정을 유발시킨 사건들에 대한 이야기들을 반복하는 시간이 되기 쉽다. 앞에서 언급하였듯이 부정적 감정 다루기는 상담의 중요한 부분이지만 보다 효율적으로 내담자의 행복을 증진시키기 위해서는 사고와 행동을 함께 변화시켜야 하는 경우가 많다. 이때 욕구 탐색은 감정에 대한 작업과 사고 및 행동에 대한 작업을 연결지어 주는 징검다리 역할을 한다.

욕구 탐색은 당일의 회기에서 내담자의 사고와 행동을 어떻게 변화시켜야 할지에 대한 방향, 즉 회기 목표를 수립하는 데에 도움이 된다. 교육과 상담을 비교해 보면, 교육에서는 사회 구성원들 사이에 합의된 일련의 바른 사고와 행동을 내담자에게 가르치는 것이 주가 되는 것에 반해 상담에서는 내담자의 행복을 증진시키는 사고와 행동을 획득하도록 돕는 것이 중심이 된다. 교육에서는 가르쳐야 할 사고와 행동들의 목록이 이미 정해져 있지만 상담에서는 내담자가 어떤 사고와 행동을 획득하도록 조력해야 하는지에 대해 미리 결정할 수 없다. 내담자가 자신의 삶에서 무슨 일이 일어나기를 원하는지에 따라 그것의 성취를 촉진하는 사고와 행동이 달라지기 때문이다.

내담자의 욕구를 바탕으로 회기 목표를 수립하는 것은 내담자들의 상담참여 동기를 증진시킨다. 상담시간에 하는 일들이 자신의 삶에서 원하는 것들을 발견하고 그것을 이루어 나아가는 활동이라는 인식이 내담자에게 형성되기 때문이다. 뿐만 아니라 내담자가 상담자를 욕구 충족의 조력자로 여기게 되어 양자 사이의 작업동맹이 더욱 돈독해지는 긍정적 효과도 함께 발생하게 된다. 동기 수준이 낮은 비자발적 내담자들일수록 적극적 참여를 이끌어 내기가 쉽지 않은데 욕구에 기반하여 목표를 수립하는 것은 이 문제를 해결하는 열쇠다.

욕구 탐색을 시도할 때에는 욕구로 초점 돌리기와 욕구 구체화 작업이 함께 수행된다. 이 작업은 내담자의 발언 속에 드러난 욕구들을 요약하거나 내담자에게 욕구가 무엇인지 질문함으로써 시도될 수 있다. 엄마에 대해 불만을 토로하던 중학교 2학년 여학생 진숙이의 예를 통해 살펴보자.

진 숙: 우리 엄마는 정말 재수 없어요. 뻔히 속이 다 보이는데 착한 얼굴하고 성경책에 적혀 있는 것 같은 말만 해요. 성적이 떨어지면 다른 엄마들한테 창피하니까 저한테 공부하라고 하는 거면서 괜히 위하는 척하구요.

상담자: **[욕구로 초점 돌리기]** 엄마가 너를 진심으로 위해 주시면 좋겠구나.
[욕구 구체화] 엄마가 너에게 무슨 말이나 행동을 하시면 네 얼굴에 웃음이 생겨날까?

상담자의 의도가 내담자의 부정적 감정을 수용하는 데에 놓여 있었다면 "엄마의 행동에서 진심이 느껴지지 않아 서운하구나."라고 서운함 마음을 요약해 주었을 것이다. 그러나 앞의 상담자는 회기 목표를 수립하기 위해 이제 내담자의 욕구 탐색을 수행해야 할 시점이라고 판단하였다. 우선 내담자의 욕구를 요약함으로써 초점을 욕구로 전환시키고 있으며, 연달아 욕구에 대한 질문을 제시함으로써 욕구의 구체적인 내용을 탐색하려는 시도가 이루어지고 있음을 알 수 있다.

회기 목표 설정

상담은 내담자의 욕구를 실현해 나아가는 과정이다. 내담자의 욕구를 바탕으로 회기 목표를 수립하는 과정을 살펴보자. 상담자의 이론적 지향이 감정을 다루는 것에 전념하는 것이라면 별도로 회기 목표를 수립하는 과정을 거칠 필요 없이 지금까지 소개한 부정적 감정 다루기와 욕구 탐색을 진행하는 것만으로도 좋은 상담회기가 될 수 있다. 그러나 많은 상담자는 내담자의 감정, 사고, 행동에 걸쳐 다각적으로 접근함으로써 보다 효과적으로 내담자에게 도움을 제공하고자 한다. 지금부터는 이번 장에서 수차례 소개한 따돌림당하던 미선이의 사례를 통해 행동과 사고에 대해 목표를 세우는 과정을 차례대로 다음과 같이 안내한다.

미 선: 그리고 아까 체육시간에요. 정호가 재온이랑 승석이랑 무대에서 공을 가지고 놀고 있었는데요. 공이 제 앞으로 떨어져 가지고요. 공을 주워서 걔네들한테 줬어요. 근데 정호가 저보고 막 왜 공을 만지냐고 막 그랬어요.

상담자: 미선이는 공을 주워 줄라고 한 건데 공을 만졌다고 정호가 화냈어?

미 선: (고개 끄덕임)

상담자: 미선이는 도와주려고 한 건데 정호가 기분 나쁜 말해서 더 속상했겠다.

미 선: (고개 끄덕임) 주워 주면 뭐라고 그럴까 봐 안 주워 줄라고 그랬는데.

상담자: 뭐라고 할까 봐 걱정되었는데도 공을 주워 주었구나.

[욕구로 초점 돌리기] 쉽지 않은 일인데 어떻게 그럴 수 있었지?

미 선: 친구가 없어서… 애들이랑 친해지려고….

상담자: **[욕구로 초점 돌리기]** 친해지고 싶어서 용기를 내어 아이들을 도왔던 거구나.

[욕구로 초점 돌리기] 오늘 선생님이랑 이야기하고 나서 어떤 점이 달라지면 좋겠어?

미 선: 정호가 그런 말 안했으면….

또래 아이들이 미선이와 친해지는 것을 꺼려 하고 있었던 탓에 미선이가 다가가려고 노력해도 또래 아이들의 부정적 태도에 직면하는 일이 잦은 상황이었다. 앞 대화의 마지막 부분에서 상담자가 미선이에게 상담을 받고 나서 일어나기를 바라는 일이 무엇인지 질문하자 미선이는 일어나지 않기를 바라는 일이 무엇인지—"정호가 그런 말 안 했으면…."—를 언급하고 있다. 이것은 매우 모호한 욕구의 진술방식이다. 부정적인 것의 해소가 긍정적인 것의 성취를 의미하는 것은 아니기 때문이다. 가령 다음에 비슷한 일이 일어났을 때 정호가 화를 내며 말하지는 않았지만 미선이를 모른 척한다면 미선이는 여전히 속상해 할 것이다. 내담자의 행복 증진을 위해서는 내담자가 일어나기를 바라는 일이 무엇인지 구체적으로 살펴보아야 한다.

행동에 대한 목표

다음 부분에서는 행동에 대한 목표를 세우는 장면이 소개된다. 미선이는 정호의 행동이 달라지기를 바라고 있다. 타인으로 인해 내 삶에 문제가 발생했기 때문에 타인이 달라져야 내가 행복해질 수 있다고 여기는 책임 전가의 태도가 반영되어 있다고 할 수 있다. 이와 같은 태도는 상담 초기의 내담자들에게 흔히 관찰된다. 이와 대비되는 책임 인식의 태도는 자신의 행복을 위해 자신이 할 수 있는 일들에 관심을 가지는 태도다. 내담자의 태도 전환이 일어나도록 도와야 내담자를 변화시키기 위한 시도를 성공적으로 수행할 수 있다.

상담자: [욕구 구체화] 정호가 그런 말 하지 않고 무슨 말을 해 주길 바라니?

미　선: 저한테 고맙다고.

상담자: [욕구로 초점 돌리기] 친구를 도와줬는데 고마워하면 기분이 좋지.

행동 목표 수립을 위한 욕구 탐색을 시도할 때 내담자들은 흔히 자기가 바라는 타인의 모습에 대한 이야기를 한다. 미선이도 역시 정호가 감사를 표현하기를 바라고 있다. 그러나 상담자는 내담자가 원하는 타인의 모습과 자신의 모습이 함께 드러나도록 해야 한다. 대부분의 경우 양자는 서로 인과관계에 놓여 있으며, 내담자가 이를 깨달을 때 자연스럽게 책임 인식의 태도가 형성될 수 있기 때문이다. 이를 위해 상담자는 타인의 긍정적 변화가 내담자 자신에게 가져올 긍정적 변화에 대해 다음과 같이 질문을 제시한다. 여기에서 언급된 긍정적 변화는 바른 것이라는 의미보다는 내담자가 원하는 것 또는 내담자의 욕구 충족에 도움이 되는 것이라는 뜻을 담고 있음에 유의하기를 바란다.

상담자: [욕구 구체화] 이런 일이 많이 생긴다면 앞으로 미선이의 마음이나 행동도 조금 달라질 것 같은데?

미　선: 자신감이 생겨요.

또래들이 미선이가 바라는 행동을 한다면, 즉 미선이의 바람이 실현된다면, 그에 상응해서 미선이의 행동에도 자신이 원하던 긍정적인 변화가 일어나게 된다. 미선이는 자신감이 생긴다고 응답했는데 자신감 있는 모습은 다름 아닌 미선이가 바라던 자신의 모습이다. 이것 자체로도 좋은 목표이지만, 행동 목표는 관찰 가능한 구체적인 행동으로 기술될수록 내담자 스스로 자기가 원하는 것이 무엇인지 그리고 앞으로 무엇을 해야 할지에 대해 분명한 그림을 가질 수 있게 된다. 상담자는 자신의 모습에 대한 내담자의 욕구를 구체화시키기 위해 다음과 같이 질문했다.

상담자: [욕구 구체화] 아~ 자신감! 자신감이 생긴 미선이는 무슨 행동을 할지 궁금하다.

미　선: 더 많이 도와주고요…. 속상할 땐 속상하다고 말해요.

미선이가 가지고 싶어 하는 자신감 있는 모습은 친구를 돕고 감정표현을 분명히 하는 것이었다. 자기가 되고 싶은 모습을 똑같이 자신감이라고 표현하더라도 내담자마다 그것의 의미가 다르므로 상담자는 질문을 통해 이를 탐색해야 한다.

상담자: [욕구 구체화] 친구를 많이 돕고 마음 표현도 잘하는 자신감이 넘치는 미

선이를 상상해 보자. 이런 미선이를 본다면 친구들의 모습은 어떻게 달라질까?

미 선: (미소를 지으며) 같이 말도 하고 같이 놀자고 해요.

내담자의 긍정적인 행동은 필연적으로 내담자가 맺고 있는 대인관계에 긍정적인 영향을 미치게 된다. 이를 아는 것은 곧 자신의 행복을 위해 무엇을 할 수 있을지를 깨닫는 것이다. 상담자는 미선이가 자신감 있는 행동, 즉 친구를 돕고 감정표현을 분명히 하게 된다면 또래들이 미선이를 대하는 태도에 어떤 변화가 생길 것인지를 생각해 보도록 했다. 이와 같은 과정을 통해 미선이는 상담을 통해 실현하고 싶은 자신의 모습과 또래의 모습이 어떠한지 분명하게 인식할 수 있게 되었으며, 자신의 행동을 통해 또래관계에서 자신이 원하던 것을 실현할 수 있음을 이해하게 되었다. 미선이가 원하는 자신의 모습은 곧 행동변화의 목표가 된다.

사고에 대한 목표

다음으로는 사고에 대한 목표를 수립하기 위한 과정을 살펴본다. 대화의 전반부는 앞서 제시한 미선이의 사례와 같으며 목표 수립을 위한 대화가 시작되는 곳 이후부터 새로운 내용이 전개된다. 상담자는 우선 초점을 타인의 변화가 아니라 내담자 자신의 변화로 가져오기 위해 회기 목표를 구조화하고 있다.

미 선: 정호가 그런 말 안 했으면….

상담자: 정호가 그런 말을 하지 않으면 참 좋을 텐데.

[회기 목표에 대한 구조화] 그런데 나 말고 다른 사람을 변화시키는 데에는 시간이 조금 걸릴 수도 있어. 그래서 우선은 조금 더 쉬운 목표를 세워 봤으면 해. 미선아, 혹시 오늘이랑 똑같은 일을 겪는다면 모든 사람이 똑같은 정도로 힘이 들까?

미　선: 더 힘든 사람도 있고 덜 힘든 사람도 있어요.

상담자: **[욕구로 초점 돌리기]** 미선이는 둘 중에 어느 쪽 사람이 되고 싶어?

미　선: 덜 힘든 사람.

회기 목표가 자신을 변화시키는 것임을 인식시키기 위한 대화가 끝난 다음 상담자는 문제 상황에서 내담자가 겪은 감정 및 행동상의 부정적인 결과를 다음에 제시한 대화에서 탐색하고 있다. 이러한 탐색의 의도는 결코 부정적인 결과의 내용들을 세세히 밝히는 데에 있지 않다. 보다 중요한 것은 현재의 부정적인 결과를 긍정적인 것으로 바꾸어 보고자 하는 동기를 촉발하는 것이다.

상담자: **[감정상의 부정적 결과 탐색]** 미선이 아까 속상하다고 했잖아? 얼마나 속상한지 점수로 매겨 보면 어떨까? 0점은 하나도 안 속상한 거고, 10점은 태어나서 제일 속상한 기분이야. 미선이의 속상한 마음은 몇 점 정도야?

미　선: 8점 정도.

상담자: **[행동상의 부정적 결과 탐색]** 8점이면 꽤 높은데 미선이가 아까 많이 속상했구나. 그래서 미선이의 모습이 어땠는지 말해 줄래?

미　선: 그냥 말 아무 말 안 하고 가만히 있었어요.

현재의 부정적인 결과를 확인한 다음에 수행할 일은 내담자가 원하는 새로운 결과를 탐색하는 것이다. 비슷한 문제 상황이 다시 발생했을 때 내담자가 지금과 달리 어떻게 느끼고 행동하고 싶은지에 초점을 전환시키고 이를 구체화시키기 위한 작업이 다음과 같이 진행되었다.

상담자: 오늘 선생님이랑 이야기를 나누고 나서 속상한 마음이 어떻게 되었으면 좋겠어?

미 선: 줄어들었으면….

상담자: [욕구로 초점 돌리기] 그래, 속상한 마음이 오늘도 내일도 계속 줄어들 거야. 일단 오늘은 몇 점 정도까지 내려가면 만족할 것 같아?

미 선: 6점이요.

상담자: [욕구 구체화] 6점까지 속상한 마음이 줄어들면 미선이 마음이 지금이랑 어떤 점이 달라질까?

미 선: 좀 편안해지고….

상담자: [욕구로 초점 돌리기] 미선이는 마음이 지금보다 편안해지고 싶은 거구나.
[욕구 구체화] 혹시 그렇게 된다면 미선이 행동도 지금이랑 다를 거 같은데?

미 선: 애들이랑 있을 때 웃을 수 있어요.

미선이는 처음에 정호가 달라지기를 바라고 있었다. 그러나 이제는 상담자와의 대화를 통해 되고 싶은 자신의 모습에 대해 감정과 행동 양 측면에서 주목하게 되었다. 자신의 행복에 대해 타인에게 책임을 전가하는 것이 아니라 자기 스스로 책임을 지는 태도가 형성되어 가고 있는 것이다. 사고에 대한 목표 설정 작업은 오늘 회기의 목표가 내담자가 원하는 감정과 행동의 변화를 가져올 수 있는 생각들을 탐색하는 일이라는 것에 대해 다음과 같이 내담자와 합의하는 것으로 마무리될 수 있다.

상담자: [욕구로 초점 돌리기] 상담을 받고 나서 미선이가 마음이 편해지고 웃을 수 있게 되면 선생님도 많이 기쁠 것 같아.
[사고에 대한 목표 설정] 혹시 그렇게 된 미선이의 모습을 상상해 볼 수 있겠니? 미선이는 무슨 생각을 했길래 마음 편하게 웃고 있을까?

미 선: 어려워요. 잘 모르겠어요.

상담자: [목표에 대한 합의] 그래, 어렵지. 지난번에 선생님이랑 이야기했을 때 어떤 생각을 하는지에 따라 똑같은 상황에서도 기분이 달라질 수 있다는

것 배웠던 것 기억나지? 오늘은 미선이의 속상한 마음을 줄여 주고 미선이에게 웃음을 주는 긍정이(지난 시간에 미선이가 그림을 그리고 이름을 붙인 긍정적인 생각을 하는 캐릭터)의 생각들을 찾아보려고 하는데 미선이 생각은 어때?

미 선: 네, 괜찮은 것 같아요.

변화를 위한 개입

회기 목표가 수립되고 나면 이를 성취하기 위한 개입이 본격적으로 시작된다. 내담자의 감정, 사고, 행동을 변화시키는 구체적인 기법들은 제9장과 제10장에서 자세히 설명될 것이다. 여기에서는 내담자의 욕구충족을 촉진하는 새로운 사고와 행동이 내담자의 일상에서 원활히 활용되도록 돕기 위해 상담자가 할 수 있는 일 두 가지를 소개하고자 한다.

첫째, 다양한 문제 상황 속에서 새로운 사고와 행동을 활용해 보는 연습이 필요하다. 상담시간에 내담자가 자신의 욕구충족을 촉진하는 새로운 사고와 행동이 무엇인지를 깨달을 수 있었다면 그것 자체만으로도 큰 성과일 것이다. 그러나 깨닫는 것이 곧바로 실천으로 연결되는 것은 아니다. 미선이의 사례에서는 또래들에게 자기의 감정과 생각을 표현하는 주장 행동을 익히기 위한 연습이 시도되었다. 이 작업은 '모범 보이기 → 대안적 행동 탐색 → 역할 연습 → 강화 제공'의 순서로 진행되었다. 당시 미선이는 자기의 색연필을 가져가서 부러뜨려 놓고 사과하지 않던 현아에게 화가 났지만 속으로만 참으며 아무 말도 하지 못하고 있었다. 상담시간에도 미선이는 작은 목소리로 말끝을 흐리며 완결되지 않은 문장으로 답변을 하고 있었다. 상담자는 내담자에게 모범을 보여 주기 위해 내담자의 답변을 완성된 문장으로 재진술해 주었다. 그러고 나서는 사과를 받고 싶은 내담자의 바람을 충족시키는 데에 도움이 될 대안적 행동을 내담자에게 물었다.

상담자: 속상한 거 꾹 참고 있으면 현아가 그것에 대해 어떻게 생각할 거 같아?

미 선: 속상한 마음을… 표현하지 못한다고….

상담자: [모범 보이기] 그래, '이걸 부러뜨렸는데도 미선이는 아무 말도 안 하네.' 하고 생각할 수 있겠구나.

그러면 다음번에 현아가 또 물건을 망가뜨리는 행동을 하면 그때는 사과할까?

미 선: 아니요. 저번에 아무 말 안 했으니까 이번에도 그냥….

상담자: [모범 보이기] 아, 저번에 색연필을 부러뜨렸을 때에 아무 말도 안 했으니까 이번에도 그냥 사과할 필요가 없다고 생각할 수도 있겠구나.

[대안적 행동 탐색] 그럼 이럴 경우에는 꾹 참는 거보다 어떻게 하는 게 좋을까?

미 선: (거의 들리지 않는 목소리로) 말로 다음부터 그러지 말라고.

상담자: 그래, 그렇게 이야기하면 돼.

내담자가 스스로 대안적 행동—"말로 다음부터 그러지 말라고."—을 제안해 주었고 상담자는 그것이 적절하다는 것을 인정해 주었다. 어떤 상담자들은 대화를 이 정도 수준에서 정리하고 내담자를 더 격려해 준 다음 내담자가 또래들에게 주장 행동을 취할 것이라고 기대할 것이다. 그러고는 다음 회기에 내담자에게 얼마나 잘 실천했는지를 질문할지 모른다. 하지만 내담자는 오랫동안—어떤 경우에는 인생의 대부분을—현재의 모습으로 살아왔음을 알아야 한다. 따라서 새로운 행동은 상담자와의 약속이나 격려만으로 나타나기 어렵다. 혹시 이러한 기대를 가지고 있는 상담자가 있다면 그것은 마법을 기대하는 것과 같다. 새로운 행동은 다양한 상황에서 반복적으로 수행해 봄으로써 획득될 수 있다. 다음의 대화에서는 내담자가 부정적 감정을 느끼고 있는 대상의 역할을 상담자가 맡고, 문제 상황으로 다시 돌아간 상상을 하며 내담자가 새로운 행동을 연습하는 모습을 보여 준다.

상담자: [역할 연습] 선생님이 현아 역할을 해 볼게. 미선이가 한번 이야기해 볼래?

미　선: (힘 있고 또렷한 목소리로) 네가 내 색연필을 부러뜨려서 내 마음이 속상해. 그러니까 다음에는 부러뜨리지 말아 줄래?

상담자: [강화 제공] 아, 정말 잘 말했어! 그렇게 또박또박 말하면 되는 거야.

역할 연습을 시작하자 알아듣기 힘들 정도로 작았던 미선이의 목소리가 커졌으며 말끝을 흐리는 것 없이 문장을 분명하게 완결 지었다. 그리고 상담자는 개선된 부분에 대해 칭찬을 통해 강화를 제공했다. 시간이 허락된다면 당일의 회기 중에 내담자가 언급한 문제 상황들마다 새로운 행동 연습을 시도해 보는 것이 좋다. 미선이의 사례와 같이 주장 행동을 연습하는 경우, 내담자는 평소에 드러내지 못하던 감정과 생각들을 말로 표현하며 감정 정화를 경험하기도 한다.

새로운 사고를 다양한 상황에 적용하는 연습의 예도 살펴보자. 부모의 이혼 후부터 철수는 분노를 자주 느꼈으며 이를 억누르는 데에 어려움을 겪었다. 철수의 분노는 집과 학교 가릴 것 없이 접촉하는 사람들 모두에게 분출되고 있었다. 철수는 대인관계에서 느끼던 분노를 감소시키는 데에 도움이 되는 생각으로 '원래 사람들은 다 그래.'를 찾아냈다. 유용한 대안적 사고는 미리 정해진 것이 아니라 내담자마다 서로 다를 수 있다. 따라서 지금 마주하고 있는 내담자가 원하는 감정 및 행동적 결과를 달성하는 데에 도움이 되는 생각들을 매번 새롭게 찾아내야 한다. 상담자는 철수와의 대화를 통해 형, 동생, 할머니, 부모가 어떤 행동을 할 때에 화가 나는지를 알게 되었으며 내담자가 자주 분노를 느끼던 상황들을 짤막하게 제시하고 각 상황마다 "~들은 다 그래."라고 말하며 대안적 사고를 적용하는 연습을 시도했다.

상담자: 철수야, 지금부터 재미있는 활동을 해 볼 건데 무슨 이야기를 하든 "~들은 다 그래." 하고 답하는 거야. 알았지? 쉬운 거부터. 나비들은 떼를 지

어 꽃 주변에 날아다닌다.

철 수: 놀러 다녀요.

상담자: 그러면 이렇게 "나비들은 원래 다~ 그래."라고 하자. 할머니는 내가 7시에 일어나기로 했는데 6시 55분부터 나를 막 깨워.

철 수: (웃으며) 할머니들은 다 그래.

상담자: 잘했어. 하나 더. 우리 형은 자기도 잘 못하면서 나한테 맨날 시키기만 해.

철 수: (웃으며) 형들은 다 그래. 내가 형이어도 그래요.

상담자: 와, 잘했어. 더 잘하네. 동생은 맨날 자기가 더 잘 못해 놓고 엄마한테 가서 일러.

철 수: (웃으며) 동생들은 다 그래요.

상담자: 그래, 동생들은 다 그렇지. 엄마는 내가 열심히 하는데도 옛날보다 더 열심히 하는데도 항상 잔소리 잔소리야.

철 수: 부모님들은 다 그래.

상담자: 부모님들은 다 그래?

철 수: 네.

상담자: 정말?

철 수: 부모님들은 다 그래요. 아마 안 그런 사람 없을걸요. 아마 관심 없으면 더 안 할걸요.

앞의 대화 마지막에 철수는 놀랍게도 새로운 대안적 사고—'부모님들은 모두 잔소리를 한다.' '관심이 있으니까 잔소리를 하는 것이다.'—를 스스로 생각해 내어 언급해 주었다. 분노를 감소시키는 데에 도움이 되는 생각들을 철수가 스스로 더 많이 생각해 내고 일상에서 이를 활용할 수 있다면 상담의 효과는 더욱 높아지게 된다.

둘째, 내담자가 또래관계에 어려움을 겪고 있는 경우, 우호적인 또래들로 구성된 또래 네트워크를 구성해 주는 것이 좋다. 상담실에서 연습한 새로운 행동이 일상생활에서 내담자가 원하는 긍정적 결과를 가져오지 않을 수도 있기 때문이다. 상담자와 함께 계획하고 연습한 대안적 행동들을 일상생활 속에서 충실히 수행한다 하더라도 내담자에게 부정적 감정을 가지고 있는 또래들은 우호적 태도를 취하는 것을 불편해 한다. 특히 내담자가 학교에서 따돌림을 당하고 있을 경우, 또래들은 내담자의 새로운 행동들에 긍정적인 반응을 보여 주고 싶어도 자신도 따돌림을 당하게 될지 모른다는 두려움 때문에 냉담한 태도를 취하기도 한다. 따돌림당하던 미선이의 사례를 회상해 보면, 미선이가 친구를 칭찬해 주었지만 친구는 말없이 고개만 끄덕일 뿐이었으며, 친구를 도와주었지만 친구는 오히려 미선이에게 화를 냈다. 이와 같이 새롭게 시도한 긍정적 행동들이 긍정적 결과로 연결되지 않는 일이 반복될 경우 내담자는 변화에 대한 의욕을 상실하게 된다. 또래 네트워크의 가장 중요한 역할은 내담자에게 다가가 대화, 놀이, 조력 등의 긍정적 상호작용을 수행하는 것이다. 그리고 상호작용 중에 내담자가 긍정적인 행동을 시도하면 네트워크 참여자들은 긍정적 반응을 보여 줌으로써 이 행동을 강화해 준다. 예를 들면, 내담자가 웃으며 인사하면 함께 미소와 인사를 돌려주는 것, 내담자가 도움을 제공하면 고맙다는 말을 하는 것 등을 들 수 있다. 따돌림당하는 내담자는 다른 아이들이 또래관계에서 자연스럽게 경험하는 긍정적 자극들이 박탈된 상태에 오랫동안 놓여 있었기 때문에 또래들이 제공해 주는 긍정적 반응은 다른 무엇보다도 강력한 강화물로서 기능할 수 있다. 또래 네트워크는 대개 매주 정기적으로 모임을 가지면서 지난 한 주간의 활동을 점검하고 내담자를 돕기 위한 계획을 수립한다. 미선이를 위해 또래 6명으로 구성된 네트워크의 주간 모임에서 오고 간 대화를 살펴보자.

또래 1: 오히려 애들 눈에 확 띄게 미선이랑 놀아 주는 게 나을 수도 있어요.

상담자: 왜?

또래 1: 우리 6명이 미선이랑 같이 놀아 주면 애들이 "어, 쟤랑 노는 게 재미있나

보다. 같이 가서 놀자." 이렇게 생각하잖아요.

또래 2: 우리 반 전체가 변해야 하기 때문에 다른 애들도 느껴야 해요.

상담자: 지금 제일 문제가 아이들이 동조해서 자기도 그렇게 따돌림당할까 봐 안 하는 거지? 그걸 깨려면 그런 모습들을 많이 보여 줘야 한다는 거지? 미선이랑 놀고 있는 모습을?

또래 3: 그리고요, 몰래몰래 도와주면은 미선이가 우리한테만 의지하니까 다른 아이들한테는 또 말을 잘 못 걸 수도 있어요.

모임에서 아이들이 이야기해 준 것처럼 또래 네트워크 참여자들과 내담자 사이의 긍정적 상호작용을 학급 구성원들이 빈번히 목격하면 이들 역시도 내담자에게 긍정적 행동을 취할 가능성이 높아진다. 즉, 학급 구성원들 사이에 긍정적 또래압력이 형성되는 것이다. 이러한 효과는 학급 내에서 인기가 높은 아동들로 네트워크를 구성할수록 더욱 두드러지게 나타난다.

회기 마무리

회기 요약

회기 중에 일어난 일들에 대해 내담자와 함께 정리하는 시간을 가진다. 내담자에게 질문을 하여도 좋고 상담자가 정리하여 제시해도 무방하다. 일반적으로 회기 요약에는 다음의 사항들이 포함된다.

- 회기에 대한 내담자의 소감
- 회기에서 드러난 내담자의 욕구 및 이에 기반하여 설정한 상담목표
- 상담목표의 성취에 도움이 되는 내담자의 강점 또는 과거의 성공경험

매 회기 종료 후 쪽지에 회기 요약의 핵심 내용들을 간략히 정리해서 내담자에게 응원의 메시지 형태로 전달하는 상담자들도 있다. 내담자와의 작업동맹을 돈독히 할 수 있을 뿐만 아니라 상담의 효과를 높이는 좋은 방법이 될 수 있다.

과제 결정

과제는 반드시 해야 할 숙제라기보다는 내담자의 욕구성취를 위한 잠정적 계획이다. 상담자가 일방적으로 과제를 제시하기보다는 내담자가 스스로 생각해서 자신에게 과제를 부여하도록 하는 것이 실천동기를 높이는 데에 도움이 될 수 있다. 상담자의 역할은 내담자가 생각해 낸 과제들이 다음에 제시하는 조건들에 부합하는 계획인지를 평가하고 더 나은 계획으로 만들어 갈 수 있도록 돕는 것이다.

내담자의 욕구성취를 현저하게 촉진한다

내담자가 계획을 이야기하면 계획실천이 욕구성취에 얼마나 도움이 될지를 내담자 스스로 예측해 보도록 한다. 자신의 예측을 점수로 표현하도록 하는 것도 도움이 된다. 이런 경우 특정한 점수를 부여한 이유에 대해 반드시 내담자의 설명을 들어야 한다. 마치 이 계획을 수행해야 함을 내담자가 상담자에게 설득하는 것과 같은 분위기가 조성된다면 실천동기는 저절로 상승하게 된다. 여러 가지 계획이 제안된 경우에는 각 계획마다 점수와 이유를 비교해 보는 것이 좋다.

내담자의 실천동기가 높다

내담자에게 해당 계획을 실행할 마음이 얼마나 있는지 점수로 평가해 볼 수도 있다. 욕구성취에 대단히 도움이 되지만 내담자가 부담스러워하는 계획이라면 구태여 강요할 필요는 없다. 계획을 내담자에게 맞게 수정하거나 아예 다른 계획을 찾는 것이 낫다. 욕구충족을 위한 방법은 한 가지만 있는 것이 아니기 때문이다.

언제 어디서 무엇을 어떻게 누구와 얼마나 자주 해야 할지가 구체적이다

예를 들면, 친구를 친절하게 대한다는 계획은 그다지 좋은 계획이 아니다. 막상 무엇을 어떻게 해야 할지 내담자가 정확히 알지 못할 수 있기 때문이다. 민수를 아침에 만났을 때 내가 먼저 웃는 표정과 또렷한 목소리로 "민수야, 안녕!"이라고 말한다는 계획이 훨씬 낫다. 이렇게 구체적인 계획을 세우면 나중에 실천정도를 평가하기도 수월하다.

다른 선택지들에 비해 적은 노력으로 수행할 수 있다

의욕이 높은 내담자는 무리한 계획임에도 불구하고 시도해 보겠다는 의사를 표현할 수 있다. 그럴 경우에는 보다 수월하게 수행할 수 있는 계획도 일단은 함께 세워 두는 것이 좋다. 실제로 계획을 수행해 보면서 내담자로 하여금 스스로 결정하도록 기회를 줄 수 있기 때문이다.

일회성이 아니라 자주 반복적으로 수행할 수 있다

예를 들면, 어머니와의 관계를 개선하기를 원하는 내담자가 어머니의 어깨를 안마해 드리겠다는 계획은 어머니에게 생일카드를 드리는 것보다 더 좋은 계획이다. 안마는 날마다 해 드릴 수 있지만 생일카드는 일 년에 한 번밖에 쓸 수 없기 때문이다. 마찬가지로 딸과의 관계를 회복하고 싶은 아버지의 경우, 딸의 이름을 다정하게 불러 주는 것이 방학에 가족여행을 가는 것보다 더 나은 계획이다.

빠른 시일 내에 시작할 수 있다

가급적이면 오늘부터 당장 실천할 수 있는 계획이 좋다. 내담자에게 “아까 말해 준 목표들을 이루기 위해 오늘 아니면 내일 아침부터라도 곧바로 할 수 있는 일은 무엇일까?”라고 질문해 볼 수 있다.

과제수행을 방해하는 요인에 대한 대책을 포함한다

의욕이 높은 내담자라 할지라도 내담자의 습관 또는 환경에 과제수행을 방해하는 요소를 가지고 있다면 사전에 이를 극복할 방법까지 계획의 일부로 포함시키는 것이 좋다. 예를 들어, 매일 아침에 7시에 일어날 계획을 세운 내담자가 있다면, 밤 11시에 스마트폰의 전원을 끈다는 것도 계획에 함께 포함시켜야 한다.

회기 마치기

가급적 긍정적 분위기 속에서 내담자와의 면담을 끝내는 것이 좋다. 상담자의 긍정적 관심을 경험하는 것만으로도 내담자의 행복 증진에 도움이 될 뿐만 아니라 상담에 참여할 의욕이 상승하기 때문이다. 이를 위해 자주 활용되는 방법은 내담자가 회기 중에 보여 준 긍정적 태도를 칭찬하고 목표를 성취할 가능성에 대해 긍정적 기대감을 표현하는 것이다. 아주 작은 것에 대한 칭찬과 기대라 할지라도 내담자에게 미치는 긍정적 영향의 크기는 작지 않다. 특히 긍정적 관심을 충분히 경험하지 못했거나 비자발적 내담자인 경우에는 긍정적 효과가 더욱 커질 수 있다.

생각해 볼 문제

1. 다음은 학교상담자들이 상담을 진행하면서 자주 경험하는 고민 두 가지를 제시한 것이다. 상담자 A와 B에게 각각 어떤 조언을 해 줄 수 있을지 생각해 보자.

상담자 A

학교에서 아이들을 상담하면 고민이 모두 친구가 나를 놀린다는 것입니다. 친구들이 나를 놀릴 때 느껴지는 감정과 반응들은 '분하다.' '같이 욕해 주지 못해 갑갑하다.' 등입니다. 그리고 자신이 바라는 것은 친구들이 나를 놀리지 않고 사이좋게 지내서 속상해 하지 않는 것이라고 합니다. 그 친구만 놀리지 않으면 자신의 힘든 점들은 모두 해결된다고 합니다. 자신으로부터 느껴지는 문제가 있어서 그 감정이나 생각을 변화시킬 수 있다면 그것을 중심으로 상담 목표와 방법을 어느 정도 생각할 수 있을 것 같은데 자신은 아무 문제가 없고 그 친구만 놀리지 않으면 된다고 고민을 호소할 때는 어떻게 대화를 이끌어 내고 그 사이의 연결고리를 찾아 상담목표를 잡으면 좋을까요?

상담자 B

내담자가 묻는 말에 "그냥요." "몰라요." "좋아요." 이렇게만 대답해요. 예를 들어, 제가 보기엔 엄마와의 관계가 늘 불만인 것 같은데 물어보면 그냥 좋다고 해요. 방법을 생각해 보자고 할 때 "그냥, 몰라요." 이렇게만 대답해요.

추천도서

서울교대 초등교육연구원 아동상담연구소(2008). **아동상담사례집**. 경기: 교육과학사.

한국초등상담교육학회(2014). **한국형 초등학교 생활지도와 상담(개정판)**. 서울: 학지사.

De Jong, P., & Berg, I. K. (2005). **해결을 위한 면접**[*Interveiwing for solutions* (2nd ed.)]. (노혜련, 허남순 역). 서울: 시그마프레스. (원전은 2002년에 출판).

제7장

심리검사

| 상담과 심리검사
| 상담에서 활용할 수 있는 심리검사
| 심리검사의 활용

"상담을 시작하면서 학생들의 현재 상태를 파악하고 이해하고 싶지만 무엇을 가지고 그렇게 해야 할지 막막합니다."

"눈으로 볼 수 없는 학생의 고민이나 어려움을 알아볼 수 있는 방법은 없을까요? 눈에 보이는 것만으로 학생의 문제를 알아내기에는 부족해서요."

"저는 학생의 가능성이나 잠재력을 알아보고 싶어요. 학생이 가진 흥미나 관심을 파악할 수 있다면 그 학생의 잠재력이 어느 정도 보일까요?"

상담에서 중요한 것 중의 하나가 개인의 이해다. 한 개인의 다양한 심리적 특성을 이해하고 파악하는 데 도움을 주는 것이 심리검사다. 심리검사는 인간의 여러 행동표본을 통해 자료를 수집하여 수검자의 심리적 특성을 평가하는 것으로 이해할 수 있는데, 물리적 특성은 대부분 직접 측정이 가능한 반면, 심리적 특성은 그 속성의 징후를 간접적으로 측정할 수밖에 없다는 데서 어려움이 따른다.

이 장에서는 우선 심리검사의 의미, 상담과 심리검사의 관계를 살펴보고 검사사용의 절차에 대해 알아본다. 이어서 지능과 학업영역, 진로영역, 성격적응검사로 나눠 심리검사를 개관해 본다. 마지막으로, 심리검사가 이해, 선발, 분류, 정치, 진단, 평가 및 검증, 상담 등에 활용될 수 있음을 살펴볼 것이다.

상담과 심리검사

심리검사는 인간의 다양한 심리적 특성에 대해 파악하는 데 그 목적이 있다. 여기서는 심리검사의 의미와 목적 및 분류방식을 알아보고 상담에서 심리검사가 어떻게 활용되는지를 상담과 심리검사의 관계를 통해 알아보고 검사사용의 절차 및 규범에 대해 살펴보고자 한다.

심리검사의 의미와 목적

심리검사란, 지적 능력, 정의적 특성 등 직접 측정이 불가능한 속성을 측정하기 위하여 사용되는 도구다. 다시 말하면, 인간의 능력, 지각, 흥미, 동기, 성격, 적응, 가치, 태도 등과 같이 개인이 가지고 있는 심리적 특성과 그 정도를 밝힐 목적으로 일정한 조건에서 이미 마련된 자극 또는 문제나 작업을 제시한 다음 그 사람의 반응을 특정 관점에 비추어 질적 또는 양적으로 기술하는 조직적 절차라고 정의할 수 있다(김영환, 문수백, 홍상황, 2005).

이러한 심리검사는 개인행동의 예측, 분류 및 진단, 조사 및 연구, 자기이해의 증진, 그리고 문제해결에 도움을 주는 데 그 목적이 있다(오윤선, 정순례, 2017). 이를 구체적으로 설명하면 다음과 같다.

첫째, 심리검사는 개인행동을 예측하는 데 목적이 있다. 개인에게 있어서 선택과 결정은 예측을 통해 나타나게 된다. 일반적으로 개인이 결정을 내리는 데 기초가 되는 능력을 비롯한 다양한 특성을 측정하기 위해 심리검사를 사용한다. 특히 신뢰할 만한 표준화검사를 통해 얻어진 양적 자료는 더 신뢰할 만하고 정확하게 개인행동을 예측할 수 있게 한다.

둘째, 심리검사는 분류하고 진단하는 것을 목적으로 한다. 분류는 체계화된 구분에 따라 계층이나 집단을 배치하는 것을 의미하는데, 분류에 앞서 현재의 상황에 대한 진단이 필요하다. 심리검사는 한 개인의 행동에 대한 원인적인 요인을 진단하고자 한다. 따라서 적절한 심리검사는 개인의 행동에서 나타나는 결함이나 결점뿐 아니라 그 원인을 찾는 데 도움을 준다.

셋째, 심리검사는 특정 집단의 일반적인 경향을 조사 및 연구하여 기술하거나 규명하려는 목적으로 사용된다. 이를 통해 특정한 집단의 훈련방법이나 교수방법 등 다양한 프로그램을 계획하고 평가할 때 유용한 도구로 활용된다. 이와 같은 목적으로 심리검사는 교육, 임상의학, 상담과 생활지도, 산업장면, 범죄의 분류 심사 및 교정 등의 다양한 분야에서 활용되고 있다.

넷째, 심리검사는 개인의 특성을 발견하여 자기이해 또는 자신의 발전을 도모하고 인력을 적재적소에 배치하기 위해 사용된다. 그리고 문제에 대한 내담자의 이해를 높이기 위해서 심리검사가 사용될 수 있다. 경우에 따라서는 문제가 발생하기 이전에 자기인식과 자기탐색을 증진시키는 검사과정을 통해 문제가능성에 대해 미리 대처할 수 있다.

마지막으로, 심리검사는 문제를 해결하기 위한 대안을 제시해 준다. 직업흥미검사를 통해 진로선택의 기로에 있는 내담자에게 진로를 모색하게 하고, 학습기술검사를 통해 적절한 학습방법의 대안을 찾을 수 있다. 또한 성격유형검사를 통해 내담자는 자신과 타인의 행동을 다른 방식으로 이해하므로 대인관계능력이 향상될 수 있도록 도움을 줄 수 있다.

심리검사의 분류방식

심리검사에는 표준화된 심리검사와 비표준화된 검사가 있다. 표준화심리검사란 모집단을 대표하는 피험자를 표집하여 동일한 지시와 절차에 의하여 검사를 시행한 후 객관적 채점방법에 의하여 규준이 만들어진 검사다. 이때 표준화란 검사도구의 표준화, 절차의 표준화, 채점 및 해석의 표준화를 포함하는 것이다(성태제, 시기자, 2014). 하지만 상담장면에서 사용하는 많은 심리검사는 이러한 기준을 갖추고 있지 않은 경우가 있다. 비표준화된 검사는 표준화검사에 비해 신뢰도와 타당도가 떨어지지만 기존의 심리검사가 다루지 못했던 측면을 융통성 있게 다룰 수 있다는 장점이 있다. 평정척도(rating scale), 투사검사, 행동관찰, 생애사적 자료 등은 표준화되어 있지는 않으나 표준화검사에서 잃기 쉬운 정보를 제공해 준다(김계현, 황매향, 선혜연, 김영민, 2012).

심리검사는 측정내용, 사용목적 및 실시 방법에 따라 분류할 수 있다(성태제, 시기자, 2014). 먼저, 측정내용에 따라서는 인지적 검사와 정의적 검사가 있다. 인지적 검사는 지적능력을 평가하기 위한 검사로서 문항의 정답이 있고, 시간제한이 있으며, 피험자의 능력을 최대한 발휘할 것을 요구하기 때문에, 최대수행검사(maximum performance test) 혹은 능력검사(ability test)라고도 한다. 지능검사, 적성검사, 성취도검사 등이 이에 속한다. 정의적 검사는 성격, 정서, 동기, 흥미, 태도, 가치 등을 측정하는 비인지적 검사로서 정답도 없고, 시간제한이 없으며, 자신의 일반적이고, 전형적인 행동을 선택하도록 한다는 면에서 전형적 수행검사(typical performance test)라고도 한다.

다음으로 사용목적에 따라서 규준참조검사와 준거참조검사로 나뉜다. 규준참조검사는 개인의 점수와 다른 사람의 점수를 비교를 통해 해당 피험자가 상대적으로 어느 위치에 있는지를 밝히는 데 목적이 있는 검사다. 준거참조검사는 기준이 되는 준거점수와 비교해서 개인의 능력을 평가하기 위한 검사로서 자격증 시험, 국가수준 학업성취도 평가 등이 이에 속한다.

실시 방법에 따라서는 속도검사와 역량검사로 나뉜다. 속도검사는 정해진 시간 내에 얼마나 빠르고 정확하게 수행할 수 있는지를 측정하는 것으로 손가락 및 손동작 검사, 계산 및 정확도 검사 등이 이에 속한다. 역량검사는 충분한 시간을 부여하여 최대한으로 능력을 발휘할 수 있게 하는 검사다.

이외에 검사의 대상을 개인으로 할 것인지 집단으로 할 것인지에 따라 개인검사와 집단검사로 나눌 수도 있고, 검사지와 펜을 사용하는 검사인 지필검사와 직접적인 수행에 대해서 측정하는 수행검사로 나눌 수도 있다.

상담과 심리검사의 관계

상담과 심리검사의 관계는 문제해결상담모델의 각 단계에 비추어 볼 때 잘 설명될 수 있다(Hood & Johnson, 1997; 김계현 외, 2012에서 재인용). 상담과 심리검사의 관계를 보면 상담에서 심리검사의 사용 용도 또는 목적을 이해할 수 있다.

첫째, 내담자가 자신의 문제가 무엇인지를 인식하고 수용하는 데 심리검사를 이용할 수 있다. 내담자가 자기인지와 자기탐색을 증진시키거나 문제 가능성에 대해 깨닫고 대처하는 데 있어 심리검사가 사용된다. 예를 들어, 정서지능검사를 통해 학생이 자신의 정서에 대한 이해 및 타인의 정서에 대한 공감능력에 어느 정도 문제가 있는지 파악하도록 도움을 준다.

둘째, 상담자와 내담자가 문제를 구체적으로 정의하는 데 있어 심리검사를 이용할 수 있다. 심리검사는 내담자가 가진 문제의 본질을 명확히 하는 데 도움을 준다. 예를 들어, 진로성숙도검사를 통해 학생의 진로나 직업에 대한 이해도 또는 성숙도가 또래에 비해 어느 정도이며 어떤 점이 부족한지를 알아볼 수 있다.

셋째, 상담자와 내담자가 문제를 해결하기 위한 해결책이나 대안을 찾고자 할 때 심리검사를 이용할 수 있다. 예컨대 진로인식검사를 통해 진로선택에서 진로대안을 찾거나 학습전략검사를 통해 공부방법의 대안을 찾을 수 있다.

넷째, 여러 가지 해결책 가운데 하나를 선택하기 위해서는 내담자가 다양한 해결책의 결과를 예상해 보아야 하는데, 이때 심리검사 자료를 이용할 수 있다. 예컨대, 아동청소년 행동평가 척도(CBCL6-18)의 경우 내담자의 행동문제를 파악하여 상담 프로그램의 유형을 결정하는 데 도움을 줄 수 있고 학업성취검사를 토대로 학생의 수강과목을 결정하는 데 도움을 줄 수 있다.

다섯째, 상담자가 상담효과를 평가하는 데 있어 심리검사를 이용할 수 있다. 이 장에서 소개하는 각종 심리검사의 경우 그 결과가 수치로 나타나는 경우가 많은데, 그 검사들을 상담 처치 전후에 사용함으로써 내담자의 문제가 해결되거나 감소되었는지를 검증할 수 있다.

검사사용의 절차 및 규범

심리검사는 상담과 불가분의 관계에 있다고 해도 과언이 아니다. 상담과정에서 검사를 사용하기 위해서는 우선 검사 선정이 이루어져야 한다. 가능하다면 상담과정에서 어떤 검사를 사용할 것인지에 대해 내담자와 의논함으로써 내담자가 검사의 유용성에 대해 확신을 가질 수 있도록 하는 것이 좋다. 때로는 검사를 실시하지 않아도 타당한 정보를 수집할 수 있다면 굳이 심리검사를 사용하지 않아도 되며 검사시간이나 비용을 고려하여 적절한 검사를 선정하는 것이 필요하다.

검사 선정이 이루어졌다면 다음으로 검사를 실시해야 한다. 검사가 신뢰롭게 이루어지려면 검사 실시자는 검사 실시 지침과 절차에 익숙해야 하며 내담자가 검사에 관심을 가지고 협조할 수 있도록 관계 형성에 유념해야 한다. 그리고 검사 실시가 제대로 이루어지려면 검사 장소가 조용하고 방해받지 않는 곳이 선택되어야 하며 내담자의 피로가 누적되지 않은 시간을 택하는 것이 좋다.

검사 실시 후에는 검사의 채점과 해석이 뒤따른다. 자가채점이 가능한 검사의 경우는 숙련자가 채점을 해야 하며 컴퓨터 활용 채점이 필요한 검사는 알고리즘에 따라 채점을 하거나 심리검사기관에 의뢰하여 채점을 할 수도 있다. 그리고 검사의 해석 지침에 따라 타당한 해석이 이루어질 수 있도록 유념해야 한다(김계현 외, 2012).

심리검사를 선정하고 사용하고자 할 때는 정해진 규범을 따라야 한다. 한국상담학회 윤리강령(2016년 개정)과 한국상담심리학회의 상담심리사 윤리강령(2018년 개정) 중 심리검사 관련 내용을 보면 검사사용의 기본사항, 검사의 사용과 선택, 정보공개 등의 내용을 담고 있다. 그중 중요내용을 소개하면 다음과 같다.

상담자는 내담자의 환경(사회적, 문화적, 상황적 특성 등)과 개별적 특성을 고려한 후, 내담자를 조력하기 위한 목적에 적합한 심리검사를 선택해야 한다. 상담자가 검사 도구를 선정할 때 도구의 타당도, 신뢰도, 실용도, 객관도, 심리측정의 한계를 신중하게 고려한다. 또한 상담자는 개인 또는 집단검사 결과 발표에 정확하고 적절한 해석을 포함시켜야 한다. 특히 상담자는 내담자 외에 제삼자 또는 대리인에게 결과를 공개하고자 할 때는 내담자의 동의를 받아야 한다. 그리고 상담자는 치료의 초점, 치료 유형, 추수상담 권유 등의 내담자

보살핌을 결정하기 위해 사용되는 개인 상담을 포함한 검사 기술을 신중하게 선택하고 합당하게 사용해야 한다.

상담에서 활용할 수 있는 심리검사

학생의 심리적 특성을 파악하고자 하는 검사는 그 종류가 매우 다양하다. 많은 검사 중에서 적절한 심리검사를 선택하는 것이 무엇보다 중요하다. 인지적 검사로는 지능검사, 성취검사, 적성검사가, 정의적 검사로는 흥미검사, 가치검사, 성격검사, 진로선택 및 발달검사가 상담에서 활용될 수 있다(김동민 외, 2013). 여기서는 심리검사를 지능과 학업영역, 진로영역, 성격 및 적응영역의 검사로 나눠 개관하기로 한다.

지능과 학업영역에서의 검사

웩슬러 아동용 지능검사 4판(K-WISC-IV)

웩슬러(Wechsler)는 비네(Binet)와 같이 지능에 다양한 정신능력들이 작용한다고 보았으나 Stanford-Binet검사가 지나치게 언어적 능력에 치우친 것에 불만을 갖고, 지능의 정확한 평가를 위해서는 비언어적인 수행(performance)능력도 언어적 능력과 함께 측정되어야 한다고 생각하였다. 웩슬러 검사는 오랜 기간 동안 지능을 측정하는 도구로써 광범위하게 사용되었다. 그러나 이러한 검사의 해석을 뒷받침할 만한 이론적 토대가 부족하다는 지적을 받아 왔다. 이에 K-WISC-Ⅳ는 카텔-혼(Cattell-Horn)의 유동적 지능-결정적 지능 이론과 캐롤(Carroll)의 3층 인지능력이론을 결합한 인지능력이론인 CHC이론을 반영하여 이론적 토대를 업데이트하여 그동안에 부족했던 이론적 토대를 마련하였다.

K-WISC-Ⅳ는 곽금주, 오상우, 김청택(2011)이 한국 웩슬러 아동용 지능검사 3판을 개정한 것으로, 전반적인 지적 능력(즉, 전체검사 IQ)을 나타내는 합산점수는 물론, 특정 인지 영역에서의 지적 기능을 나타내는 소검사와 합산점수를 제공한다. K-WISC-Ⅳ는 15개의 소검사로 구성되어 있는데, 이 검사는 K-WISC-Ⅲ와 동일한 10개의 소검사(토막짜기, 공통성, 숫자, 기호쓰기, 어휘, 이해, 동형찾기, 빠진곳찾기, 상식, 산수)와 5개의 새로운 소검사(공통그림찾기, 순차연결, 행렬추리, 선택, 단어추리)가 포함된다. 합산지표에는 네 가지가 있는데, 언어이해지표에는 공통성, 어휘, 이해, 상식, 단어추리가 포함되며, 지각추론지표에는 토막짜기, 공통그림찾기, 행렬추리, 빠진곳찾기가, 작업기억지표에는 숫자따라외우기, 순차연결, 산수가, 처리속도에는 기호쓰기, 동형찾기 및 선택이 포함된다. 이 중 상식, 단어추리, 빠진곳찾기, 산수, 선택은 보충소검사에 속한다.

특히 K-WISC-Ⅳ는 발달적 적합성을 증가시키기 위해 어려운 개념을 간략하게 하고, 모든 소검사에 가르치는 문항, 예시문항, 연습문항을 포함시키고 시간제한에 대한 강조를 줄였다. 심리측정적 속성의 향상을 위해서 동시대에 맞는 규준을 마련하고, 신뢰도에 대한 근거를 제시하기 위해 몇 가지 연구를 수행했으며 6세의 중등도 지적 장애 아동부터 16세의 지적 영재 아동까지도 검사할 수 있도록 하향선과 상향선을 확대했다.

정서지능검사

샐러베이와 메이어(Salovey & Mayer, 1990)가 구안한 정서지능 모형을 바탕으로 문용린(1997)이 개발한 초등학교 고학년용 정서지능 검사는 초등학교 고학년 학생들의 정서지능 측정을 위해 총 47개 문항으로 이루어졌다. 정서지능검사는 정서인식, 정서표현, 감정이입, 정서조절, 정서활용의 5개 하위 영역으로 구성되어 있다. 정서인식은 자신이 느끼는 감정과 타인의 감정을 재빨리 인식하고 알아차리는 능력이고, 정서표현은 자신과 타인이 느끼는 감정이나 기분을 적절한 말로 표현하고 상황에 맞는 행동이나 표정으로 나타낼 수 있는 능력이며, 감정이입은 타인이 느끼는 감정을 충분히 이해하여 타인의 감정을 자신의 것처럼 느낄 수 있는 능력이고, 정서조절은 자신과 타인의 정서를 효과적으로 조절하는 능력이며, 정서활용은 자신의 정서를 이용하여 생산적인 활동의 효과를 증진시킬 수 있는 능력을 말한다.

정서지능검사는 정서인식 8문항, 정서표현 7문항, 감정이입 7문항, 정서조절 15문항 등 37문항은 '항상 그렇다, 가끔 그런 편이다, 그렇지 않다'의 3점 척도로 평정하는 방식이고 정서활용 10문항은 두 개의 문항 중 자신이 일반적으로 하는 행동을 선택하는 방식으로 되어 있으며 각 하위 요인의 내적합치도는 .63~.83이다.

다중지능검사

가드너(Gardner, 1999)는 인간의 능력이 단일하지 않고 다양한 영역에서 강점을 보일 수 있는 능력을 지니고 있다고 보고 있다. 가드너는 다중지능을 "문화적으로 가치 있는 산물을 창조해 내거나 문제를 해결하는 데에, 그 문화에서 유용하게 쓰일 수 있는 정보를 처리하는 신체적 · 심리적 잠재능력"이라고 보고 있으며, 기존의 지능이론이 학교에서 중요시 하는 학습된 지적 능력만을 강조하는 편파성에 대해 비판하고 있다고 볼 수 있다(이성진, 1996).

다중지능을 측정하기 위해 연령별, 학령별로 다양하게 검사가 개발되어 있다. 그중 문용린(2003)이 개발한 'MI 적성진로 진단검사'의 하위 검사인 'MI 적성검사'에는 초등학교 고학년용(4~6학년용), 중학생용 및 고등학생용 검사가 있다. 신체운동, 논리수학, 인간친화, 자연친화, 자기성찰, 음악, 언어, 공간지능의 8개 다중지능에 대하여 'MI 성취' 'MI 능력' 'MI 흥미'의 3요소로 구성되며, 총 72문항으로 이루어져 있다. 성취 문항은 질문형으로, 흥미 문항은 자기보고형으로, 능력 문항의 경우 정답이 있는 사지선다형과 자기보고형으로 되어 있다. 검사 결과에서는 8개 MI 각각에 대한 점수가 보고된다. 내적합치도를 보면, 고등학생용 검사는 .60~76, 중학생용 검사는 .60~.83, 초등학생용 검사는 .52~.64를 보여 준다.

청소년 학습전략검사

김동일(2007)이 개발한 청소년 학습전략검사(Assessment of Learning Strategies for Adolescents: ALSA)는 청소년을 위한 학습전략 검사도구로 초등학교 5학년 이상의 학생에게 적용 가능하다. 이 검사는 학생의 학습전략을 평가하여 인지, 초인지 전략 및 자원 관리 영역, 학습동기 및 자아효능감 영역에서의 강약점을 찾아내고, 부족한 부분에 대한 훈련을 통하여 학습의 효과를 극대화시키는 데 목표가 있다. 이 검사는 필요한 학습전략 프로그램[알자(ALSA)와 함께하는 공부방법 바로알기: 학습전략 프로그램]을 결과와 연계하여 실시 가능하다.

알자(ALSA) 검사는 4개의 하위 요인, 즉 학습동기 9문항, 자아효능감 12문항, 인지 · 초인지 전략 17문항, 자원관리 전략 9문항 등 총 47문항으로 구성되어 있다. 하위 척도와 전체 검사 결과는 또래 수준과 비교하여 '매우 낮음, 낮음, 보통, 높음, 매우 높음'의 다섯 가지로 구분된다. 학습동기 영역에서는 아동의 내적 동기와 외적 동기를 평가하며, 자아효능감 영역에서는 효능감 수준을 평가하며 높은 학습자일수록 도전적인 과제를 선택하고 과제수행에서 더 많은 노력을 하며 과제지속성이 높다. 인지 · 초인지 전략이 뛰어난 학생은 새로운 정보를 학습하는 방법을 알고 있으며, 자원관리 전략이 뛰어난 학생일수록 학습에서의 시간관리, 환경관리, 스스로의 노력에 대한 귀인 등을 잘 조절할 수 있는 것으로 해석된다.

진로영역 검사

진로검사는 개인의 진로의사결정의 합리적 수행을 조력하려는 데 목적이 있다. 공윤정(2015)은 국내 연구에서 사용되는 초등학생 대상의 진로심리검사를 진로발달검사, 진로성숙도검사, 진로흥미검사, 진로포부검사, 진로자기효능감검사 등으로 확인하였고, 해외 연구에서는 아동진로발달검사(Childhood Career Development Scale), 아동활동검사(The Inventory of Children's Activities), 직업자기효능감검사(Occupational Self-efficacy Scale), 직업지식검사(Occupational Knowledge Scale)가 사용되는 것을 확인하였다. 여기서는 다면적 진로탐색검사와 한국고용정보원의 초등학생 진로인식검사에 대해 살펴보고자 한다.

다면적 진로탐색검사

다면적 진로탐색검사(Multidimensional Career Inventory: MCI)는 효과적인 진로의사 결정을 위해 필요한 자신에 대한 이해, 직업에 대한 이해를 홀랜드(Holland) 이론을 바탕으로 이루어지도록 함으로써 진로에 대한 탐색이 보다 종합적으로 가능할 수 있도록 설계된 검사도구다(이동혁, 황매향, 2016). 아동용 MCI(초등 4-6학년), 청소년용 MCI(중 · 고등학생), 성인용 MCI(대학생 이상)으로 구성되어 있다.

아동용 MCI는 5부로 구성되어 있는데, 1부는 두 개의 선택사항 중 더 좋아한다고 생각하는 활동을 선택하는 45개 문항과 더 잘한다고 생각하는 활동을 선택하는 45개 문항으로 되어 있다. 2부는 각 문항에 대해 좋아하는 정도와 잘하는 정도에 대해 3점 척도로 응답하는 형태로 되어 있는데, 전체 54문항이다. 3부는 24개 문항에 대해 3점 척도로 응답하도록 되어 있다. 4부와 5부는 각각 30문항으로 4부는 경험 여부에 대해 4점 척도로, 5부는 수검자 자신과 미래에 대한 생각을 5점 척도로 응답하게 되어 있다.

아동용 MCI는 여러 가지 정보를 제공해 주는데, 우선 진로코드는 홀랜드의 진로유형을 기반으로 제공한다. 전체 진로코드 유형은 피검자의 전반적인 성격유형을 의미하고 결과는 홀랜드의 여섯 가지 성격 유형 중 피검자와 가장 높은 점수를 받은 유형 두 개의 코드를 제시하게 되어 있다. 그리고 제시된 두 개의 진로코드에 적합한 전공과 직업에 대한 정보를 제공하고 있다.

생활양식은 홀랜드 성격 유형을 기반으로 여가활용방식, 학습수행방식, 과제수행방식에 대한 정보를 제공하고 있다. 여가, 학습수행, 과제수행 활동에서의 자신의 특성을 이해하도록 함으로써 효과적으로 진로준비활동을 할 수 있도록 하는 데 목적이 있다. 진로적응도는 현재 아동이 자신의 진로와 미래에 대해서 얼마나 관심을 가지고 있으며, 준비하고 있는지를 보여 준다. 초등학생은 진로 결정보다는 미래에 대해 관심을 가지고 적극적으로 자신의 미래를 탐색하고 준비해 가야 하는 시기다. 미래에 대한 관심, 탐색 및 준비의 정도를 알아보기 위해 미래지향성, 낙관성, 주도성, 호기심, 자신감의 다섯 가지 영역을 측정하고 있다. 한편, 진로경험수준은 피검자가 각 진로영역별로 얼마나 많은 진로경험을 했는지에 대한 정보를 제공한다. 초등학생은 진로 결정에 앞서 진로를 탐색하고 다양한 경험을 해야하는 시기다. 따라서 이 척도를 통해 현재 아동이 어느 정도 진로경험을 하고 있는지에 대한 정보를 제공해 준다.

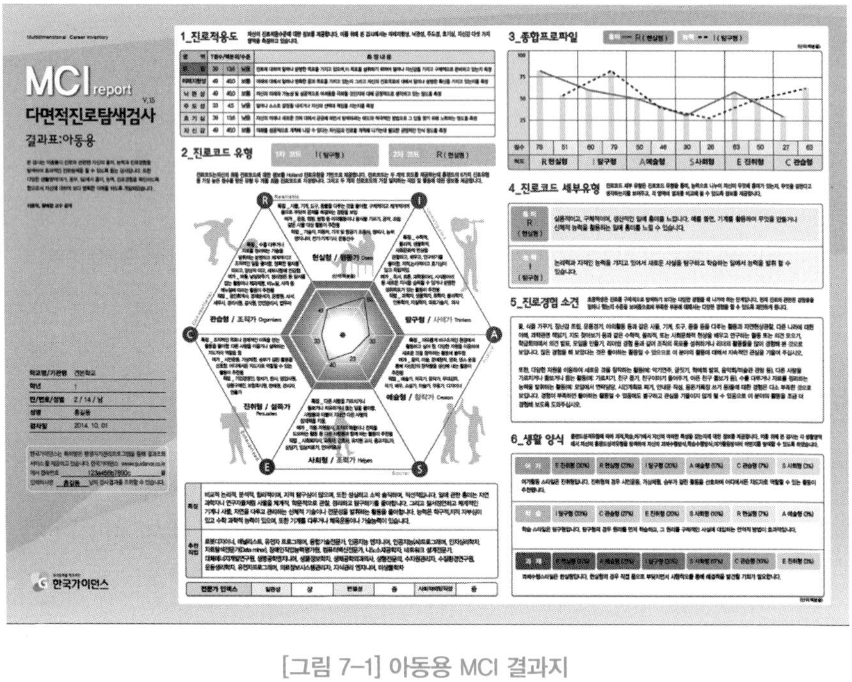

[그림 7-1] 아동용 MCI 결과지

MCI 결과지 샘플은 [그림 7-1]과 같다.

결과에 대해 해석할 때 유의할 점이 있다. 첫째, 내담자가 어떤 분야에 흥미가 있는지, 있다면 그것이 얼마나 두드러지고 강한 흥미인지를 살펴보아야 한다. 둘째, 전체 요약코드의 6각형 모형에서의 변별도와 일관도뿐만 아니라 선택된 진로코드와 다른 나머지 코드들의 분포와의 관계를 살펴보아야 한다. 셋째, 진로코드 간의 점수 차이가 10점 이하면 가능한 코드조합 모두를 고려해야 한다. 넷째, 전체 긍정응답률이 너무 높거나 낮은 경우, 일관도가 낮은 경우, 변별도가 낮은 경우, 특이한 프로파일 등은 개인 상담을 통해 그 원인을 들어보고 종합적으로 해석해야 한다.

한국고용정보원의 초등학생 진로인식검사

한국고용정보원의 워크넷에는 초중고등학생용 진로관련 검사가 다수 수록되어 있다. 청소년직업흥미검사, 청소년 적성검사(중학생용), 청소년 진로발달검사, 고교계열흥미검사, 대학 전공(학과) 흥미검사, 고등학생 적성검사, 직업가치관 검사, 청소년 직업인성검사(단축형), 청소년 직업인성검사(전체형), 초등학생 진로인식검사 등이 이에 속한다. 여기서는 초등학생 진로인식검사에 대해 설명하고자 한다.

한국고용정보원 진로교육센터에서 개발한 초등학생용 진로인식검사는 초등학생을 위한 진로발달의 다면적인 속성과 발달과업 등을 고려하였다. 이 검사는 진로인식 척도, 사회적 바람직성 척도, 부주의성 척도로 구성되어 있는데, 진로인식 척도는 자기이해, 직업세계인식, 진로태도 등 3개 대영역으로 구분되어 있다. 자기이해는 자기탐색, 의사결정성향, 대인관계성향 등 3개의 하위 영역으로, 직업세계인식은 직업편견, 직업가치관 등 2개의 하위 영역으로, 진로태도는 진로준비성, 자기주도성 등 2개의 하위 영역으로 이루어져 있다. 진로인식 검사 문항은 총 32개로 리커트(Likert) 4점 척도이며, 1개 문항당 15~20초가 소요될 것으로 예상하고 전체 32개 문항을 모두 검사하였을 때 초등학교 수업시간 내 15분 이내에 검사를 끝마칠 수 있도록 구성되어 있다.

성격 및 적응검사

아동 및 청소년 성격유형검사(MMTIC)

아동 및 청소년 성격유형검사(Murphy-Meisgeier Type Indicator for Children: MMTIC)는 만 8~13세 아동을 대상으로 하며 융(Jung)의 심리유형이론에 근거한 것이다. MMTIC의 한국표준화 작업은 김정택과 심혜숙에 의해 1993년 만 8세부터 13세까지의 어린이 및 청소년을 대상으로 이루어졌으며, 이론적인 틀과 문항 구성에 있어서 MBTI(The Myers-Briggs Type Indicator)의 선호도 지표(E-I, S-N, T-F, J-P)를 그대로 적용하였다(김정택, 심혜숙, 1993). MMTIC은 아동이나 청소년들의 심리 유형을 이해하고, 아동들에 대한 중요한 정보를 알게 됨으로써 건강한 유형으로 발달해 가도록 도움을 주는 데 목적이 있다.

심리적 선호지표에 따른 성격 유형에 따라 아동의 특성은 저마다 다르다. 심리적 선호지표란 더 지속적이고 일관성 있게 활용하고, 선택적으로 더 자주, 더 많이 사용하며, 더 좋아하고 편하며 쉽고 상대적으로 더 쉽게 끌리는 것을 나타내는 것이다. 이것은 주어진 상황에서 무엇에 주의를 기울이고 그들이 인식한 것에 대하여 어떻게 결론을 내리는가에 영향을 미친다. 검사를 통해 아동의 타고난 성향을 알 수 있으며, 자신의 성격을 잘 이해하고 장점과 단점을 파악하여 친구 관계와 가족 관계, 학습 스타일, 진로 탐색에 도움을 받게 된다. 또한 자신의 잠재력에 대한 자긍심과 자신과 다른 아동에 대한 수용도가 넓어지고 성취동기를 높여 주며 사회성 발달에 도움을 줄 수 있다. MMTIC는 MBTI와 달리 '미결정' 범주를 마련함으로써 유형의 발달적 성질을 위한 여지를 마련해 놓았다. 척도상의 양쪽 선호성 모두를 고려해야 할 필요가 있기 때문에 이런 어린이들을 위한 처치나 계획을 세울 때는 조심스럽고 신중한 접근을 해야 한다.

아동청소년 행동평가척도(CBCL6-18)

CBCL(Child Behavior Checklist)은 한 사람의 기능을 여러 사람으로부터 체계적으로 평가하게 하려는 것으로 부모 행동평가척도(CBCL6-18), 자기보고식 행동평가척도(YSR), 교사 행동평가척도(TRF) 등을 교차 평가하여 개인의 문제에 대한 다축평가가 이루어지도록 함으로써 개인의 행동에 대해 정확하고 체계적인 평가가 가능하도록 한 것이다. 국내에서는 CBCL6-18의 전신인 CBCL4-18을 K-CBCL이라는 이름으로 개발, 출시하여 사용하였으나 아첸바흐와 레스콜라(Achenbach & Rescorla, 2001)가 개발한 아동 · 청소년 행동평가척도를 오경자 등(2010)이 표준화하였다. CBCL6-18은 주양육자가 6~18세 자녀들을 대상으로 평가하는 것으로, 일반 가정에서는 부모가 평가하고, 복지시설에 재소하는 아동 및 청소년의 경우에는 이들이 재소하는 시설의 생활지도사가 평가한다. 총 120개의 문항을 3점 평정척도로 하고 있다.

문제행동척도는 문제행동증후군 척도, DSM(Diagnostic and Statistical Manual of Mental Disorders) 진단 척도, 문제행동 특수 척도 등으로 구성된다. 문제행동증후군의 하위 척도로는 불안/우울, 위축/우울, 신체증상, 규칙위반, 공격행동, 사회적 미성숙, 사고문제, 주의집중문제, 기타문제가 포함되며, 이 중 불안/우울, 위축/우울, 신체증상은 내재화 문제행동으로, 규칙위반과 공격행동은 외현화 문제행동에 속한다. DSM 진단 척도에는 정서문제, 불안문제, 신체화문제, ADHD, 반항행동문제, 품행문제 등 6개의 하위척도가 있다. 문제행동 특수 척도에는 강박증상, 외상후스트레스 문제, 인지속도부진의 하위 척도가 있다.

집-나무-사람 검사(HTP)

HTP 검사는 1948년 정신분석가인 벅(Buck)에 의해서 처음으로 제창되었으며 해머(Hammer)에 의해서 크게 발전된 검사로서, 피검자에게 집, 나무, 인물화 등 3개의 그림을 그리게 하는 검사다. 처음에는 인물화 검사(Draw A

Person: DAP) 검사가 개발되었고, 그 후 집과 나무가 부가됨으로써 현재의 HTP 검사가 탄생하였다.

HTP 검사는 내담자 자신의 무의식 영역과 자신에 대해 인식하는 자아개념, 가정과 외부환경에 대한 인식, 관계 맺는 정도와 그 양상을 파악하는 데 목적이 있다. 집 그림은 거주하는 장소로 피검자의 집에서의 생활, 가족들과의 상호작용과 관련된다. 어린 아동의 경우는 집의 상황과 부모형제 관계를 연관 지어 볼 수 있는 데 반해, 성인의 경우에는 현재의 가정상황, 아동기 때의 부모와의 관계를 유추해 볼 수 있다.

나무와 사람은 성격의 주요 개념으로 신체상과 자아개념을 나타낸다. 나무 그림은 피검자의 무의식적인 수준에서 느끼는 자신의 모습과 감정을 반영하며 심층적이고 금지된 감정을 투사하기 쉽다. 사람 그림은 피검자 자신의 모습에 대한 지각과 환경과의 관계를 나타내는 매개체가 되는데, 자신의 모습에 대한 갈등과 방어 등을 알아낼 수 있다. 임상적으로 볼 때 나무 그림에서 혼란스러운 감정이나 부정적인 감정이 나타나는데, 이는 나무 그림에서 자기 방어도 덜하게 되고 자신을 드러내는 데 대한 두려움이 적기 때문이다. 피검자의 나무 그림과 사람 그림이 어떻게 다른지를 잘 검토해 봄으로써 피검자의 갈등과 방어의 정도를 평가할 수 있다.

검사시 준비도구는 A4용지 크기의 백지 네 장, HB연필, 지우개, 초시계 등이며 심리적인 어려움을 가장 적게 유발시키는 대상부터 실시하는데, 이는 중성적인 자극에서 점차 자아상(self-portrait)에 근접하도록 하기 위함이다. 일반적으로 집 → 나무 → 사람 1 → 사람 2의 순으로 그리게 하되 지우개의 사용이나 소요시간 등은 피검자가 원하는 대로 하며 그림의 모양, 크기, 위치, 방법 등에 대한 어떠한 단서도 제공하지 않으면서 상황의 모호성을 유지해야 한다.

동작성 가족화(KFD) 검사

동작성 가족화(Kinetic-Family-Drawing: KFD) 검사는 1970년대 번스

(Burns)와 카우프만(Kaufman)의 임상경험에 기반하여 개발한 것으로, 기존의 움직임이 없는 그림 검사들과는 달리 아동에게 가족구성원들의 움직임을 첨가하여 그리도록 함으로써 아동의 자아개념 및 대인관계의 영역에서 아동의 감정을 표출하도록 이끄는 데 도움을 줄 것이라는 가정에 근거하고 있다.

검사 실시 대상은 HTP 검사와 유사하다. 검사 실시 방법은 아동에게 가족의 동작을 가정해서 그리게 하며 검사 시간 제한은 없으나 그리기를 거부할 경우 격려와 지지를 해 준 후 검사자가 밖으로 나와 있는 것도 좋다. 부가적인 질문을 하는 것을 통해 정보를 수집할 수도 있다. 동작성 가족화 검사의 해석은 정적인 인물 자체보다는 그림 내 인물의 행동이나 움직임에 초점을 두게 된다. 예를 들어, 가족구성원들을 각각 구획화시켜 그린 그림이나 누군가가 누워 있는 그림은 단절되고 불안한 가족 분위기를 반영해 주는 것으로 해석될 수 있다. 엄마가 요리를 하고 있거나 아빠가 신문을 읽고 있는 그림은 긍정적으로 여겨지는 반면, 청소나 다림질을 하고 있는 엄마나 일하러 나가는 아빠 등의 그림은 부정적으로 간주되기도 한다. 동작성 가족화 검사는 비동작성 가족화와 마찬가지로 가족에 대한 아동의 지각이나 태도를 이해하는 데 중요한 정보를 제공하지만 그 내용이 좀 더 풍부하고 깊이가 있다고 알려져 있다. 검사 해석에 있어 나타나는 특성들을 '정적 특질' '행위' '스타일' '상징'으로 나누어 분석한다. HTP 검사와 KFD 검사의 좀 더 구체적인 실시 방법과 해석 지침은 신민섭(2007)의 『그림을 통한 아동의 진단과 이해: HTP와 KFD를 중심으로』를 참조하기 바란다.

문장완성검사(SCT)

문장완성검사(Sentence Completion Test: SCT)는 여러 개의 완성되지 않은 문장을 피검자가 생각나는 대로 완성하도록 하는 검사로, 카텔(Cattell)의 단어연상검사의 변형으로 발전된 것이다. 투사적 심리검사 가운데 활용도가 높은 문장완성검사는 다른 투사법과 마찬가지로 수검자가 자신의 기본적인 동기,

태도, 갈등, 공포 등을 반영하기는 하지만, 로르샤흐(Rorschach) 검사나 주제통각검사보다 검사자극이 더 분명하고 수검자가 검사자극의 내용을 감지할 수 있다는 차이가 있다. 내담자 스스로 문장을 완성하므로 완성된 문장의 내용에서 내담자에 대한 정보를 파악할 수 있고, 개인상담 시에 내담자가 자신의 내면을 드러내는 중간도구로 활용될 수 있다.

현재 임상현장에서 널리 사용되고 있는 것은 색(Sack)의 문장완성검사(SSCT)다(최정윤, 2002). 색은 가족, 성, 자아개념, 대인관계의 4개 영역에서 내담자의 중요한 태도를 이끌어 낼 수 있는 문장완성검사를 개발하였다. 가족 영역에서는 아버지, 어머니 및 가족에 대한 태도를 측정하는 문장으로 구성되어 있다. 성적 영역은 이성 관계에 대한 내담자의 인식을 이끌어 내는 것으로 개인이 사회적으로 인식하는 성과 남성, 결혼, 성적 관계에 대해 나타내도록 한다. 자아개념 영역은 자신의 과거, 미래, 능력, 목표, 두려움, 죄책감 등에 대한 태도를 포함한다. 대인관계 영역은 친구와 지인, 권위자에 대한 태도를 포함하는데 가족 외의 사람들에 대한 감정이나 자신에 대해 타인이 어떻게 느끼는지에 관한 피검자의 생각들을 표현하게 된다. SSCT는 반응 결과를 검사 단독으로 해석하는 것도 유용하지만, 다른 투사적 검사로부터 나온 결과물들과 자료 비교를 하면 수검자에 대한 보다 상세하고 정확한 정보를 얻을 수 있으며 통합적인 해석을 할 수 있다.

심리검사의 활용

심리검사를 통해 학생들에게서 학생의 다양한 특성과 인식 수준에 대한 필요한 정보를 얻을 수 있다. 이를 통해 자신이 어떤 특성을 가진 사람인지, 유능한 특성과 취약한 특성이 무엇인지, 그리고 타인과 비교하여 어떠한 수준인지 확인할 수 있다. 또한 생활 속에서 여러 가지 문제상황에 접하게 되었을 때 자신이 어떠한 태도를 보이는지를 파악함으로써 향후 효율적인 인생 및 학업설계의 토대를 마련할 수 있으며, 발달 전반에 대하여 타인과 비교하여 파악함으로써 시행착오를 최소화할 수 있고 이후의 발달과의 연계효과를 가질 수 있다(어윤경, 부재율, 2009). 심리검사는 이해, 선발, 분류, 정치, 진단, 평가 및 검증 등에 사용할 수 있다(김영환 외, 2005).

첫째, 심리검사는 개인차를 이해하는 데 사용할 수 있다. 객관적인 자기이해와 보다 효율적인 자기성장 및 자아실현을 위해 검사가 사용될 수 있으며 이를 심리검사의 자기이해, 자기확인, 자기지식 기능이라고 한다.

둘째, 심리검사를 통해 개인의 발달정도를 파악하고 적절한 대상을 선발하고 분류하며 정치(placement)하는 데 활용할 수 있다. 예를 들어, 진로관련 집단상담 프로그램을 진행한다고 할 때 적절한 진로성숙도를 지닌 학생을 선발하고 진로유형에 따라 학생을 분류하고 특정 집단에 정치하는 것은 진로관련 심리검사를 통해서 비교적 정확하게 이루어질 수 있다.

셋째, 심리검사는 학생이 당면한 문제나 현재의 상태를 정확하게 이해하는 데 사용할 수 있다. 진단은 문제의 증상과 원인을 종합하여 전문적인 판단을 하는 작업이다. 학생의 진로문제에 대한 원인을 확인하고 문제를 교정하는 계획을 수립하는 데 있어 심리검사 결과를 활용한다면 심리검사는 진단기능을 수행했다고 볼 수 있다.

넷째, 심리검사는 연구의 효과를 평가하고 검증하는 데 활용할 수 있다. 집단상담 프로그램의 효율성을 확인하고 프로그램의 수정이나 보완을 결정하기 위한 자료로 활용했다면 이는 심리검사의 평가 기능에 해당한다고 볼 수 있고, 연구가설의 진위를 밝히기 위해 심리검사를 활용했다면 심리검사의 과학적 탐구 또는 가설검증 기능이라고 볼 수 있다.

아울러 상담에 있어서도 심리검사의 활용이 필수적이다. 예를 들어, 진로상담 현장에서 심리검사를 선택하기 위해서는 일반적으로 진로발달단계에 따라

중점적으로 활용할 수 있는 검사의 종류를 고려할 필요가 있다. 진로발달단계에 따라 자기이해, 교육 및 직업적 탐색, 진로설계에 대한 능력 및 행동전략에 대한 수준을 정확히 정하여 각각의 진로발달단계에 따른 차별적 진단을 위한 방법으로 진로검사를 활용할 수도 있다(김동민 외, 2013).

생각해 볼 문제

1. 진로인식검사는 상담과정에서 학생의 진로성숙도를 파악할 수 있게 할 뿐 아니라 진로선택의 대안을 찾을 때 도움을 줄 수 있다. 이와 같이 심리검사가 상담에서 활용될 수 있는 구체적인 사례에 대해 생각해 보자.
2. 다중지능검사 또는 아동 및 청소년 성격유형검사를 활용하여 집단역동을 개선한 연구를 찾아보고 본인이 이 검사를 활용한다면 어떤 곳에 사용할 수 있을지 생각해 보자.
3. 이 장에서 소개한 심리검사 중 하나를 선택하여 학생에게 실시한 다음 그 검사의 장점 및 단점에 대해 평가해 보자.

추천도서

곽금주, 오상우, 김청택(2011). K-WISC-Ⅳ. 서울: 학지사심리검사연구소.

김동일(2007). 청소년학습전략 검사(ALSA) 실시요강. 서울: 학지사.

김정택, 심혜숙(2003). 어린이 및 청소년 성격유형검사 안내서. 서울: 한국심리검사연구소.

문용린(1997). EQ가 높으면 성공이 보인다. 서울: 글이랑.

신민섭(2007). 그림을 통한 아동의 진단과 이해: HTP와 KFD를 중심으로. 서울: 학지사.

오경자, 김영아, 하은혜, 이혜련, 홍강의(2010). 아동청소년 행동평가척도 부모용 CBCL6-18. 서울: (주)휴노.

이동혁, 황매향(2016). 다면적 진로탐색검사 매뉴얼. 경기: 한국가이던스.

최정윤(2002). 심리검사의 이해. 서울: 시그마프레스.

Gardner, H. (1999). *Intelligence reframed: Multiple intelligences for the 21st century*. New York: Basic Books.

Salovey, P., & Mayer, J. D. (1997). What is emotional intelligence? In P. Salovey & D. Sluyter (Eds.), *Emotional development and emotional intelligence: Implications for educator* (pp. 3-31). New York: Basic Books.

제8장

탐색을 위한 면접기법

- 상담자 비언어적 반응
- 경청/존중
- 재진술
- 공감 반응
- 질문 반응
- 침묵 다루기

"아이들과 상담할 때는 어디까지 물어봐야 하는지 제일 답답해요. 그래도 상담이니까 조금 더 자세히 물어야 할 것 같기는 한데 그게 구체적으로 어디까지가 되어야 할지, 왜 탐색을 해야 하는지… 저도 정확히 모르겠어요."

"아이들이 상담시간에 질문을 해도 대답을 잘 안 합니다. 일부러 그러는지 아니면 할 말이 없는 건지 모르겠는데… 상담에서 탐색을 잘 하려면 어떻게 해야 하는지 배우고 싶어요."

"질문과 탐색이 뭐가 다른 건가요? 탐색을 하라고 배웠지만, 정작 제가 탐색을 잘 하고 있는지 모르겠어요. 탐색의 목적을 달성하고 있는 건지… 자신이 없습니다."

상담에서 탐색은 매우 중요한 과정이다. 탐색을 통해 내담자는 자신이 미처 생각하지 못했던 것을 알게 되고, 느끼지 못했던 감정을 느끼게 된다. 상담이 다른 일상적인 대화와 다른 이유는 상담을 통해 내담자가 자신이 몰랐던 자신의 모습들을 알게 되고, 느끼게 되는 것인데 이는 바로 탐색과정을 통해 가능하다. 상담은 내담자가 이미 알고 있는 것들을 보고(report)하는 시간이 아니라, 자신의 새로운 모습들을 발견하고, 알아 가고, 경험하는 탐험의 과정이기 때문이다.

이 장에서는 탐색을 위해서 상담자가 사용하는 다양한 반응기법을 설명하고, 예를 통해 상담장면에서 실제로 어떻게 사용되는지 소개한다.

상담자 비언어적 반응

소통의 큰 두 가지 채널로 언어적 반응과 비언어적 반응이 있다. 비언어적 반응은 손짓이나 자세 등을 일컫는데, 이를 언어가 아니라고 하기는 어렵다. 따라서 언어적 반응과 비언어적 반응으로 부르기보다, 음성언어 반응(언어적 반응)과 비음성언어 반응(비언어적 반응)이라고 부르는 것이 적합할 것이다. 다만, 일반적으로 언어적 반응과 비언어적 반응으로 불리고 있으므로 이 장에서도 통상적인 용어를 사용한다.

비언어적 반응에는 흔히 알고 있는 얼굴표정, 손짓, 자세, 눈 맞춤, 신체접촉 등이 있으며, 조금 더 넓은 의미로는 외양, 옷, 액세서리, 소리의 크기와 속도, 두 사람 간의 거리 등도 포함될 수 있다.

상담자의 비언어적 반응 사용 방법

상담자는 이러한 여러 가지 비언어적 반응들을 의식을 했든, 의식을 하지 않았든 내담자에게 전달하고 있다. 상담이 구체적인 목표를 가지고 진행하는 전문적인 과정임을 고려할 때 상담자는 다양한 비언어적 반응들을 의식하에 두고 상담의 목적에 맞게 사용해야 한다. 비언어적 반응의 범위가 넓기 때문에 상담에서 상담자가 의식적으로 유의해야 할 것들을 중심으로 상담자의 비언어적 반응 사용 방법을 설명한다.

상담자의 얼굴표정, 손짓, 자세는 내담자에 대한 상담자의 관심과 보살핌을 나타낸다. 따라서 상담시간에 오고 가는 내용에 따라 상담자의 얼굴표정, 손짓, 자세를 달리하는 것이 좋다.

예 학교에서 늘 혼자 노는 초등학교 3학년 내담자

상담자: ○○는 쉬는 시간에 늘 혼자라서 선생님이 그 얘기를 좀 하고 싶었어.

내담자: 뭐… 혼자 있어도 괜찮아요.

상담자: **(내담자에게 몸을 조금 가까이 가면서, 얼굴은 염려하는 표정으로, 두 손을 모으면서)** 혼자 있어도 괜찮아?

내담자: 늘 그래서 이젠 상관없어요.

보통 상담자는 내담자의 눈을 쳐다보면서 얘기하는 것이 좋다. 그러나 내담자의 '눈만' 쳐다보기보다는, 상담의 내용에 따라서 내담자의 표정, 손짓, 자세, 눈 맞춤 등을 보면서 내담자의 상태를 파악하고, 느껴야 한다.

또한 상담자의 목소리는 빠르지 않아야 하며, 적당한 크기로 내담자에게 전달되는 것이 중요하다. 내담자가 말을 하기 어려워하거나, 매우 어렵게 말을 꺼내고 있다면 상담자 또한 이에 맞춰 느린 속도와 작은 목소리로 내담자의 목소리와 조화를 이루는 것이 좋다. 상담자가 이렇게 할 때 내담자는 상담자가 자신의 심정을 이해하고, 자신을 보살피고 있음을 인식하여 보다 편안한 마음으로 자신의 이야기를 꺼내 놓을 수 있다.

예 학교에서 늘 혼자 노는 초등학교 3학년 내담자

상담자: 다른 친구들이 노는 모습을 보면 어때?

내담자: 뭐… 전… 괜찮아요.

(말소리가 작고, 뭔가 할 말이 있으나 하지 않으려는 태도가 보임)

상담자: **(말소리를 작게 하고, 내담자의 자세나 표정을 전체적으로 보면서 내담자의 현재 상태가 어떤지 살펴봄)** 선생님이 듣기에는 ○○가 괜찮다라고 하지만… 목소리는 괜찮은 것 같이 들리지 않는구나.

상담자가 내담자와 신체적으로 접촉하는 것 또한 비언어적 반응이다. 상담자는 관심, 격려, 위로, 공감 등을 전달하기 위해서 내담자의 어깨를 두드리거나 등을 쓰다듬는 반응을 할 수 있다. 비언어적 반응 중 하나인 외모도 무언가를 전달하기 때문에 비언어적 반응에 해당되며 상담자는 상담시간 전에 자신의 외양이 상담장면에 적합한지 한 번쯤 확인하는 것이 좋다. 상담시간의 진지함과 따뜻함을 전달할 수 있는 외모를 갖추고, 이를 전달하는 말을 할 때 상담자의 언어적 반응은 비언어적 반응과 일치한다고 볼 수 있기 때문이다. 상담실도 비언어적 반응의 하나다. 상담실의 위치, 크기, 탁자 유무, 의자의 팔걸이 유무, 커튼의 유무, 방음의 유무 등이 모두 해당한다. 상담자는 내담자의 이야기를 들을 준비가 되었고, 듣고 싶지만 상담실의 상황이 그렇지 않다면 이는 상담자의 의도와는 다른 메시지가 전달되는 것이다. 따라서 상담자는 가능하면 이러한 부분들이 준비되었는지 확인하여 상담자가 내담자의 이야기를 잘 들을 수 있다는 점을 전달하는 것이 중요하다.

상담자의 비언어적 반응 사용을 위한 지침

상담자의 언어적 반응과 비언어적 반응이 일치되도록 한다

상담자는 자신의 언어적 반응이 비언어적 반응과 일치하고 있는지를 확인한다. 비언어적 반응은 의식되지 않은 채 전달될 수 있어서 상담자는 자신의 비언어적 반응이 무엇인지 알고, 그것이 언어적 반응과 일치하는지를 확인하는 것이다. 예를 들어, 상담자가 말로는(언어적 반응으로는) "선생님도 충분히 이해해."라고 말하면서, 차가운 표정과 목소리로 내담자를 보지 않고 말한다면 내담자는 상담자가 방금 말한 "선생님도 충분히 이해해."라는 반응이 의아하게 들릴 것이다. 무엇보다 내담자들은 말과 일치하지 않는 태도를 많이 경험해 왔을 가능성이 높기 때문에 상담자의 이러한 비일치성은 상담시간이 특별하지 않다는 인상을 줄 수 있다. 따라서 상담자는 자신의 비언어적 반응이 무엇인지를 스스로 알고, 이것이 상담자가 의도한 것이 아니라면 언어적 반응과 일치하도록 해야 한다.

내담자의 비언어적 반응을 탐색한다

상담자 자신의 비언어적 반응을 유념하여 효과적으로 사용하는 것과 함께, 상담자는 내담자의 비언어적 반응을 탐색한다. 내담자도 상담자와 마찬가지로 언어적 반응과 비언어적 반응이 일치되지 않을 때가 있다. 무언가를 숨겨야 할 때 내담자는 언어와는 다른 비언어적 반응을 보이는 경우다. 상담자는 내담자에게 이러한 불일치가 일어나고 있는지 살펴보고, 만약 불일치가 있을 때 이것이 무엇을 의미하는지를 내담자와 함께 탐색해야 한다. 비언어적 반응은 숨기지 못하고 드러나는 특징이 있고, 학생 내담자의 경우는 더 쉽게 이러한 일이 발생한다.

신체적 접촉은 가능한 한 최소한으로 한다

내담자가 상담시간에 눈물을 보일 때, 힘든 얘기를 할 때, 어려운 내용을 힘들게 꺼낼 때 상담자는 공감을 느끼고, 격려와 관심을 전달하기 위해서 신체적 접촉을 하기도 한다. 예를 들어, 등이나 어깨를 두드리거나, 가볍게 감싸는 접촉이다. 물론 이러한 접촉은 상담자의 공감, 이해, 관심, 격려를 내담자에게 전달할 수 있다. 그러나 이러한 신체적 접촉은 가능하면 최소한으로 하는 것이 좋다. 신체적 접촉이 자주 있을 때 상담의 언어적 작업이 방해를 받을 수 있고, 상담자의 잦은 신체적 접촉을 내담자가 호감이나 성희롱 등의 다른 의미로 해석할 수 있기 때문이다.

경청/존중

상담시간에 가장 중요한 상담자의 태도 중 하나는 경청과 존중이다. 탐색을 위한 면접기법은 주로 언어적 기법들이지만, 경청과 존중은 이러한 언어적 기법을 사용할 때의 상담자 태도를 말한다. 상담자는 내담자의 이야기에 관심을 갖고, 최대한의 주의를 기울이면서 온 마음을 다해 경청해야 한다. 상담자가 내담자의 이야기에 어떤 선입관이나 판단 없이 이해를 하면서 경청하는 것은 그 자체로 내담자에게 치료적이다. 또한 내담자를 판단하지 않고, 비록 내담자가 지속적으로 문제를 일으키고 있다고 해도 내담자는 자신의 상황에서 최선을 다 하고 있음을 아는 것이 존중의 태도다. 무조건적인 존중의 태도로 내담자를 대한다는 것은 비교와 판단으로 살았던 상담실 밖에서의 삶과는 매우 다른 치유적인 환경을 제공한다.

경청/존중 방법

경청과 존중의 태도는 사실 상담에 임하는 상담자의 태도와 철학이기 때문에 어떤 방법으로 전달이 되어야 한다고 말하기 어렵다. 상담자에 따라 경청과 존중을 전달하는 방법은 매우 여러 가지가 될 수 있기 때문이다.

그럼에도 불구하고 언어적 반응과 비언어적 반응으로 상담자의 경청과 존중을 전달할 수 있다. "아… 그랬구나…." "알겠다." "그렇구나."와 같은 최소한의 언어적 반응과, 상담자의 고개 끄덕임, 따뜻한 눈빛, 내담자를 향해 자세를 기울임 등의 비언어적 반응이 있을 수 있다. 또한 다음에 소개할 재진술, 공감, 질문 반응도 내담자에 대한 경청과 존중을 전달하는 언어적 반응이다.

경청/존중을 전달하는 지침

상담실에서의 내담자 모습에 초점을 둔다

교사이면서 상담자인 경우 경청과 존중은 상담자 역할만 하는 경우보다 힘들 수 있다. 왜냐하면 교사는 내담자의 학교생활을 잘 알고 있고, 내담자가 실제로 교사를 힘들게 했던 경험이 있기 때문에 상담자는 내담자의 말을 그대로 듣기보다, 판단하고 평가할 수 있다. 그러나 상담자는 가능한 한 지금 여기 상담실에서 내담자가 하는 이야기에 집중하면서, 내담자를 존중하는 태도로 상담실에서 내담자의 말에 경청해야 한다. 오히려 교사였던 선생님이 상담자의 전문적인 태도로 내담자의 이야기를 경청할 때 상담시간은 특별한 시간으로 바뀌고, 내담자는 다른 곳에서는 터놓을 수 없는 깊은 속마음을 내놓을 수 있다.

내담자의 고통을 가늠한다

학교에서의 상담은 상담자의 권유로 시작되곤 한다. 내담자가 자신의 문제를 인식하지 못하거나, 문제의 원인이 자신에게 있다고 생각하지 않기 때문에 상담을 요청하지 않는다. 내담자가 자신의 문제를 시인하고, 문제로 인해 힘들다는 얘기를 하게 되면 상담자의 경청과 존중도 자연스럽다. 반면에, 내담자가 자신의 문제를 보지 못하고, 문제의 원인을 타인에게 돌릴 때 상담자는 내담자를 경청하고 존중하는 것이 쉽지 않다. 상담자는 이때 내담자의 고통을 가늠해야 한다. 자신의 문제를 외면하고, 문제의 원인을 외부로 돌리는 내담자의 깊은 심정을 이해하는 것이다. 친구들이 놀아 주지 않아서 외롭고 속상하지만 이를 인정하지 못하거나, 인정은 해도 변화를 원치 않는 내담자의 깊은 내면의 고통을 이해할 때 상담자는 내담자를 경청하고 존중할 수 있다.

내담자는 최선을 다해서 버티고 있는 중임을 안다

상담자가 보기에 내담자는 어떤 노력도 하지 않는 것처럼 보이기 쉽다. 그러나 내담자는 하루하루를 살기 위해서, 고통스러운 상황에서 버티기 위해서 나름대로 노력하고 있는 중이다. 상담자가 보기에 아무것도 하지 않는 것 같아도 내담자는 살기 위해서 혹은 비난받지 않기 위해서 최선을 다하고 있는 중임을 상담자가 이해해야 한다. 그런 내담자의 노력을 알아주고, 이해하는 마음으로 상담에 임하는 것이 내담자를 경청하고 존중하는 태도다.

재진술

재진술(restatement)이란 내담자의 말을 상담자가 같은 말이나 다른 말로 바꾸어서 다시 내담자에게 들려주는 반응으로서, 그 방식에 따라 여러 가지 이름으로 사용되고 있다. 이 장에서는 이러한 여러 가지 반응을 대표해서 재진술이라고 하고, 재진술에 해당하는 다양한 반응을 소개한 뒤 각 반응에 대한 설명을 예시와 함께 제시하고, 이와 더불어 사용 지침을 소개할 것이다.

상담자가 내담자의 말을 재진술하면 내담자는 자신의 말을 상담자의 목소리를 통해 다시 듣게 된다. 보통 우리는 상대방에게 말을 하는데, 상담에서는 내가 상대방(상담자)에게 한 말을 상담자가 재진술을 통해서 나에게 되돌려 주기 때문에 내가 한 말을 내가 다시 듣게 되는 것이다. 이렇게 내가 한 말을 다시 듣게 되면 자신을 객관적으로 보는 효과가 있다. 내가 한 말을 다시 들으면서 내담자들은 자신의 모습을 보게 되는 것이다. 그 과정에서 새롭게 알게 되는 측면도 있고, 잘못 알았던 모습을 알게 되기도 하며, 빠진 부분을 보충하기도 하고, 잘 모르는 부분을 탐색해 나가기도 한다. 즉, 상담자의 재진술 반응은 내담자로 하여금 방금 자신이 한 말을 스스로 다시 듣게 함으로써 자신을 객관적으로 탐색하는 효과가 있다.

재진술은 내담자의 말을 내용과 감정으로 나누지 않고, 또한 어떤 형태를 가지는가에 대한 구분 없이 내담자의 말을 다시 되돌려주는 것을 말한다. 반영(reflection) 또한 내담자의 말과 행동을 거울처럼 다시 보여 준다는 의미에서 재진술과 유사한 반응이다. 재진술이 내담자의 말을 내용과 감정으로 나누지 않는 데 반해서, 반영은 내담자의 말을 내용과 감정으로 나누어서 다른 이름으로 부른다. 내용 반영은 내담자의 말 내용을 다시 상담자가 되돌려 주는 반응이고, 감정 반영은 내담자의 감정을 다시 되돌려 주는 반응이다. 흔히 '공감반응' 혹은 '공감'을 한다고 했을 때는 '감정 반영'을 한다고 말할 수 있다. 감정 반영에 대해서는 다음에 나올 공감 부분에서 자세한 설명한다.

재진술은 방식에 따라 반복, 환언(바꾸어 말하기), 명료화(구체화), 요약 등으로 나뉠 수 있다.

재진술의 방식

재진술이라는 큰 범주 속에는 재진술의 초점이 어디에 있는가를 기준으로 다양한 이름의 반응이 사용되고 있다.

반복(repeat)은 내담자의 말을 그대로 다시 되돌려 주는 반응이다. 보통 내담자가 한 말 중에서 단어를 다시 말하거나, 내담자가 말한 문장 전체를 똑같이 말한다.

예 엄마 지갑을 훔치는 초등학교 5학년 내담자

상담자: 엄마 돈을 언제부터 훔쳤니?

내담자: 언제부터라고 해야 되지… 4학년 때부터인가?

상담자: 계기가 뭐였어?

내담자: 게임이요. 지금은 좋아지고 있는데 뭐라고 하지… 습관이 들었으니까 가끔 훔치기도 하는데요. 저도 나름 안 훔치려고 노력은 해요. 옛날보다는 좋아진 셈이죠.

상담자: **게임… (단어를 반복함).**

상담자: **가끔 훔치기도 하는데 나름 안 훔치려고 노력은 하는구나. (문장을 반복함)**

환언(paraphrasing)은 '바꾸어 말하기'라고도 불리는데, 내담자의 말에서 몇 개의 단어를 추가하거나 빼거나 혹은 다른 단어로 바꾸는 방법으로 문장을 새로 구성한다. 이때 상담자가 추가하거나, 빼거나, 바꾸는 것은 상담자의 의도하에 이루어진다. 같은 예를 사용하여 환언 반응을 소개하면 다음과 같다.

예 엄마 지갑을 훔치는 초등학교 5학년 내담자

상담자: 엄마 돈을 언제부터 훔쳤니?

내담자: 언제부터라고 해야 되지… 4학년 때부터인가?

상담자: 계기가 뭐였어?

내담자: 게임이요. 지금은 좋아지고 있는데 뭐라고 하지… 습관이 들었으니까 가끔 훔치기도 하는데요. 저도 나름 안 훔치려고 노력은 해요. 옛날보다는 좋아진 셈이죠.

상담자: 게임 때문에 시작되었네. 지금도 어쩔 수 없이 훔치기도 하지만 나름 노력하고 있구나. (내담자의 말 중에서 몇 개의 단어는 그대로 사용을 했지만, '어쩔 수 없이' '나름 노력하고 있구나.'와 같은 표현을 추가하여 내담자가 노력하고 있음을 강조하고 있다.)

명료화(clarification)는 내담자의 말을 좀 더 분명하고, 명확한 표현으로 만들어서 내담자에게 다시 말하는 것이다. 그런 의미에서 명료화는 구체화라고도 불린다. 같은 예를 사용하여 다시 설명하면 다음과 같다.

예 엄마 지갑을 훔치는 초등학교 5학년 내담자

상담자: 엄마 돈을 언제부터 훔쳤니?

내담자: 언제부터라고 해야 되지… 4학년 때부터인가?

상담자: 계기가 뭐였어?

내담자: 게임이요. 지금은 좋아지고 있는데 뭐라고 하지… 습관이 들었으니까 가끔 훔치기도 하는데요. 저도 나름 안 훔치려고 노력은 해요. 옛날보다는 좋아진 셈이죠.

상담자: 4학년 때부터 게임을 하느라고 엄마 지갑을 훔치기 시작했네. (내담자가 간단하게 대답한 '게임이요.'를 좀 더 분명하게 하기 위해서 '4학년 때부터 게임을 하느라고'라는 표현을 사용했다.)

마지막으로, 요약(summary)은 내담자가 한번에 길게 말한 내용이나 상담자와 내담자 사이에 오갔던 대화를 간결하게 하여 되돌려 주는 반응이다. 요약을 통해 상담자는 내담자가 말한 내용 혹은 상담자와 내담자 사이에 오갔던 내용을 간단하게 다시 정리하여 전달한다. 요약을 통해 내담자는 자신이 길게 했던 내용을 간단하게 다시 듣게 되고, 상담자 입장에서는 요약 반응 후에 다른 반응을 사용하여 상담의 방향을 의도적으로 설정할 수 있다. 다음의 예를 통해 요약이 어떻게 이루어지며, 요약 반응 후 상담자가 어떻게 상담 방향을 설정하게 되는지 살펴보자.

예 엄마가 과도하게 공부를 시켜서 살기 싫다는 초등학교 6학년 내담자

상담자: 엄마에게는 주로 어떤 이유로 맞았어?

내담자: 엄마에게 반항하고 말대답하고 막 이럴 때요. 엄마는 별것도 아닌 걸로 막 때리려고 그래요.

상담자: 예를 들어서?

내담자: 제가 엄마한테 내가 엄마 하녀야? 내가 왜 맨날 엄마 심부름하고 내가 왜 맨날 엄마 때문에 공부해야 돼? 그랬어요. 제가 정말 논리적으로 맞는 말만 골라서 했을 뿐인데 엄마는 그걸 듣고 정말 화를 내면서 제가 빨리 잘못했다고 말하지 않는다고 막 저를 때리려 했는데 아빠 덕분에 간신히 매를 면할 수 있었어요. 어렸을 때부터 엄마한테는 무조건 순종해야 되겠다는 그런 게 강했던 거 같아요.

상담자: 그랬구나….

내담자: 흐흐… 어렸을 때 전 참 불쌍했던 거 같아요.

상담자: 어떤 부분이 불쌍하게 느껴지니?

내담자: 그냥 바보처럼 엄마가 하라는 대로 하고 살았던 거요. 그러다 보니 친구도 없고… 엄마가 놀지를 못하게 하니까 친구가 있을 수가 없었어요. 친한 친구도 없고, 노는 친구도 없고.

상담자: **엄마의 여러 가지 요구가 부당하게 느껴져서 엄마에게 반항이나 말대답도 많이 하고…. 그래서 엄마에게 많이 맞았구나. 과거의 그런 자신을 돌아보니 스스로 불쌍한 마음도 드네. 엄마에게 많이 맞고 지낼 때 어떻게 그 시간들을 이겨 냈을까? (상담자는 내담자와 상담자 간에 오고 갔던 내용을 간단하게 요약하여 말했다. 요약 반응 후에 상담자는 과거 어려움들을 견뎌 낸 방법에 대해 질문을 함으로써 상담의 방향을 내담자의**

자원 탐색으로 정하고 있다.)

재진술 사용을 위한 지침

재진술은 내담자로 하여금 자신을 객관적으로 살펴볼 수 있게 만드는 중요한 면접기법이지만, 재진술이 효과적인 반응이 되려면 상담자의 의도하에 이루어져야 한다. 재진술을 사용할 때 상담자가 알아야 할 지침은 다음과 같다.

상담자는 내담자의 말 중에서 무엇을, 왜 재진술하는가에 대한 의도가 분명해야 한다

내담자의 말 중에서 무엇을 되돌려 줄 것인가라는 측면에서 재진술은 의도가 필요하다. 내담자의 말 중에서 상담자가 무엇을 재진술하느냐에 따라서 내담자는 그 얘기를 더 생각하고, 더 느끼며, 좀 더 자세히 얘기하게 되는 '방향 지시성'이 있기 때문이다. 내담자의 모든 반응을 재진술하거나, 아무 의도 없이 재진술하는 것은 상담을 목적 없는 대화로 만들 수 있다. 상담자는 내담자의 말을 한 귀로 경청과 이해의 자세로 들으면서, 다른 한 귀로는 무엇을 재진술할 것인지 계속적으로 판단하면서 중요한 부분, 탐색이 필요한 부분을 재진술하면서 상담의 대화 내용을 조절해야 한다.

내담자의 말보다 길지 않아야 한다

상담자가 재진술을 할 때는 가능하면 짧고, 간단하며, 쉬운 말을 사용하는 것이 효과적이다. 상담자의 재진술이 길면 내담자는 상담자의 재진술을 이해해야 하며, 긴 재진술로 인해 대화의 초점이 상담자로 옮겨지고, 그 결과 지금 여기에서 내담자의 말에 초점을 두고 지속적으로 탐색하는 데 방해가 될 수 있다.

가능하면 서술문 형식으로 전달한다

재진술은 기본적으로 서술문 형식을 띠는 것이 바람직하다. 예를 들어, "공부가 싫다는 말이니?"보다는 "공부가 싫다는 말이구나."가 좋다. 상담자는 흔히 질문형식을 사용하여 재진술을 함으로써 재진술 반응 후에 내담자로 하여금 자세히 말하도록 하려는 의도를 전달한다. 그러나 질문형식의 재진술은 내담자로 하여금 예 혹은 아니오의 대답을 하도록 하여 내담자가 좀 더 자세히 이야기하거나, 내담자 스스로 탐색하도록 하려는 재진술의 본래 목적을 달성할 수 없다. 재진술 반응이 서술문 형식으로 전달될 때 내담자는 자신을 객관적으로 볼 수 있고, 재진술 부분을 좀 더 탐색할 수 있다.

공감 반응

'공감'이란 상담자가 윤리적 기준이나 개인의 취향에 따라서 상대방을 비판하거나 평가하지 않고, 내담자가 지금 현재 느끼고 있는 감정을 함께 느끼고, 받아들이고, 헤아려 주는 상담자의 체험이다. 이러한 상담자의 마음을 전달할 때 '공감 반응'이라고 부르며, 공감 반응은 내담자의 감정을 반영하기 때문에 '감정 반영'이라고도 한다.

공감 반응이 내담자에게 왜 필요한지에 대해서는 상담자가 분명한 논리를 갖는 것이 필요하다. 왜냐하면 '공감 반응을 왜 하는가?'에 대한 분명한 이유나 목적이 없으면 상담자는 공감 반응을 그저 한번 해 보거나, 공감 반응을 시도해 본 것에 만족할 뿐 공감 반응이 이루고자 하는 목적에 다다르지 못하기 때문이다.

신경진(2015)에 따르면 상담자로부터 공감을 여러 번 받게 되면 내담자는 자신이 오랫동안 수치스러워하고 감추어 왔던 자신의 부정적인 감정(미움, 분노, 적대감 등)을 인식하고, 자신의 감정으로 수용할 수 있게 된다. 다시 말해서, 상담자의 공감에 의해 내담자가 이해받고, 수용됨으로써 내담자는 자신이 그동안 외면하던 감정과 경험들을 자기 것으로 인식하고, 느끼며, 용서하고, 화해할 수 있게 된다. 그럼으로써 내담자는 그런 경험들을 자신의 한 부분으로 인식하기 때문에 자기 인식이 확대되고 통합된다. 결국 상담자는 공감 반응을 통해 내담자로 하여금 자기를 확장하고, 자신의 개성과 정체감을 인식할 수 있게 하려는 목적이 있다. 즉, 공감 반응은 그 자체로 치유적인 힘이 있다.

공감 반응의 방법

상담자가 내담자에게 공감을 전달하는 방법은 "~하게 느끼는 것 같구나." "~한 마음이 선생님께 전달이 되는구나." "~ 때문에 ~한 마음이 드는 것으로 느껴지네." "~한 마음이 ~ 때문에 생겼구나." 등이 있다. 독자는 공감 반응의 방법들이 두 가지 유형으로 나뉠 수 있음을 눈치챘을 수도 있다. 즉, 앞의 두 반응은 상담자가 느낀 감정만을 전달했다면, 뒤의 두 반응은 감정에 대한 이유를 상담자가 해석해서 이를 내담자의 감정과 함께 전달했다. 공감 반응에 감정의 이유에 해당하는 "~ 때문에"를 넣을 수도 있고, 넣지 않을 수도 있다. 어떤 경우이든 공감 반응이며, 상담자는 이유를 넣는 것이 효과적일지를 판단해서 적절히 사용하면 될 것이다.

공감 반응에서 중요한 부분은 '실제로 상담자가 내담자의 감정을 같이 느낄 수 있는가?'에 있다. 그렇지 않은 경우 상담자의 공감은 말로만 하는 공감이 될 수 있고, 이러한 공감은 내담자에게 전달되어도 치유적 효과를 나타내기 어렵다. 따라서 상담자가 공감 반응을 효과적으로 하기 위해서는 상담자 스스로 공감이 되는지를 확인하려는 노력이 필요하다. 만약 상담자가 내담자의 마음이 공감되지 않는다면 상담자는 공감이 된 척을 하여 공감 반응을 전달하기보다 좀 더 자세히 질문하거나, 조금 더 자세히 얘기해 달라고 요청함으로써 내담자가 느끼는 감정을 상담자가 느끼도록 노력해야 한다.

만약 상담자가 내담자와 연령, 성별, 문화, 경험의 폭 등에서 큰 차이가 있는 경우 내담자를 공감하기 어려울 수 있다. 그러나 누구나 자신과 비슷한 처지에 놓였을 때 공감이 쉬운 것은 당연하기 때문에 이는 상담자의 태도에 문제가 있거나 능력에 문제가 있는 것은 아니다. 공감이 잘 되지 않을 때 상담자는 단지 내담자를 공감하려고 최선의 노력을 기울이는 것이 중요하고, 이처럼 공감하려는 상담자의 태도와 자세를 내담자가 느낄 때 내담자는 존중받는 경험을 하게 되는 것이다.

예 엄마의 지갑을 훔친 초등학교 5학년 내담자

내담자: 엄마가 용돈을 주시기는 하는데 그게 솔직히 너무 부족해요. 차비로 다 쓰니까 용돈이라고 할 수도 없어요.

상담자: 그럼 엄마에게 얼마 정도 받으면 엄마 지갑을 안 훔칠 수 있니?

내담자: 솔직하게 말하면… 2만 원?

상담자: 엄마한테 말해 봤어?

내담자: 말해 본 적은 없어요. 하지만 엄마는 저를 안 믿기 때문에 말해 봤자 안 주실 거예요. 제가 엄마의 신뢰를 여러 번 깼거든요. 그래서 엄마한테 말할 수 없고, 말해도 엄마는 믿지 않으실 거예요.

상담자: **그간 엄마에게 여러 번 신뢰를 잃어서 말해 봤자 소용이 없을 것 같은… 포기하는 마음이 느껴지네.**

공감 반응을 위한 지침

공감 반응은 상담시간에 자주 사용되는 반응이다. 그러나 공감을 효과적으로 하기 위해서는 다음의 지침을 명심하는 것이 좋다.

공감 반응이 필요할 때가 언제인지를 안다

내담자의 변화와 성장을 위해서는 반드시 감정 인식이 필요하다. 따라서 내담자가 자신의 감정이 무엇인지 모르거나, 자신의 감정을 회피하거나, 자신의 감정을 잘못 알고 있을 경우에는 공감 반응이 필요하다.

감정에 과도하게 빠져 있을 때는 공감 반응을 자제한다

내담자의 감정이 과도하게 올라와 있을 경우에는 공감 반응을 사용하는 것이 적절치 않다. 이미 자신의 감정에 압도되어 있는 내담자에게 공감 반응을 함으로서 더 강한 감정에 휩싸일 수 있기 때문이다. 내담자가 감정에 과도하게 빠져 있는 경우에 상담자는 내담자의 감정과 생각 모두를 재진술하면서 천천히 내담자가 감정을 추스를 수 있도록 기다려 주는 것이 필요하다.

공감 반응과 타당화 반응을 함께 사용해 본다

타당화 반응은 내담자의 감정이 누구라도 그 상황에서 그렇게 느낄 수 있는 것임을 정당화하는 반응이다. 예를 들어, 단짝 친구가 내 흉을 보고 다녀서 화가 났다면 이때의 화는 누구라도 당연히 생기는 감정이다. 이때 상담자는 "그 상황에서는 누구라도 화가 나는 게 당연하지."라고 반응하는 것이 타당화 반응이다. 내담자에게 공감과 이해를 전달할 필요가 있을 때 공감 반응을 하지만, 내담자가 자신이 뭔가 잘못되었다고 여길 때는 내담자의 감정이 당연하고, 타당하며, 정상적임을 전달하는 타당화 반응을 함께 사용한다. 타당화 반응을 통해 내담자는 상담자의 이해와 수용을 경험하면서, 이와 동시에 자존감의 향상도 이루어질 수 있다.

질문 반응

질문 반응은 탐색을 위한 면접에서 비교적 많이 사용되는 면접기법이다. 질문 반응은 두 가지로 나누어 볼 수 있는데, 하나는 생략되어 있어서 분명히 하거나 구체화가 필요한 내용을 찾기 위한 '구체화 질문'이고, 또 하나는 그 경험에 동반된 감정, 사고, 추가 정보 등을 규명하는 '탐색적 질문'이다. 구체화 질문은 내담자가 말한 내용의 빠진 곳을 채우는 작업이라면, 탐색적 질문은 내담자가 말한 내용과 관련된 감정 및 사고를 깊이 있게 파악하고, 내담자가 말한 내용을 중심으로 필요한 주변 내용을 탐색하는 넓이와 깊이를 더하는 작업이다.

상담자의 질문 반응을 통해 내담자는 자신이 이미 가지고 있는 감정과 사고를 분명하고, 구체적으로, 자세히 생각하는 과정을 밟게 된다. 다시 말해서, 상담자의 질문에 답하면서 내담자는 이미 알고 있는 것들을 분명하게 하기도 하고, 구체화하기도 하며, 자신도 모르는 것들을 알게 되기도 하고, 잘못 알고 있는 것을 발견하기도 한다. 내담자는 상담자의 질문에 답하면서 자기 자신과 외부에 대한 생각과 감정을 확장하거나 수정하는 치유적 경험을 한다.

질문 반응의 방법

질문 반응의 두 가지 유형 중에서 생략되어 있어서 분명하게 혹은 구체적으로 파악하고자 할 때 사용하는 '구체화 질문'이 실제 어떻게 사용될 수 있는지를 예를 통해 살펴보자.

예 엄마의 지갑을 훔친 초등학교 5학년 내담자

내담자: 이젠 전부 다 버리고 공부만 할 생각이에요.

상담자: '전부 다' 버린다는 게 무엇을 버린다는 거지? (내담자의 말에서 '전부 다'가 무엇을 뜻하는지 분명치 않다. 많은 내용이 생략되어 있기 때문이다. 따라서 구체화 질문에서는 '전부 다'가 무엇을 뜻하는지 질문하는 것이다. 이 질문에 답하면서 내담자는 자신이 생각하는 '전부 다'가 무엇인지를 스스로 명확하게 할 수 있다.)

질문의 두 번째 유형은 탐색적 질문이다. 내담자의 감정, 사고, 추가 정보를 탐색적으로 규명하는 질문이다.

예 엄마의 지갑을 훔친 초등학교 5학년 내담자

내담자: 엄마와 저 사이에 신뢰는 어느 정도 있긴 하겠죠. 근데 거의 없다고 보시면 돼요.

상담자: 어느 정도는 있다고 생각하는구나.

내담자: 하지만 거의 없어요. 왜냐하면 제가 엄마에게 신뢰감을 줘도 엄마가 못 느끼고, 엄마가 제게 신뢰감을 줘도 제가 못 느끼고.

상담자: 네가 엄마에게 신뢰감을 줘도 엄마가 못 느낀다는 거에 대해서 좀 더 자세히 얘기해 줄래? (내담자 반응 중에서 어떤 부분의 생략을 찾기보다 내담자의 생각을 보다 깊이 규명할 의도를 지닌 탐색적 질문이다.)

질문 반응을 위한 지침

'질문 반응을 왜 하는가?'에 대해서 분명히 한다

상담자는 스스로 "질문을 왜 하는가?"에 대한 답을 알고 있어야 한다. 그렇지 않으면 질문은 단발적으로 이루어지거나 단지 몇 가지 정보를 알아내는 데 그치게 되기 때문이다. 효과적인 질문이란 내담자가 지금까지 살아오면서 한 번도 생각해 보지 않았던 부분을 상담자의 질문을 통해 생각해 봄으로써 자신과 주변에 대한 이해를 확장하도록 하는 것이다. 상담자는 자신의 질문이 이러한 목적을 수행하고 있는지 끊임없이 확인해야 한다.

대답을 듣지 못해도 질문 반응은 효과가 있다

상담자의 질문 반응은 쉽게 대답하기 어렵다. 성인 내담자에게도 그러하니, 학생 내담자는 더더욱 그럴 수 있다. 상담자는 내담자가 상담자의 질문에 대답을 못하거나, 시간이 오래 걸린다고 해도 조급해하면 안 된다. 상담자의 질문은 대체로 처음 듣는 경우가 많기 때문에 내담자는 어려울 수밖에 없기 때문이다. 상담자는 내담자가 대답을 하지 않더라도 반드시 답하도록 요구하지 않아야 한다. 대답을 기다리고, 대답할 수 있도록 다른 표현으로 질문하며, 때로는 단서들을 통해 대답을 조금 더 할 수 있게 돕는다. 내담자가 그래도 대답하지 않거나 못할 때는 다음 기회에 다시 생각해 보도록 한다. 질문에 답을 듣는 것은 다음 기회에도 가능하고, 답을 듣지 못해도 질문 자체만으로 내담자는 무엇이 중요한지를 인식할 수 있기 때문이다.

침묵 다루기

내담자는 상담시간에 흔히 말을 하지 않는 경우가 있다. 상담자는 내담자의 침묵에 대해서 기다리고, 수용하는 것이 필요하다. 내담자가 말을 하지 않을 때에도 상담자가 묵묵히, 온정 어린 관심과 편안한 태도로 기다려 주면 내담자는 자신의 내면을 탐색하여 얘기를 다시 시작할 수 있다. 오히려 상담자가 불안해 하면서 침묵을 깨거나, 내담자가 침묵하는 이유를 조급하게 탐색하려고 하면 내담자는 자신의 내면을 깊이 있게 들여다보는 것이 어렵다.

초등학생과의 상담에서는 흔히 침묵이 발생한다. 아동기에 해당하는 내담자는 언어를 통해 자신을 표현하는 것이 서툴고, 상담자의 질문은 자신을 탐색해야 하는 것들로서 그간 한 번도 생각해 보지 못한 것이기 때문에 내담자는 침묵을 선택할 수 있다.

침묵 다루기 방법

내담자가 침묵할 때 상담자는 충분히 기다려 준다. 상담자가 충분히 기다려 주었음에도 불구하고 내담자가 여전히 침묵을 한다면 상담자는 몇 가지 접근 방법을 시도해 볼 수 있다. 첫째, 내담자가 침묵 전까지 얘기한 내용을 정리해서 말해 주거나, 내담자의 말 속에 나타난 감정을 중심으로 공감 반응을 하면서 내담자로 하여금 말을 할 수 있는 단서들을 제공한다. 둘째, 그래도 내담자가 얘기를 꺼내지 않으면 침묵을 하는 이유를 탐색하는 것이 좋다("지금 무슨 생각을 했니?" "침묵이 조금 있었는데 마음이 어땠니?"). 이 두 가지 경우 모두 명심해야 할 것은 상담자가 먼저 상담의 주제를 바꾸지 않는 것이다. 침묵 다루기의 예는 다음과 같다.

예 수업 중에 돌아다니고 친구들과 다툼이 잦은 초등학교 3학년 내담자

상담자: 수업 시간에 선생님 말씀을 따르는 것이 ○○는 어떠니?

내담자: 선생님 말씀 잘 따르는데요?

상담자: 그렇게 생각하는구나. 최근 수업 중에 여러 번 돌아다녀서 좀 문제가 되었었지?

내담자: 그건 저쪽에 앉은 친구가 뭘 달라고 해서 가져다 주려고.

상담자: 그런 이유가 있었구나. 하지만 그때 말고도 여러 번 비슷한 일이 있었는데 그 일은 어떻게 생각해?

내담자: …. (침묵)

상담자: **○○는 지금 무슨 생각했어?**

만약 내담자가 침묵을 끝내고 얘기를 시작하기는 했으나, 침묵 전에 얘기했던 내용과 다른 주제를 꺼내면 그때는 내담자의 주제를 따라가되, 그 주제가 바로 직전에 하던 내용과 어떻게 관련되는지 물어야 한다. 연결이 된다면 어떻게 연결이 되는지, 관련이 없다면 왜 관련 없는 얘기를 꺼내게 되었는지 좀 더 탐색한다.

예 수업 중에 돌아다니고 친구들과 다툼이 잦은 초등학교 3학년 내담자

상담자: 수업 시간에 선생님 말씀을 따르는 것이 ○○는 어떠니?

내담자: 선생님 말씀 잘 따르는데요?

상담자: 그렇게 생각하는구나. 최근 수업 중에 여러 번 돌아다녀서 좀 문제가 되었었지?

내담자: 그건 저쪽에 앉은 친구가 뭘 달라고 해서 가져다주려고.

상담자: 그런 이유가 있었구나. 하지만 그때 말고도 여러 번 비슷한 일이 있었는데 그 일은 어떻게 생각해?

내담자: …. (침묵)

상담자: ○○는 지금 무슨 생각했어?

내담자: 그런데 제가 상담받는 거 다른 애들이 알아요?

상담자: **상담받는 거 친구들이 아는지가 궁금하구나. 그런데 우리가 수업 중에 ○○가 돌아다니는 문제에 대해 지금 얘기하고 있었잖아. ○○는 상담받는 거 친구들이 아는지가 갑자기 왜 궁금해졌니?**

침묵 다루기를 위한 지침

내담자가 침묵할 때 기다리는 것이 유난히 힘들 때는 상담자 자신을 탐색한다

내담자가 침묵할 때 상담자가 기다리는 것이 힘들 때는 무엇 때문에 이렇게 침묵을 기다리는 것이 힘든지 스스로 탐색해 본다. 침묵이 내담자를 불편하게 만들고 있는 것 같아서인지, 침묵이 있다는 것은 상담자가 상담을 잘 진행하지 못한다고 생각하는 것은 아닌지, 침묵을 견디는 불편함이 어디에서 오는지를 탐색함으로써 상담자는 자신을 돌아볼 수 있다.

내담자가 자주 침묵을 한다면 상담시간에 대한 내담자의 생각을 검토한다

내담자의 침묵이 잦고, 상담자의 어떤 시도에도 달라지지 않는다면 내담자의 상담동기를 검토할 필요가 있다. 상담에서 다루는 주제와 관련된 침묵이 아니라 상담 전체에 대한 동기부족이나 불만, 혹은 상담자에 대한 불편함이나 불만이 있을 수도 있기 때문이다. 상담자는 이러한 가능성을 조심스럽게 탐색한다. 내담자의 침묵이 계속되고, 이를 탐색하는 과정이 어렵기는 하지만, 오히려 이를 통해 내담자의 보다 깊은 내면이 드러날 수 있고, 이는 내담자의 변화를 위한 중요한 계기가 될 수 있다.

게임이나 그림 등의 다른 수단도 고려한다

내담자의 침묵이 자주 있고, 상담자의 여러 가지 노력에도 침묵이 지속된다면 언어상담 이외의 방법을 고려해 본다. 보드게임, 인형, 그림 등 매체를 사용한 상담은 언어상담을 어려워하는 내담자에게 좋은 대안이 될 수 있다. 매체를 사용하여 상담을 하면서 내담자가 언어로 자신의 생각과 감정을 표현하는 것이 익숙해지면 언어상담의 비중을 높여 나가면 될 것이다.

생각해 볼 문제

1. 탐색은 내담자가 상담시간 이외에는 한 번도 생각하지 않은 것들을 생각하고, 상담시간이 아니었다면 느낄 수 없었던 감정을 느낄 수 있는 기회를 제공해야 한다. 상담자, 내담자 역할연습을 통해 상담자는 탐색을 연습하고, 내담자가 이러한 경험을 했는지 확인한다. 만약 그렇지 않다면 어떤 이유에서 이루어지지 않았는지, 만약 그런 경험을 했다면 상담자의 어떤 반응을 통해서 가능했는지 토의해 보자.
2. 자신에게 탐색이 잘 안 되는 내용, 주제, 영역이 있는지 생각해 보자. 만약 상담자의 목적하에 탐색을 안 한 것이 아니라, 의도치 않았는데 탐색을 안 했거나, 탐색하려고 해도 잘 되지 않았다면 그 부분은 상담자 자신의 문제와 관련이 될 수 있다. 상담자의 자기검토를 통해 탐색이 왜 안 되는지에 대한 이해가 필요하다.

추천도서

신경진(2015). 상담의 과정과 대화기법. 서울: 학지사.
이동렬, 유성경(2016). 상담의 디딤돌. 서울: 학지사.

제9장

통찰과 변화를 위한 면접기법

- 상담 중기 과제
- 직면
- 해석
- 자기개방
- 즉시성
- 정보제공과 조언

학교에 오면 항상 외톨이던 민호가 친구들과 잘 지내고 싶은 속마음을 얘기해 주어 기뻤다. 그리고 상담을 통해 친구를 잘 사귀는 사람이 되고 싶다고 결심할 때까지 잘 이끌어 온 것 같다. 민호도 수고했고 나도 수고했다. 사실 지금까지 내가 했던 건 잘 들어 주는 것이 전부였던 것 같다. 그렇지만 친구들에게 다가가고 친밀감을 형성하고 때로는 생겨날 갈등을 해결하고 그 과정을 이겨 낼 아이로 성장시키려면 잘 들어 주는 것만으로 부족하다. 민호의 변화를 촉진하기 위해 상담자인 나는 앞으로 어떻게 대화에 임하고 어떻게 말해야 하는 걸까? 지금까지 상담을 하면서 민호는 너무 말수가 적기도 하지만 타인에 대한 관점 채택이 되지 않아 관계에서 어려움을 겪는 것은 아닐까라는 가설을 세웠다. 형제가 없는 아이들이 흔히 보이는 모습이긴 하지만 민호는 조금 더 심한 경우다. 그렇지만 이런 민호의 단점을 지적하면 안 될 것 같은데, 그렇다고 그냥 넘어가면 문제는 해결되기 어려울 테고….

상담 중기 과제

상담 중기는 관계 형성과 호소문제에 대한 파악을 통해 설정한 상담목표를 성취하기 위한 여러 가지 노력을 기울이는 과정이다. 상담을 위한 신뢰로운 관계를 형성하고 어떤 점이 달라지면 나아질 것이라는 목표를 찾는 것은 쉽지 않은 과정이다. 그래서 초기 관계 형성과 탐색의 시기 동안 많은 에너지를 쓰면서 피로감도 느끼고, 문제와 해결책이 명료해져 안도감을 느끼면서, 상담자와 내담자는 자칫 해야 할 일을 다 한 것처럼 생각하기 쉽다. 부적응 또는 문제가 무엇인지 모른 채 힘들 때는 그 문제에 대한 이해만으로도 한결 마음이 가벼워지고 문제가 해결된 것처럼 느껴지기도 한다. 그러나 아직 적응 또는 문제해결을 위한 긴 여정이 남아 있고, 상담 중기의 중요한 과제는 바로 내담자 자신의 변화다.

상담 중기에는 내담자가 가지고 있던 지금까지의 생각, 감정, 행동, 나아가 환경의 측면에서 변화를 시도하고 점검하고 공고화하는 작업을 해야 한다. 이 과정에서 명료했던 문제가 다시 혼란스럽게 다가오거나 새로운 문제가 발견되기도 하고 적응상태가 더 후퇴하기도 한다. 또한 저항이 나타나 상담의 진행이 어려워질 수 있다. 저항은 상담에 참여하지 않으려는 내담자의 태도로 프로이드(Freud)가 분석 작업 과정을 방해하는 내담자의 행동에 대해 처음으로 언급한 것으로 알려져 있다. 우리나라 초보상담자들이 경험한 청소년들의 저항은 문제인식의 거부와 상담의 거부가 대부분 나타나고 언어적 회피, 비언어적 회피, 행동적 회피 등으로 표현된다고 한다(배라영, 최지영, 2012). 저항은 상담의 모든 단계에서 나타나지만, 변화를 위한 시도를 하게 되는 상담 중기에는 특히 저항이 많이 나타난다. 이와 같이 목적지와 경로를 정하고 만반의 준비를 해 여행을 떠나지만, 여행의 과정에는 여러 가지 장벽이 기다리고 있다. 때로는 여정과 목적지를 변경하기도 하는 것처럼 상담 중기는 순탄하지 않다. 따라서 내담자의 변화를 촉진하는 상담 중기에는 초기와는 다른 상담 기술이 요구되는데 그 대표적인 기법을 살펴보면 다음과 같다.

직면

직면은 내담자가 알아차리지 못하고 있는 생각, 감정, 행동을 표면화해 다루어 변화를 촉진하는 기법이다. 직면은 인정하고 싶지 않은 자신에 대한 자각, 문제에 대한 책임감 획득, 감정에 대한 깊은 이해, 방어의 극복 등을 통해 변화를 촉진한다. 내담자가 보이는 행동이나 말의 불일치에 대해 직접 언급하는 것으로, 변화를 위해 필요하지만 내담자를 비난하거나 위협하는 것처럼 전달될 수 있으므로 유의해야 한다. 직면이 효과적으로 이루어지면 내담자가 이를 수용하고 새로운 행동으로 나아가게 되지만, 효과적으로 전달되지 못하면 오히려 내담자는 상처를 받거나 부정하고 상담을 그만둘 수 있다. 문제를 인식하기는 하지만 어떠한 변화도 보이지 않는다면 역시 직면이 효과적으로 이루어졌다고 보기는 어렵다.

불일치에 대한 직면

직면을 가장 많이 사용하게 되는 경우는 내담자가 행동이나 말에서 불일치를 보일 때다. 내담자가 말한 내용 사이에서 모순이 나타날 수 있고, 내담자의 말과 관찰된 행동 사이에서 모순이 나타날 수도 있으며, 내담자가 서로 모순된 감정을 보고할 수도 있다. 예를 들면, 학교에 지각이나 결석을 하지 않았다고 하면서 무단지각을 해서 꾸중을 들은 이야기를 하거나, 괜찮다고 하면서 불편한 표정을 짓고 있거나, 동생에 대해 싫은 감정과 좋은 감정을 모두 표현하는 경우다.

또한 이러한 불일치의 배경에는 저항이나 방어나 비합리적 신념이 자리 잡고 있을 수 있다. 누구나 동생이 좋으면서도 미운 양가감정(감정의 불일치)을 가질 수 있는데, 이것을 알아차리거나 인정하지 못하는 내담자의 경우 '동생을 사랑해야만 한다.'는 비합리적 신념 때문일 수 있다. 또는 상담을 열심히 받는 것이 좋다고 말하면서 자꾸 상담시간을 잊고 집에 가 버리는 말과 행동의 불인치는 상담에 대한 저항을 나타내기도 한다. 이러한 내면적 불일치는 그 자체가 내담자를 인지적 부조화에 빠뜨리고 있으므로, 직면을 통해 이를 분명히 하고 혼란을 극복할 수 있도록 도와야 한다. 그러나 한번 불일치가 일어났다고 해서 바로 직면하기보다는 비교적 반복되면서 현재 내담자가 겪고 있는 문제와 밀접히 관련될 때 사용한다.

직면의 방법

직면은 일반적으로 불일치한 두 가지를 그대로 병렬해 표현하는 것으로 이루어진다. 가능한 한 구체적이고 객관적으로 표현하고 단정짓기보다 가설적으로 제시한다. 불일치에 대한 직면의 언어반응은 다음과 같이 이루어지는 경우가 많다.

- "한편으로는 __________하면서도, 다른 한편으로는 __________하나 보네요."
- "__________라고 이야기하지만, 또 __________라고도 이야기하는 것 같아요."

- "__________라고 이야기하지만, 겉으로 __________처럼 보이네요."
- "영주에 대해 __________게 느끼기도 하고 __________게 느끼기도 하나 봐요."

예 예전에 절친이었던 친구에게 양가감정을 느끼는 내담자

내담자: 주희만 생각하면 화가 나요.

상담자: 지난번 만났을 때 상담을 통해서 친구관계가 좋아졌으면 좋겠다고 했었지?

내담자: 네, 맞아요. 친구들이랑 잘 지내고 싶어요.

상담자: 그럼 주희와도 잘 지내고 싶은 거야?

내담자: 주희는 절 배신했기 때문에 안돼요. 영원히 미워할 거예요.

상담자: 그래?

내담자: 주희는 제 베프였고, 그땐 정말 좋았어요.

상담자: 그런데 지금은?

내담자: 그때로 돌아가고 싶어요. 절 정말 이해해 줄 아이는 주희밖에 없거든요.

상담자: 너의 얘기를 들어 보니, **주희가 밉기도 하지만 예전처럼 친하게 지내고 싶은 마음도 있는 것 같네.**

불일치 유형과 직면의 예시

- 두 가지 언어적 진술 간의 불일치
  [예] "문제가 없다고 말하면서 그 사람이 당신에게 화가 났다고 말하는군요."
- 말과 행동 간의 불일치
  [예] "좋은 성적을 받고 싶다고 하지만, 대부분의 시간을 파티와 잠으로 쓰네요."
- 두 가지 행동 간의 불일치
  [예] "웃고 있지만, 이를 악물고 있네요."
- 두 가지 느낌 간의 불일치
  [예] "동생한테 화가 났다고 하지만, 다른 사람이 동생을 알아 주는 게 좋군요."

- 행동과 가치 간의 불일치

[예] "다른 사람의 선택을 존중한다고 하면서, 낙태는 잘못된 것이라고 확신시키려고 하는군요."

- 자신의 인식과 경험 간의 불일치

[예] "아무도 좋아해 주지 않는다고 했지만, 점심 초대를 받았다고 하네요."

- 이상적 자아와 실제적 자아 간의 불일치

[예] "목표를 달성하고 싶다고 하면서도 할 수 없다고 말하고 있네요."

- 상담자와 내담자의 생각 간의 불일치

[예] "열심히 하지 않는다고 말하지만, 내가 보기엔 최선을 다하고 있어요."

출처: Hill(2012). **상담의 기술**, p. 261.

효과적 직면을 위한 지침

직면은 자신의 문제에 대한 통찰을 이끌어 변화로 나아가게 하는 중요한 과정이지만, 잘 활용하지 못하면 오히려 내담자에게 상처를 주거나 상담에 대한 신뢰를 잃게 만들 수 있다. 따라서 상담자는 다음의 지침을 지켜 직면의 효과를 최대화해야 한다.

직면의 적절한 시기에 유의한다

내담자가 보이는 불일치가 나타날 때마다 직면을 사용하기보다 가장 효과적인 시기를 고려해야 한다. 먼저 고려할 점은 불일치를 다루는 것이 내담자의 변화에 도움이 될 것인가다. 상담자의 직면을 그대로 받아들일 수 있을 만큼 신뢰로운 관계 형성이 되고, 직면의 내용에 대해 수용할 수 있을 만큼 마음의 준비(자아강도)가 되어 있을 때 사용해야 한다. 상담자의 직면에 대해 내담자가 무시하거나 부정한다면, 아직 직면을 위한 적절한 시기가 아닐 수 있으므로 준비될 때까지 더 기다릴 수 있어야 한다. 또한 상담자들이 유념해야 할 직면의 시기는 불일치가 나타난 즉시 전달되어야 한다는 점이다. 이전 회기 또는 한 회기 중 한참 전에 얘기한 것에 대해 언급하기보다는 지금 상담자가 듣고 관찰한 것에 근거해 직면하는 것이 바람직하다.

예

"성수는 처음 만났을 땐 자신감이 있어 보였는데 부족하다고 말할 때가 많네."
(이미 지난 반응을 떠올리는 내용으로 바람직하지 않음.)

⇨ "성수는 이번에 성적이 많이 올랐다고 하면서도 부족하다고 말하는구나."
(같은 내용을 다루더라도 내담자가 보인 불일치 반응 직후에 언급함.)

가능한 한 구체적으로 표현한다

직면은 내담자의 실제 행동이나 말을 인용해 구체적으로 표현해야 한다. 구체적인 근거 없이 상담자의 추측이나 판단에 의존한다면 내담자는 이를 수용하기보다 자신이 평가받고 있다고 느낄 수 있기 때문에 직면의 효과가 나타나기 어렵다. 내담자의 행동이나 말을 근거로 표현할 때 내담자도 쉽게 이해하고 수용할 수 있다.

예

"선생님이 보기에 현수는 감정을 감추고 있는 것 같구나."
(추상적이고 추측한 내용으로 바람직하지 않음.)

⇨ "현수는 기분이 좋다고 말하면서 얼굴은 시무룩해 보이네."
(상담자가 관찰한 내용을 그대로 표현해 구체적인 근거가 제시됨.)

직면이 단점에 대한 지적이 되거나 들켰다 또는 발각되었다는 느낌을 주어서는 안 된다

직면은 내담자 자신이 잘 알아차리지 못하고 있던 부분에 대해 언급하기 때문에 자칫 상담자의 직면이 내담자를 평가하거나 비난하는 것으로 여겨질 수 있다. 특히 단점을 지적하거나 감추고 있는 걸 알고 있다는 식으로 전달할 경우 직면의 효과를 거두기 어렵고 오히려 내담자에게 마음의 상처를 줄 수 있다.

예

"진희는 불편하면 말을 안 하는 버릇이 있는데 그건 고쳐야 해."
(단점을 지적한 내용으로 바람직하지 않음.)

⇨ "진희가 말을 잘 할 때도 있고 말을 하지 않을 때도 있는 것 같아."
(내담자의 불일치 행동만을 언급하고 그에 대한 어떤 평가도 제시하지 않음.)

예

"그렇게 마음을 감추고 있어도 선생님은 진희가 화가 났다는 걸 알 수 있어."
(감추고 있다고 지적해 들켰다는 느낌을 받게 하는 내용으로 바람직하지 않음.)

⇨ "진희는 괜찮다고 말하지만 목소리에서는 화가 많이 난 것처럼 느껴지는구나."
(상담자가 관찰한 내용을 가설적으로 표현함.)

직면 후 내담자 반응에 주의하면서 다음 단계로 나아간다

직면의 목적은 내면의 불일치를 극복하고 더 적응적인 상태로 나아가기 위한 것이다. 따라서 직면에 대한 내담자의 반응에 주의하면서 목표를 향해 나아가야 한다. 이를 위해 경청, 감정의 반영, 공감, 개방적 질문을 통해 더 탐색한다. 또한 잘못 제공된 직면이 있다면 여기에서 작업을 다시 시작한다. 직면이 언제나 효과를 발휘하는 것은 아니기 때문에 직면에 대한 내담자의 반응에 주의를 기울이면서 효과가 없었다면 다시 새롭게 접근해야 한다. 내담자가 직면을 부정한다면 더 탐색이 필요함을 의미한다. 탐색의 과정을 통해 상담자는 자신의 가설을 바꾸거나 불일치의 근거를 더 확보할 수 있고, 내담자는 직면에 대한 준비도를 높일 수 있다.

예

"성우는 아니라고 하지만 이 부분을 받아들이지 못하면 나아지기 힘들 거야."
(내담자의 부인에도 상담자의 가설을 강요하는 것으로 바람직하지 않음.)

⇨ "성우는 그렇게 생각하지 않는구나. 선생님 얘기 듣고 기분이 어땠니?"
(내담자의 부인을 인정하고 감정 탐색을 위해 질문함.)

해석

해석은 서로 분리되어 있는 것처럼 보이는 이야기를 연결해 내담자가 겪고 있는 문제(또는 증상)에 대한 의미, 원인, 설명을 제공하는 기법으로 내담자가 새로운 방식으로 자신의 문제를 바라보고 해결해 나갈 수 있게 돕는다. 해석은 프로이트(Freud)가 정신분석에서 핵심적으로 사용했던 기법에서 유래한다. 정신분석에서는 무의식에 존재하는 아동 초기의 갈등을 현재 경험하는 문제의 원인으로 보고 이를 의식화할 수 있도록 도와 내담자의 통찰을 이끈다. 이후 여러 상담 및 심리치료 접근에서 해석이 활용되고 있고, 해석을 위한 개념화나 접근에서 다소 차이를 보이지만 해석이 변화를 촉진하는 중요한 단계라는 점에서는 다르지 않다. 해석은 내담자가 보고한 내용이나 사건들의 연결점(또는 인과관계)을 찾아 주는 것과 함께 반복되는 생각 · 감정 · 행동 패턴의 제시, 방어 · 저항 · 전이에 대한 설명, 자신과 자신의 문제를 이해할 새로운 틀의 제공 등을 포함한다(Hill, 2012). 이러한 해석은 내담자로 하여금 자신이 겪고 있는 문제에 대한 깨달음, 즉 통찰을 제공하고 변화에 대한 동기를 높여 주기 때문에 상담에서 중요한 역할을 한다. 그러나 상담자가 제공한 해석은 확정된 사실이기보다는 하나의 가설이라는 점에 상담자와 내담자가 모두 유의해야 한다.

해석의 방법

해석은 현재의 문제나 생각, 감정, 행동 및 관계 패턴의 의미와 원인을 과거의 경험과 연결시켜 주는 방식으로 제공되는 경우가 많다. 해석의 유래가 정신분석에 있기 때문이기도 하지만, 인과관계의 원인과 결과는 시간적인 측면에서 볼 때 원인이 결과에 선행하기 때문이기도 하다. 따라서 해석을 위해 내담자가 겪고 있는 문제나 증상 이전에 있었던 일과 그 기억에 대한 탐색이 필요하다. 상담자는 탐색적 질문과 경청을 통해 해석의 단서들을 확보하면서 가설을 세워 나가고 이 과정에서 내담자 역시 자신의 문제의 원인과 결과에 대해 생각해 볼 수 있게 된다. 바로 해석의 토대가 마련되는 것이다.

해석은 문제의 원인과 결과에 대해 직접 언급하는 것으로 제공되는데, 단정적으로 말하기보다는 가설의 형태 또는 질문의 형태로 표현하는 것이 효과적이다. 예를 들면, "집에서 화난 걸 학교에서 친구들에게 풀고 있구나."라고 하기보다는, "집에서 화난 것과 친구들에게 욕하는 것이 어떤 관련이 있을지 궁금하구나." 또는 "집에서 화를 많이 참아야 하니까 친구들한테 더 화를 내는 건 아닐까?"라는 식으로 전달하는 것이 바람직하다.

예 엄마와의 갈등으로 학습 동기가 저하되고 있다는 내담자

내담자: 엄마는 저한테 공부하라는 말밖에 안 해요.

상담자: 엄마가 공부를 강조하는 이유가 뭘까?

내담자: 친척들이나 동네 사람들한테 자랑하고 싶어서예요.

상담자: 지호가 공부를 잘하는 게 어머니에겐 자랑거리구나.

내담자: 제가 반에서 1등을 한 적이 있었는데 엄청 신나 하면서 동네방네 소문냈어요.

상담자: 부모님들은 1등 하면 좋아하시지. 그런데 지호는 그게 싫었나 보네.

내담자: 내가 공부한 건데 왜 자기가 난리예요. 전 힘든데 엄마만 신나서 그러는 거 더 싫어요. 제가 엄마 신나라고 공부하는 것 같거든요.

상담자: 지호의 얘기를 들어 보니, **지호가 성적이 좋을 때 엄마가 좋아하시는 거랑 지호가 공부하기 싫은 거랑 관련이 있는 건 아닐까?**

내담자: 그렇게 생각해 본 적은 없는데… 그냥 공부가 하기 싫거든요.

상담자: **지호가 엄마한테 화가 나서 엄마가 하라는 공부를 하기 싫은 건 아닌지 한번 생각해 보자.**

해석 이후의 진행

상담자가 제시한 해석에 대해 내담자가 수긍하기도 하지만 부인할 수도 있다. 상담자가 충분한 단서를 가지고 세운 가설이라면 조금 다른 방식으로 해석을 다시 제공할 수 있다. 그러나 내담자가 계속 부인한다면 상담자의 해석을 강요하기보다는 해석의 정확성에 대해 검토해야 한다. 때로는 내담자가 보고한 내용이 왜곡된 기억일 수 있기 때문에 해석의 정확성을 파악하기 어려울 수 있다. 어떤 경우이든 탐색을 계속하면서 보다 정확한 가설을 세우고, 해석을 받아들일 내담자의 준비도도 높여야 한다.

해석이 효과적이었다면 내담자는 해석에 대해 새로운 정보와 가설을 내놓기도 한다. 이러한 성찰과 통찰이 촉진될 수 있도록 공감하고 탐색적 질문을 추가하는 것이 필요하다. 이를 통해 처음의 해석 내용은 더 깊이 있게 정교화되어 보다 정확하고 새로운 해석으로 재구성된다. 그리고 내담자와 함께 도출한 해석은 내담자의 통찰과 변화를 더욱 촉진한다. 뿐만 아니라 해석의 내용은 내담자가 가진 다른 문제 또는 증상에 대한 설명으로 확장될 수 있다. 예를 들면, 예전 왕따 경험은 현재 겪고 있는 학교에 대한 반감만이 아니라 또래관계에서의 위축, 분노조절 문제, 교사와의 갈등 등의 원인일 수 있다. 이렇게 해석을 확장해 가면서 내담자의 자기이해와 변화 동기를 높여 효과적인 상담으로 이끌 수 있다.

해석의 유형별 예시

- 서로 분리된 진술, 사건, 문제 간의 연결을 형성하는 해석
  [예] "어제의 모임에서 느꼈던 감정과 평소에 학과 친구들과의 관계에서 느끼는 감정이 서로 관련되나요?"
- 행동이나 감정에서 드러나는 주제나 패턴을 지적하는 해석
  [예] "열심히 하지 않거나 좋은 성과를 거두지 못하면 다른 사람들이 좋아하지 않을까 봐 두려워하는 것은 아닌지요?"
- 방어, 전이, 저항에 대한 해석
  [예] (이전 내담자를 보낼 때는 웃어 주었는데 자신을 보고 웃지 않았다고 하는 내담자 말에 대해) "상담이 바로 이어져서 지난 시간 너랑 상담한 내용을 읽고 있었어. 혹시 그렇게 느끼는 건 네 어머니에 대한 감정 때문은 아닐까?"
- 현재의 사건이나 경험, 느낌을 과거와 관련시키는 해석
  [예] (취업준비, 전공관리, 자격증 준비 등 아무것도 못하고 있다고 하는 내담자 말에 대해) "중학교 때 아버지의 사업 실패로 집안 사정이 어려워지면서 학원을 못 다니게 되었고 그러면서 성적이 급격히 떨어지게 되었다고 했는데, 그 일과 관련이 있을까?"
- 감정, 행동, 문제에 대한 새로운 틀을 제공하는 해석
  [예] "남편과 같이 있는 것이 너무 싫다고 하지만, 어린 시절 아버지가 떠난 것처럼 남편이 언젠가 떠날지 모른다는 두려움 때문에 미리 멀리하는 것은 아닌지 생각되네요."

효과적 해석을 위한 지침

해석은 문제의 원인을 인식하고 해결책을 구상하게 된다는 면에서 상담의 진전을 크게 가져올 수 있지만, 상담자에 의해 일방적으로 제공될 경우 오히려 상담을 방해할 수 있으므로 주의를 요한다.

전문가 권위의 남용이 되지 않도록 주의한다

내담자는 상담자를 자신보다 훌륭하고 자신이 겪고 있는 문제의 해답을 제공해 줄 권위자로 지각하기 쉽다. 상담자에게 해석을 요구하기도 하고, 상담자가 제시한 해석을 절대적으로 믿고 따를 수 있다. 초보상담자는 이러한 내담자의 요구에 부응하려고 노력하거나 절대적 신봉에 우쭐해 할 수 있다. 내담자의 이해가 수반되지 않은 채 일방적인 전문가의 통보로 해석이 진행될 경우, 해석을 통해 변화로 나아가는 진전을 기대하기 어렵다. 따라서 멋진 해석을 제공하기 위해 전문적 지식에만 의존하기보다 내담자의 이야기에 귀기울이며 그 속에 이미 존재하는 인과관계와 해결책을 발견하는 노력이 필요하다.

한 시점에서의 가설이고 잠정적 해결책임을 상담자와 내담자가 함께 숙지한다

가설이란 검증이 필요하다는 것을 의미하고, 잠정적 해결책이란 언제라도 새로운 해결책으로 대체할 수 있음을 의미한다. 상담은 어느 한 시점에서 문제를 정의하고 해결책을 선정해 달려가는 직선적 과정이 아니라 가설을 세우고 그것을 검증하고 다시 새로운 가설을 세우는 순환의 과정임을 잊지 말아야 할 것이다.

해석은 변화의 출발점일 뿐이라는 점을 명백히 한다

문제의 원인 또는 변화의 걸림돌을 파악하고 가능한 해결책을 찾았다는 것은 해결을 위한 준비가 완료된 것을 의미한다는 점을 명심해야 한다. 자신이 겪고 있는 문제에 대해 이해하게 되고 어떻게 달라져야 할지 알았다는 것은 상담에서 큰 진전임은 분명하다. 그러나 상담의 목표는 행동의 변화를 통해 더 나은 적응상태에 도달했을 때 성취되는 것이기 때문에 많은 여정이 남아 있음을 잊어서는 안 된다.

자기개방

자기개방은 상담자 자신의 개인정보, 생각이나 감정, 관련 경험 등을 내담자에게 얘기하는 것으로 상담 초기에는 신뢰로운 관계 형성을 촉진하고 상담 중기에는 자기개방의 촉진, 자신과 문제에 대한 이해, 문제해결에 대한 동기 증진, 구체적 문제해결 방식의 채택 등 다양한 역할을 한다. 상담자의 솔직한 자기개방은 내담자에게 믿음을 줄 뿐만 아니라 내담자에게 자기개방의 계기를 마련해 주기도 하고, 어떻게 자신의 속내를 털어놓아야 하는지 시범을 보여 주는 효과도 갖는다. 내담자가 겪고 있는 어려움과 유사한 감정에 대한 개방은 자신만이 어려운 것이 아니라는 안도감을 줄 뿐 아니라, 상담자의 극복 경험을 통해 자신도 극복할 수 있다는 희망을 갖고 변화를 시도하게 한다. 즉, 상담자는 자기개방을 통해 내담자의 자기개방, 새로운 관점 채택, 목표 설정, 문제해결을 위한 시도의 모델의 역할을 하게 된다. 그러나 자기개방을 지나치게 많이 사용할 경우 내담자의 자기탐색을 방해하고 상담자가 주인공이 되어 버릴 수 있으므로 유의해야 한다.

자기개방의 방법

상담자의 자기개방은 "선생님은…"으로 시작해 개인정보, 생각이나 감정, 관련 경험 등을 솔직하게 표현하는 방식으로 제공된다. 어떤 내용을 개방하는

가에 따라 전달 방식이나 개방 정도에서 차이를 보일 수 있다.

개인정보

일반적으로 개인정보는 상담자를 소개하는 초기에 간단히 개방하게 되는데, 상담이 진행되면서 친밀감이 생기면 내담자는 상담자에 대해 더 많은 정보를 알고 싶어 한다. 일상생활에서 친해질수록 상대방에 대해 궁금한 게 많아지는 것과 유사한 현상이다. 개인정보에 대한 개방은 주로 질문에 대한 답으로 제공되는데, 바로 답을 하기보다는 그것이 궁금한 이유에 대한 탐색을 먼저 한다.

예

내담자: "선생님은 남자친구 있으세요?"

상담자: "그럼, 아주 멋진 남자친구가 있지."

(바로 답을 하게 되면 상담자에게 초점을 둔 질의응답으로 이어 갈 수 있음.)

⇨ "선생님한테 남자친구가 있는지 정아가 궁금해하는 이유부터 들어 볼까?"

(질문의 의도에 대해 질문해 내담자의 자기탐색을 촉진함.)

상담자의 사적 정보를 제공하지 않는 것이 아니라 필요성을 먼저 점검해야 한다. 여기에 제시한 것처럼 남자친구가 있느냐는 질문은 내담자들이 많이 하는 질문인데, 그 이유는 다양하다. 어떤 사례에서는 친구들이 알아오라고 시켰기 때문이라고 답하는데, 이 반응은 친구들과의 관계를 더 깊이 탐색할 수 있는 계기가 되었다. 필요에 따라 상담자의 정보를 알려 주더라도 모든 사적 정보를 내담자에게 제공할 필요는 없다. 또한 어떤 정보까지 내담자와 공유할 것인가에 대해서는 기관의 관리지침과 전문가 윤리지침에 따라 제공할 정보의 경계를 정하는 것이 좋다.

개인적 경험

상담자는 내담자가 겪고 있는 문제와 유사한 문제에 대한 자신의 경험을 나눌 수 있다. 그 당시에 상담자가 겪은 부정적인 감정이나 생각 또는 고통은 '문제의 보편화'나 '정서의 타당화'를 제공해 내담자의 탐색과 자기개방을 촉진한다. 즉, 상담자의 경험을 듣고 내담자는 "나만 아니라 누구나 이런 어려움을 겪는구나." 또는 "내가 그때 그렇게 느낀 건 당연하구나."라고 생각하게 된다. 조금 더 나아가 어려움을 극복한 경험에 대한 공유는 극복 과정에 대한 모델로 작용해 변화에 대한 동기를 높이고 문제해결을 촉진한다. 해결을 위해 어떤 행동을 취해야 한다는 걸 알면서도 어떻게 해야 할지 그 결과는 어떨지에 대해 막막할 때, 그것을 이미 극복한 사람의 이야기는 많은 도움이 되기 때문이다. 그러나 상담자에게 개방할 경험이 없다면 자기개방을 사용하기는 어렵다. 단, 동일한 문제가 아니더라도 유사한 문제 또는 유사한 극복 과정을 거친 경험이라면 활용할 수 있다.

예 자신이 다문화 학생임을 숨기고 있는 내담자

내담자: 엄마가 중국인이라는 거 아무한테도 말한 적 없어요. 그래서 엄마도 학교에 안 오고 저도 친구들 집에 초대할 수 없죠.

상담자: 그럼 마음이 많이 불편하겠네.

내담자: 맞아요. 뭔가 숨기고 있는 건… 얘기하면 다들 절 이상하게 볼 것 같아요. 선생님은 이런 적 없으셔서 모르시겠죠.

상담자: 그래, 선생님은 한국에서 태어나 자라서 철수랑 똑같지는 않아. 그래도 **선생님도 비슷한 어려움이 있었어.**

내담자: 그래요? 어떠셨는데요?

상담자: **선생님 부모님이 4학년 때 이혼을 하셨는데 그걸 친구들한테 말 못 하고 있었어. 들킬까 봐 두렵기도 하고, 솔직하지 못한 모습이 미안하기도 하고.**

내담자: 그렇죠? 두렵고 미안한 거, 저만 그런 건 아닌 거죠? 엄마는 제가 문제라

고 했어요.

상담자: 당연히 힘들지, 말 못 할 비밀을 갖는다는 건 누구에게나 힘든 일이니까.

내담자: 그래서 선생님은 어떻게 하셨어요?

상담자: **6학년 때 담임선생님께서 용기를 주셔서 친구에게 얘기를 했어.**

내담자: 그때 친구들이 이상하게 보고 그러진 않았나요?

상담자: **나도 그게 두렵긴 했는데, 담임선생님께서 진정한 친구라면 오히려 힘이 되어 줄 거라고 하셨거든. 정말 좋은 친구를 얻는 계기가 되었고.**

효과적 자기개방을 위한 지침

자기개방은 내담자와의 관계 형성, 자기이해, 변화촉진 등 다양한 효과를 가지지만 잘 활용할 때 이러한 효과를 기대할 수 있다. 특히 내담자와 유사한 문제를 경험한 상담자의 이야기는 변화 단계에서 중요한 역할을 하는데, 너무 많고 잦은 자기개방으로 상담의 초점을 흐리거나 내담자에게 부담이 되지 않도록 유의해야 한다.

내담자에게 도움이 되는 경험만 개방한다

자기개방은 내담자의 자기이해와 문제해결을 위해 상담자의 경험을 활용하는 것으로 상담자가 이야기의 주인공이 되지 말아야 한다. 내담자와 같은 경험을 한 적이 있더라도 그 경험에 대한 이야기가 현재 내담자의 자기탐색과 문제해결에 도움이 되는 것이 아니라면 이야기하지 않는 것이 원칙이다.

때로 상담자는 내담자의 이야기를 듣고 자신이 겪고 있는 유사한 문제를 토로하기도 한다. 예를 들면, 상담자가 "정희 어머니만 그러시는 거 아니야. 선생님은 이렇게 다 컸는데도 어머니가 그러셔. 선생님은 어떻게 하면 좋을까?"라고 반응하는 것이다. 이 경우 상담자의 의도는 내담자에게 현재 겪고 있는 문제가 보편적이라 것을 알리고, 새로운 해결책에 대한 아이디어를 다른 사람의 입장에서 구상해 보도록 하는 것에 있다. 그러나 자칫 상담자가 도움이 필요한 사람으로 보일 수 있고, 내담자는 자신의 문제를 잊고 상담자 문제해결을 도와야 한다는 부담을 가질 수 있다. 따라서 이러한 부정적인 결과를 초래할 가능성이 있는 자기개방은 바람직하지 않다.

또한 보다 깊은 공감을 하기 위해 상담자는 자신의 경험을 이야기하기도 하는데, 내담자는 그 이야기에 주의를 기울이면서 자신의 감정에 대한 탐색을 소홀히 할 수 있으므로 주의해야 한다. 예를 들면, 다음 사례의 상담자의 반응은 "선생님도 그러셨어요? 어떠셨나요?"라는 내담자의 반응을 이끌 수 있는데, 상담의 초점이 내담자에서 상담자로 넘어갈 수 있다. 따라서 감정 반영에 충실한 공감을 통해 내담자가 자신의 감정을 더 탐색해 나갈 수 있도록 촉진하는 것이 바람직하다.

예

"선생님도 성적이 많이 떨어져서 힘들었던 때가 생각나네. 그땐 나도 정말 죽고 싶을 정도로 창피했거든. 지금 정희도 그런 심정인 것 같아."

(내담자에 대한 공감보다 상담자의 이야기가 중심이 되어 바람직하지 않음.)

⇨ "정희는 이번 성적을 받고 죽고 싶은 생각이 들 정도로 마음고생이 심했구나."

(감정 반영에 충실한 공감을 통해 자기탐색을 이끌 수 있음.)

자주 사용하지 않는다

상담은 내담자의 이야기를 중심으로 진행되는 대화의 과정으로 상담자는 가능한 한 말을 아껴야 한다. 말을 많이 하는 쪽으로 대화의 초점이 옮겨 가기 때문에 상담자의 말이 많아질 경우 내담자는 자신이 하고 싶은 말을 생각하기보다 상담자가 하는 말을 듣기에 집중하게 된다. 특히 자신과 유사한 경험을 한 상담자의 이야기에는 더욱 관심도 높아져 자신의 이야기는 잊고 상담자 이야기에 빠져 버릴 수 있다. 따라서 상담자는 자기개방을 최소화하고 전반적인 말수도 줄여 내담자가 자신에 대해 집중할 수 있도록 도와야 한다.

내담자에게 부담을 주는 성공경험은 사용하지 않는다

문제의 극복과정에 대한 상담자의 자기개방은 문제해결 방안의 모델을 제공하는 경우가 많다. 그러나 상담자의 극복과정이 내담자에게 너무 어려워 보이면 그 효과를 기대하기 어렵다. 특히 학교상담의 경우 학생인 내담자는 상담자(또는 교사)를 자신과 동등하다고 보기보다 더 훌륭하고 유능한 사람으로 지각하고 있는 경우가 많아, '선생님이니까 그렇게 하셨지. 나같은 사람은 그렇게는 못할 거야.'라고 생각하기 쉽기 때문이다. 이럴 경우 변화 동기를 높이기보다는 오히려 더 좌절하고 포기하게 만들 수 있기 때문에 유의해야 한다. 오래전 연구 결과이긴 하지만, 처음에는 부족했지만 점점 나아지는 극복 모델(coping model)과 처음부터 문제없이 수행을 보인 완수 모델(mastery model)의 효과를 비교했을 때 극복 모델의 효과가 높았다(Thelen, Fry, Fehrenbach, & Frautschi, 1979). 뿐만 아니라 유능한 교사보다는 자신과 유사한 또래의 행동을 더 효과적으로 모델링하고 그 과제에 대한 자기효능감도 높여 주었다(Schunk & Hanson, 1985). 따라서 상담자는 내담자가 자신도 해 볼 수 있을 것 같다는 생각이 들 수 있을 만한 경험을 개방하기 위해 가능한 한 여러 가지 장벽이 있었던 경험과 내담자와 유사한 시기의 경험을 선택하는 것이 효과적일 것이다.

즉시성

즉시성(here & now)은 내담자의 반응에 대한 상담자의 느낌을 솔직하게 피드백하는 기법으로 상담자와 내담자의 신뢰로운 관계 형성을 돕고 대인관계

문제를 다루는 데도 도움이 된다. 즉시성은 상담 협력관계의 주요 요소인 무조건적 수용, 공감, 진정성 중 진정성을 표현하는 방법으로 관계 형성을 촉진한다. 특히 내담자에게 느끼는 부정적인 감정을 표현하지 않는 것은 진정성의 원칙에 위배되는데, 즉시성의 기법을 통해 상담자의 감정을 그대로 표현할 수 있다. 또한 즉시성은 내담자가 상담자에게 보이는 행동이 다른 사람과의 대인관계에서도 그대로 나타날 수 있다는 것을 가정하고, 상담에서 현재 드러나는 상호작용에 초점을 둔다. 내담자는 실제 생활에서 다른 사람으로부터 받을 수 없는 피드백을 상담자로부터 받아 문제해결의 실마리를 찾게 된다. 예를 들면, 다툼이 잦은 내담자의 경우 상담관계에서도 상담자의 기분을 상하게 할 수 있으므로, 그때 바로 이 문제를 다루는 것이 효과적일 수 있다.

즉시성의 방법

즉시성은 상담자의 감정을 전하는 기법으로 주로 나-전달법(I-message)을 사용한다. "경주가 (   )해서 선생님이 (   )해요."라는 형태로 표현된다. 그러나 내담자에 대해 느껴지는 상담자의 모든 감정을 무조건 사용하는 것은 곤란하다. 따라서 내담자에 대한 경청과 그에 대한 자신의 정서적 반응에 대한 인식이 즉시성 사용에 선행되어야 한다. 상담자는 내담자의 반응에 대한 자신의 감정을 표현하기 전에 그 정서적 반응이 타당한가에 대한 점검을 해야 한다. 즉, 자신의 정서에 대한 책임을 다하는 것으로, 상담자 자신이 가지고 있는 문제로 인해 발생한 정서라면 수퍼비전이나 개인상담을 통해 스스로 해결해야 한다. 또한 상담자는 자신이 알아차리지 못한 채 자신의 정서를 내담자에게 투사하거나 의도적으로 부정적인 감정을 감추지 않아야 한다.

즉시성은 그 이후 어떻게 진행하는가도 중요한데, 상담자의 즉시성 반응에 대한 내담자의 반응에 주의를 기울이고 상담관계의 발전과 내담자의 대인관계 방식에 대한 통찰과 변화로 나아갈 수 있도록 이끌어야 한다. 상담자는 자신의 즉시성 반응에 대해 내담자로부터 피드백을 받는데, 내담자가 먼저 반응을 보이지 않을 때는 질문을 사용한다. 그러고 나서 두 사람의 상호작용을 주제로 다루어 상담실 밖 대인관계에서의 생각, 감정, 행동에 대한 탐색과 변화를 촉진한다.

예 자신의 잘못은 인정하지 않는 내담자

내담자: 전 정말 싸우기 싫어하는 사람이에요. 조용히 살고 싶은데 애들도 담임도 다 날 괴롭혀요.

상담자: 어떤 일이 있었는데 그러니?

내담자: 아니 제가 필통을 안 가지고 와서 샤프 좀 썼는데 난리를 치잖아요.

상담자: 빌려 달라고 얘기했고?

내담자: (목소리를 크게 하고 욕까지 하며) 그냥 책상에 있는 거 쓴 거죠. 친구끼리 샤프도 하나 못 나눠 쓰나요?

상담자: **그렇게 목소리를 높이고 욕까지 하니까 선생님 너무 놀랐어. 그리고 기분이 좋지 않은데. 경주는 어때?**

내담자: (여전히 화가 난 채로) 그럼 죄송해요.

상담자: **죄송하다고 말하지만 화가 난 것처럼 보여서 진심으로 느껴지지 않네. 지금 경주 기분은 어떠니?**

효과적 즉시성을 위한 지침

내담자의 행동을 탓하는 방식으로 전달하지 않는다

상담자의 부정적 정서를 일으킨 내담자의 반응은 앞으로 상담을 통해 변화되어야 할 부분일 수 있지만, 그 부분에 대해 비난한다면 내담자가 그것을 수용하기 어렵다. 내담자를 탓하지 않고 상담자의 관점을 솔직하게 표현하는 것이 쉽지 않지만, 최대한 내담자가 수용하기 쉽게 전달되도록 노력해야 한다.

예

"그런 식으로 얘기하면 안 돼. 선생님도 기분이 상하니까 사람들도 싫어하지."
(내담자가 평가받고 비난받았다고 느낄 수 있으므로 바람직하지 않음.)

⇨ "방금 네가 말할 때 공격받고 있다는 느낌이 들었거든. 선생님이 그런 느낌이 었다는 걸 들으니 어때?"
(내담자의 행동에 대한 비난 없이 자신의 감정을 그대로 전달하고, 그에 대한 피드백을 받을 수 있는 질문을 함께 함.)

부정적 감정의 표현에 대한 상담자의 두려움을 먼저 극복한다

상담자는 내담자에게 자신의 부정적 정서를 표현하기 어려울 수 있다. 그 배경에는 여러 가지 이유가 있는데, 자신이 어디에 해당하는지 살펴보고 이를 극복하기 위한 노력을 기울여야 한다. 내담자에 대해 생긴 자신의 부정적 정서를 인정하기 어렵거나('나는 좋은 사람인데 화가 나면 안 돼.'), 부정적 정서 표현으로 인해 내담자가 떠나 버릴 것 같은 불안을 느끼거나('그런 얘기를 하면 상담에 오기 싫을 거야.'), 정서 표현이 약점을 드러내는 것으로 여겨 개방적 의사소통에 익숙하지 않거나('그 정도도 못 참는 사람으로 보이기는 싫어.'), 서로에게 생긴 부정적 정서를 다룰 자신이 없어 표면적인 문제에만 머물고 있거나('좋은 얘기만 하기에도 시간이 없는데, 안 좋은 얘기까지 할 필요 없지.') 등의 가능성이 있다.

상담자에 대한 내담자의 부정적 감정 표현을 수용한다

상담자가 내담자의 반응에 대해 부정적 감정을 가질 수 있듯이 내담자도 상담자에 대해 부정적 감정을 가질 수 있다. 그리고 그것을 직접적으로 표현한다면 그 내용은 상담을 위해 필요하고 내담자는 자신의 역할을 잘 하고 있는 것이다. 그러나 누구나 상대방으로부터 부정적인 피드백을 받을 때 위축되거나 수용하기 어려울 수 있는데, 이를 잘 수용하는 것이 상담자가 해야 할 일이다. 단, 내담자가 느낀 감정이 상담자의 행동이나 반응이 아니라 다른 대상에 대한 정서가 전이된 것이라면 전이 현상에 대해 다루어야 할 것이다. 예를 들면, 상담자의 반응에 화가 난 것이 아니라 상담자가 아버지를 연상시켜 아버지에 대한 미해결된 감정을 표현한 것일 수 있다.

예

"선생님은 그런 의도로 한 얘기가 아니야."

(내담자의 반응을 수용하지 않고 방어하는 반응으로 바람직하지 않음.)

⇨ "그럴 때 꾸중 듣는 것처럼 느꼈구나. 이렇게 솔직하게 얘기해 줘서 고마워. 그리고 무엇보다 미안하고."

(내담자의 부정적 피드백을 수용하고 그에 대한 상담자의 피드백을 제공해 앞으로 이 부분을 다루어 나갈 길을 열고 있음.)

부정적 정서만이 아니라 긍정적 정서에 대해서도 즉시성을 사용할 수 있다

상담에서 주로 문제와 부정적 정서를 다루기 때문에 즉시성을 상담자의 부정적 정서만 표현하는 것으로 오해하기 쉬운데 그렇지 않다. 내담자의 변화를 촉진하기 위해서는 긍정적 정서도 적극적으로 활용해야 하고, 상대방에게 긍정적 정서를 불러일으키는 내담자의 반응이 있다면 여기에 대해서도 즉각적인 피드백을 제공해 더 많이 사용할 수 있도록 촉진한다.

정보제공과 조언

상담자는 내담자의 변화를 촉진하기 위해 필요한 정보를 제공하거나 내담자에게 어떤 것을 하라고 제안하거나 지시할 수 있다. 이러한 상담자의 반응을 정보제공, 직접적 안내, 조언, 지시 등으로 명명하는데, 이 책에서는 정보제공과 조언으로 명명하고자 한다. 비지시적 상담 접근에서는 조언이 내담자의 자기탐색을 막을 수 있기 때문에 가능한 삼가야 한다고 주장하지만, 변화의 촉진을 위해 조언이 필요한 경우도 있다. 예를 들면, 불안이 높은 내담자의 경우 불안의 원인이 되는 비합리적 사고를 다루어 나가는 것과 함께, 불안과 동반된 신체적 반응(숨참, 땀, 경련 등)을 진정시킬 수 있는 이완법에 대해 직접 가르쳐 주는 것(정보제공과 조언)도 필요한 개입이다. 특히, 위기상황에서는 필요한 정보나 조언을 즉각적으로 제공해 위기상황을 벗어날 수 있도록 도와야 한다.

정보제공과 조언의 방법

정보제공과 조언은 내담자에게 필요할 때 제공할 때 효과적인데, 내담자가 정보, 대안, 조언 등을 요청할 때가 적절한 시기라고 할 수 있다. 그리고 내담자가 요구하는 조언(정보와 대안을 포함)을 바로 제공하기보다는 내담자가 가지고 있는 정보나 생각부터 점검한다. 자신의 문제를 해결해 나가는 데 필요한 정보나 대안에 대해 한 번도 생각해 본 적이 없는 내담자는 거의 없다. 또한 최근에는 전문적 정보가 누구에게나 공개되어 있기 때문에 상담자에게 요청하기 이전에 찾아본 정보가 있을 수 있다. 따라서 이 부분부터 점검하는 것이 필요하다. 만약 아무런 정보도 찾아본 적이 없고 대안도 생각해 본 적이 없다면, 그에 대한 탐색부터 하라는 조언을 하는 것이 더 바람직하다. 또한 내담자가 가진 정보 또는 상담자가 가진 정보 한 가지에 의존하기보다는 정보를 수집하고 검토하고 선택하는 작업이 상담을 통해 이루어져야 한다.

다양한 정보제공과 조언의 예시

- 사실적 정보의 제공
  [예] "우울한 기분이 들 때는 힘들겠지만 조금이라도 몸을 움직이는 게 도움이 됩니다. 어떤 걸 할 수 있을까요?"
- 내담자에 대한 피드백(또는 의견)
  [예] "병기는 잘해 주려고 노력하지만, 친구가 오히려 그걸 부담스러워한다면 조금은 다르게 행동하는 게 필요할 것 같네요"
- 보편화
  [예] (자신만 힘든 것 같다고 하는 내담자에게) "누구한테나 쉽지는 않은 일입니다. 지루하고 힘들고 벗어나고 싶은 마음이 드는 건 당연하지요."
- 대안적 관점의 제시
  [예] (절대로 친구를 용서할 수 없다고 말하는 내담자에게) "용서는 상대방을 위해 하는 게 아니라 자기 마음이 편해지려고 하는 거라고 합니다. 그렇게 생각해 보면 어떨까요?"
- 대처전략의 제시
  [예] (아이돌 팬덤 활동 때문에 부모님과의 갈등을 호소하는 내담자에게) "아이돌 팬덤 활동으로 은서가 더 훌륭해지고 있다는 걸 보여 드리면 부모님도 허락하실 거예요."
- 과제 또는 행동에 대한 지시
  [예] (자살충동이 있는 내담자에게) "자살충동이 있을 때는 누구와 꼭 통화부터 해야 해요. 여기(자살서약서)에 적혀 있는 상담자나 부모님께 전화하고, 혹시 전화가 안 되면 1388로 전화하면 돼요. 선생님이랑 약속했으니 꼭 지켜야 해요."

예 살을 빼고 싶지만 행동에 옮기지 못하는 내담자

내담자: 제가 뚱뚱한 거 알거든요. 그래서 친구도 없고. 살을 정말 빼고 싶은데 어떻게 하면 될까요?

상담자: 은수는 어떤 방법이 좋을 거라고 생각해 봤니? **[내담자가 가진 대안 탐색]**

내담자: 엄마는 저녁 먹지 말라고 하셨어요.

상담자: 은수는 어떻게 생각하는데? **[대안에 대한 내담자 반응 탐색]**

내담자: 배고픈 건 못 참을 것 같아요.

상담자: 그래 저녁을 아예 굶는 건 아직 성장기니까 좋지 않은 것 같다. **혹시 간식 중에 좀 줄여 보면 도움이 되는건 없을까? 예를 들면, 탄산음료나 주스 같은 걸 물로 바꿔 보는건 어떨까?**

내담자: 그런 것도 도움이 되나요? 그건 해 볼 수 있을 것 같은데 그걸로 살이 빠질까요? 사실 살 빼려면 운동해야 하는 건 저도 아는데. 전 운동을 정말 못해요. 축구 같은 거 하면 애들한테 민폐가 되니까.

상담자: **운동을 못하니까 친구들이랑 멀어지는 것도 은수의 고민이기도 하지. 조금씩 운동 능력을 키워 보는 방안을 찾아보자.**

효과적 정보제공과 조언을 위한 지침

조언의 내용을 내담자 스스로 말하게 한다

내담자가 해야 할 행동에 대해 상담자가 직접 말하기보다는 내담자가 그 내용을 스스로 말할 수 있다면 더 효과적일 것이다. 상담자는 필요하다고 느껴질 때 바로 조언을 하기보다는 그 전략이나 행동 대안을 내담자 스스로 생각해 낼 수 있도록 촉진할 수 있다. 예를 들면, 누군가와 다투고 난 뒤 그 상황을 불편해 하는 내담자에게 먼저 화해를 요청하라고 직접 조언하기보다는 지금의 불편한 마음에서 벗어나려면 무엇이 필요한가에 대한 내담자의 생각을 먼저 들어 보는 것이다. 먼저 화해를 요청한다는 정도의 대안은 내담자가 충분히 생각해 낼 수 있을 것이다. 스스로 생각해 낸 해결책은 내담자의 자율성과 책임감을 배경에 두게 되어 상담자가 조언한 내용보다 더 큰 힘을 갖는다.

예 집안 사정으로 초등학교 들어가기 전까지 이모와 지냈으며, 시간이 많이 지났지만 여전히 엄마와 애착형성이 안 되고 이모네 식구들을 그리워하는 내담자

〈비효과적 조언〉

내담자: 이모가 많이 보고 싶어요.

상담자: **보고 싶으면 만나 뵈러 가야지.** (상황도 파악되지 않고 내담자의 생각도 파악하지 않은 채 조언을 제공해 효과적이지 않음.)

〈효과적 상호작용의 예〉

내담자: 이모랑 사촌들이 많이 보고 싶어요.

상담자: 언제 뵈었어? 얼마나 자주 뵙니? (내담자의 상황 파악을 위한 질문을 먼저 함.)

내담자: 아뇨, 멀기도 하고. 제가 빨리 적응하라고 안 보내시는 것 같아요.

상담자: 그럼 이모랑 사촌들이 많이 보고 싶을 때는 어떻게 하니? (내담자의 대처행동을 파악하기 위한 질문을 함.)

내담자: (눈물을 글썽이며) 그냥 참아요.

상담자: 그럼 너무 힘들지. 어떻게 하면 그리운 마음을 좀 달랠 수 있을까? (내담자의 전략 또는 대안을 파악하기 위한 질문을 함.)

내담자: **이모네 한번 가고 싶어요.** 부모님께 얘기를 못하겠어요.

상담자: 그럼 부모님께 말씀드리는 게 어려운 거구나. 같이 방법을 생각해 보자.

정보의 직접적 제공보다 정보를 찾는 방법을 안내한다

상담자는 내담자에게 필요한 정보를 제공해 상담의 과정을 촉진할 수 있지만, 그 정보를 활용할 가능성이 낮을 수 있다. 쉽게 얻은 정보보다 자신이 노력해 얻은 정보가 더 내담자의 변화를 촉진하기 때문이다. 노력을 기울인다는 것은 그만큼 더 필요하다는 걸 의미하기 때문에 정보활용의 동기와 밀접히 관련된다. 누구나 자신이 가지고 있는 정보를 다른 사람에게 제공할 때 전문가다워 보인다고 생각하기 때문에 좋은 정보를 주려고만 노력할 뿐 그 정보가 내담자에게 얼마나 절실하게 필요한지 검토하지 않는다. 또한 질문을 할 때마다 바로 정보를 제공할 경우 상담자가 자칫 언제든 편리하게 필요한 정보를 제공하는 사람으로 인식되기 쉽다. 이럴 경우 중요하지 않은 정보를 물어보기만 하거나 상담자에게 의존해 버릴 수 있기 때문에 유의해야 한다.

예

내담자: 제가 키 때문에 친구들이랑 같이 있기 싫은 거죠. 정말 키가 클 수 있을까요? 방법이 있으면 알려 주세요.

상담자: 키가 크려면 잘 먹고 잠을 많이 자야 해.
(직접적으로 정보를 제공하는 것은 효과가 적을 수 있음.)

⇨ "준희는 어떻게 생각하니?" (내담자가 가지고 있는 정보부터 탐색함.)
"키가 크는 정보를 어디에서 찾을 수 있을까?" (정보원에 대해 탐색함.)
"우리에게 좋은 과제가 생겼구나." (정보탐색 시기임을 명료화함.)

너무 많은 양의 정보나 조언은 삼간다

내담자가 감당하기 힘들 정도로 많은 정보나 조언을 제공하면, 그것이 아무리 필요하고 중요한 것이라도 효과를 보이기 어렵다. 내담자는 많은 양에 압도되어 "난 그렇게 못 해."라고 생각해 버리기 때문이다. 뿐만 아니라 전문가인 상담자가 제시한 것이라는 권위까지 느끼면서 실천하지 못하는 자신에 대해 오히려 부끄럽게 생각한다. 이는 효과가 없을 뿐만 아니라 오히려 내담자에게 마음의 상처를 줄 수 있으므로 유의해야 한다. 따라서 상담자는 내담자에게 필요한 정보나 조언을 내담자가 수용할 준비가 되었을 때 가장 쉽고 간단한 내용으로 제시해야 하고, 조언의 경우 가능한 한 내담자가 실천할 수 있는 구체적인 행동으로 표현하는 것이 효과적이다.

예

"친구들이랑 잘 지내기 위해서는 지켜야 할 중요한 원칙이 있는데, 거기에는 사람들이 다른 사람에게서 어떤 걸 기대하는가라는 점이 담겨 있어. 진주에게도 필요한 것 같네. 선생님이 알려 줄 테니 실천해 봐요. 첫째, 상대방에게 부담을 주지 않아야 해. 둘째, …."
(상담자가 전달하는 내용이 너무 많고 추상적이어서 내담자가 알아도 실천해 옮기기 어렵기 때문에 바람직하지 않음.)

⇨ "네 친구 연아가 자주 연락하는 거 부담스럽다고 했다면, 오늘부터는 하루에 한 번씩만 톡을 보내면 어떨까?"
(내담자가 실천할 수 있는 구체적이고 작은 행동으로 조언함.)

정보제공과 조언에서 상담자가 빠지기 쉬운 함정에 유의한다

상담자는 전문가로서 내담자에게 필요한 모든 정보와 해결책을 가지고 있는 사람이어야 한다고 생각하는 것은 위험하다. 이런 태도는 상담자 자신도 힘들게 하고 내담자에게도 도움이 되지 않는데, 다음과 같은 상담자가 되지 않도록 노력해야 한다.

- 내담자에게 중요한 정보를 가진 전문가로 보이고 싶어 하는 상담자
- 자신이 적절한 정보를 모두 알아야 한다고 생각하는 상담자
- 미리 알아서 정보를 제공하는 상담자

- 유용하다고 인식되기 위해서는 많은 정보를 제공해야 한다고 생각하는 상담자
- 잘못을 정확하게 파악해 지적하는 상담자
- 문제해결 방법을 누구보다 빨리 제시하는 것이 전문가라고 생각하는 상담자
- 내담자가 자신의 전문적인 조언을 무조건 따를 것이라고 기대하는 상담자

생각해 볼 문제

1. 역할연습을 통해 이 장에서 학습한 직면, 해석, 자기개방, 즉시성, 정보제공 반응을 실습해 보자. 다음과 같은 정도로 자신이 경험한 사례에 대해 정리하고, 그 사례를 정리한 사람이 내담자의 역할을 한다. 상담자 역할, 내담자 역할, 관찰자 역할을 서로 돌아가면서 연습하고, 각 사례에 대한 역할연습을 마칠 때마다 토론하는 시간을 갖는다. 역할연습을 통해 발견한 자신의 장점과 앞으로 유능한 상담자로 성장하기 위해 수행할 과제에 대해 생각해 보자.

사례 요약 예시

영훈은 일주일 동안 무단결석 중에 상담실(위센터)을 찾았다. 왜 학교에 가기 싫은가에 대해 아무에게도 말하지 않고 있었고, 답답한 어머니가 영훈을 데리고 왔다. 위기상담으로 파악하고 매일 상담을 진행하기로 했다. 2회기까지 학교에서 있었던 일에 대해서는 전혀 이야기를 하지 않다가 3회기에 학교에서 교사와 다툰 얘기를 꺼냈다. 자신은 잘못한 게 없는데 억울하게 친구들 앞에서 창피를 줘 화가 많이 났고, 친구들이 어떻게 생각할지 두려워 학교를 갈 수 없었다고 했다. 자퇴를 하지 않는 이상 학교 출석일수를 채우려면 학교에 나가야 한다는 것에 합의를 했고, 어떤 어려움에 어떻게 대처할 것인지에 대해 상담에서 다루어 나가기로 했다.

내담자 역할에 사용할 사례 요약

추천도서

Clara, E. H. (2012). 상담의 기술: 탐색–통찰–실행의 과정[*Helping skills: Facilitating exploration, insight, and action* (3rd ed.)]. (주은선 역). 서울: 학지사.

Egan, G. (2015). 유능한 상담사 워크북: 상담 기술 연습서[*Exercises in helping skills: A manual to accompany the skilled helper* (9th ed.)]. (서미진 역). 서울: 학지사. (원전은 2010년에 출판).

제10장

상담 중기 변화 전략

- 변화 단계의 의미와 과제
- 사고변화에 초점을 둔 상담 전략
- 행동변화에 초점을 둔 상담 전략
- 변화 단계에서 과제를 활용하기
- 행동변화를 위한 환경 조절 전략
- 변화의 평가

"말을 나누는 친구가 거의 없는 4학년 남학생 진우와의 3회기 상담에서 진우의 친구관계 변화를 위해 친구를 집으로 초대해 함께 시간을 보내는 과제를 주었는데, 4회기 상담에서 진우는 친구를 아직 집에 초대하지 못했다고 하면서 그 얘기를 더 이상 하고 싶어 하지 않습니다. 진우에게 이 과제가 중요하다고 설명하면서 다음 주까지 해 보라고 했지만, 진우가 해 올지도 확실하지 않고, 또 해오지 않으면 어떻게 상담을 진행해야 할지 모르겠어요. 어떻게 진행하는 것이 진우에게 도움이 될까요?"

상담 중기는 초기의 상담 성과를 토대로 상담목표와 관련한 내담자의 변화가 이루어지는 시기다. 변화가 이루어지기 위해서는 내담자의 동기, 사회적 기술, 친구와 보호자의 지지 등 다양한 요소의 점검과 준비가 필요하다. 이 장에서는 상담 중기에 변화를 촉진하기 위한 점검 사항들, 인지 및 행동 중심의 변화 기법, 변화과정에서 유의할 부분, 변화의 평가를 다룬다.

변화 단계의 의미와 과제

변화 단계의 의미

변화 단계는 상담 초기에 형성된 상담관계와 탐색을 토대로 상담의 목표를 이루기 위한 정서적, 인지적, 행동적, 대인관계적 변화가 일어나는 시기를 뜻한다. 변화가 이루어지기 위해서는 더 깊은 수준의 자기탐색과 문제에 대한 통찰이 요구된다. 현재 경험하는 어려움을 줄이면서 상담의 목표를 이루기 위해서는 자신의 노력이 필요함을 인식하고 행동변화를 할 준비가 되었을 때 변화가 일어나기 쉽다. 변화과정에서 변화는 일직선으로 나타나는 것이 아니라 후퇴와 전진이 반복해서 나타날 수 있다. 상담자는 내담자가 변화할 준비가 되었다는 단서의 파악, 변화계획의 수립과 실행의 지지, 변화과정의 이해, 변화가 유지되도록 격려하는 등 변화의 전 과정에서 내담자와 협조하면서 변화가 시작되고 유지되도록 돕는다. 아동과 청소년 상담에서는 부모 및 교사의 지원과 협조가 변화의 시작과 유지에 도움이 된다.

변화 단계의 과제

변화를 위한 준비 정도 평가하기

모든 내담자가 변화를 위한 준비가 되어 있는 것은 아니다. 특히 부모나 교사가 신청해서 상담에 오는 비자발적인 내담자는 변화에 대한 동기가 낮은 경우가 많으므로, 상담자는 내담자의 변화에 대한 준비 정도를 평가하고 이를 반영한 변화계획을 세우는 것이 좋다. 상담자는 내담자가 행동변화에 대한 준비가 되지 않았는데 먼저 변화계획을 세우고 실행에 대한 압력을 가하는 등 내담자의 준비도보다 앞서가는 실수를 하지 말아야 한다. 변화과정에서 내담자의 준비 정도는 '숙고 전 단계' '숙고 단계' '준비 단계' '행동 단계' '유지 단계'로 구분하기도 한다(Prochaska & Di Clemente, 1982). 상담자는 내담자의 준비 정도에 따라 상담의 속도를 조절하고 적합한 상담과제를 다룬다.

- **숙고 전 단계**: 스스로 문제가 없다고 생각하거나 무엇이 문제인지 모르는 단계로, 자신이 변화할 필요를 인식하지 못하는 단계다. 상담자는 내담자가 무엇이 문제라고 생각하는지를 탐색하면서 문제의 인식을 돕는다.
- **숙고 단계**: 자신이 문제가 있다고 인식하지만 변화해야 할지 말아야 할지 고민하는 단계다. 내담자는 변화가 필요하지만 어렵다는 것을 알고 있으며 자신이 어떤 변화를 시도할 수 있는지 모르는 단계다.
- **준비 단계**: 변화가 필요하고 이를 위해 계획의 실행이 필요함을 이해하는 단계다. 자신이 선택할 수 있는 방법과 각 방법의 실행 가능성, 장단점, 생활에 주는 이익 등을 평가하여 어떤 방법을 선택할지를 생각한다.
- **행동 단계**: 내담자는 시도할 수 있는 행동을 구체적으로 알고 실행할 준비가 된 상태다. 상담자는 내담자가 시도할 행동을 격려하고 좀 더 쉽게 수

행할 수 있도록 돕는다.

- **유지 단계**: 내담자에게 행동변화가 나타난 후 그 행동이 습관화되어 유지될 수 있도록 돕는 단계다. 새로운 행동의 시도로 긍정적 효과가 나타났다고 하더라도, 후퇴하여 기존의 익숙한 행동으로 돌아갈 수 있다. 새로운 행동을 유지하는 데 방해가 되는 요인을 탐색하여 조절할 수 있도록 하면서 새로운 행동이 습관화될 수 있도록 돕는다.

내담자가 경험하는 여러 가지 문제에 대하여 변화에 대한 준비도가 동일한 것은 아니므로, 어떤 문제에 대해 좀 더 준비되었는지 평가해서 행동으로 옮기기 쉬운 부분을 실행하도록 격려하는 것이 도움이 된다. 한 가지 문제에서 변화가 생기면 내담자의 동기가 높아지므로 다른 문제에 대해서도 변화의 동기를 높이는 데 도움이 된다.

변화에 대한 양가감정 다루기

내담자에게 변화가 필요한 행동은 한편으로는 내담자를 고통스럽게 하지만 한편으로는 이미 내담자 생활방식의 일부로, 이로 인해 얻는 이익이 있기 때문에 유지되는 경우가 대부분이다. 내담자는 익숙한 방식에서 벗어나는 것과 현재의 이익을 잃는 것에 대한 두려움, 새로운 행동의 시도와 그 결과에 대한 두려움 등 변화를 원하면서도 두려워하는 양가적인 태도를 갖는 경우가 많다. 상담자는 변화에 대한 양가감정을 탐색하고 내담자가 표현할 수 있게 함으로써, 내담자의 감정적인 어려움에 함께 머물면서 견뎌 주는 역할을 할 수 있다. 상담자는 양가적인 감정을 탐색하면서 변화에 대한 내담자의 동기를 재확인할 수 있도록 돕는다. 변화와 관련된 생각과 감정을 탐색하기 위해 다음과 같은 질문과 진술을 사용할 수 있다.

- “변화를 생각하면 어떤 마음이 들어?”

- "변화하면 좋을 것 같은 부분은 무엇이지?"
- "변화를 얘기할 때 어떤 두려움을 느끼는 것 같은데, 그것에 대해 좀 더 얘기해 볼까?"
- "한편으로는 두렵지만 지금처럼 지내기보다는 변화를 위한 시도를 해 보고 싶다는 것 같네."

문제에 대한 통찰과 자신에게 초점 맞추기

내담자의 문제는 내담자와 타인의 상호작용에 의해 발생하는 경우가 대부분인데, 상담의 초기에는 내담자들이 주로 타인을 비난하면서 문제를 호소하는 경우가 많다. 상담이 진행되면서 내담자는 문제에 기여하는 자신의 행동을 돌아보면서 왜 그 문제가 유지되고 있는지에 대한 통찰을 얻게 되고, 이 과정에서 스스로 변화가 필요한 부분을 알게 된다면 자연스럽게 행동변화로 이어질 수 있다. 상담이 비교적 오랫동안 지속되는데도 내담자가 타인에 대한 초점을 유지하면서 자신의 행동을 돌아보기 어려워하면 상담자는 내담자가 자신에게 초점을 맞추어 돌아볼 수 있도록 한다. 예를 들어, 상담 중 지속적으로 친구를 비난하는 내담자에게 초점을 자신에게 돌리기 위해 사용할 수 있는 몇 가지 반응은 다음과 같다.

- "친구가 얘기 중에 갑자기 너를 놀렸을 때 어떤 마음이 들었어?"
- "그런 말을 들어서 화가 났었구나. 화가 나서 어떻게 했어?"
- "네가 화가 나서 그런 행동을 했을 때 친구에게 기대한 것이 있었을 것 같은데, 어떤 기대를 했었는지 얘기해 볼까?"

내담자가 현재 경험하는 문제와 관련해서 내담자의 감정, 행동, 기대, 행동의 결과 등을 탐색함으로써 현재 문제에 기여하는 내담자의 문제를 찾도록 도울 수 있다. 이러한 탐색은 흔히 내담자의 기대와 결과의 불일치(예: 서운한 마음을 친구가 알아 주기를 바랐는데 심하게 화를 낸 결과 친구가 오히려 멀어진 경우), 마음과 실제 행동의 불일치(예: 어머니를 돕고 싶었는데, 오히려 화를 낸 경우) 등을 찾아내는 데 도움이 된다. 불일치가 발견되면 마음을 표현하기 위해서, 혹은 원하는 결과를 얻기 위해서 어떤 부분에서 새로운 시도를 해 볼 수 있을지 시작 지점을 찾아 나갈 수 있다.

변화를 위한 기존의 노력과 결과 점검하기

내담자에게 적합한 변화계획을 세우기 위해 현재 문제와 관련해서 내담자가 시도해 봤던 노력, 그 결과, 도움이 되었던 부분과 성과가 없었던 이유 등을 탐색해 변화할 부분을 찾아 나간다. 변화계획은 내담자와 상담자가 협조해서 세워 나가는 것이 효과적이므로, 내담자가 했던 기존의 시도와 성과를 찾아보고 이를 기반으로 변화계획을 세우는 것이 도움이 된다. 예를 들어, 스마트폰 사용을 줄이는 것이 상담목표라면 다음과 같은 질문을 통해 내담자가 변화를 위해 시도했던 행동을 점검한다.

- "스마트폰 사용을 줄이기 위해 어떤 노력을 해 보았어?"
- "그런 노력이 어떤 성과가 있었는지 궁금한데?"
- "지금 새롭게 시도해 볼 만하고 효과가 있을 것 같은 행동은 어떤 것이 있을까?"
- "새로운 시도를 하는 데 주저하는 이유가 있니?"
- "새로운 시도가 도움이 되어 스마트폰 사용이 줄면 생활에 어떤 변화가 생길까?"

새로운 행동의 학습과 적용하기

내담자가 상담을 통해 학습한(혹은 내담자가 이미 하고 있지만 빈도가 낮은) 행동을 일상생활에서 적용해 본 후에는 적용 결과에 대한 탐색이 이루어진다. 변화결과에 대한 탐색은 새로운 행동의 시도가 주는 바람직한 결과를 내담자가 다시 한번 떠올리고, 이를 토대로 새로운 행동을 지속하고 확장하기 위한 동기를 부여하는 데 도움이 된다. 내담자가 행동을 적용하는 과정에서 경험한 어려움, 어려움에 대한 대처, 행동변화로 인한 바람직한 결과 등을 내담자의 정서, 인지, 행동의 측면에서 다면적으로 탐색한다.

친구에게 먼저 다가가지 못하고 늘 혼자 지내던 내담자가 학급의 친구에게 점심시간에 함께 학교 도서관에 다녀오자고 먼저 제안하는 행동을 시도해 보았다고 하면, 상담자는 다음과 같은 질문을 통해 새로운 행동을 시도한 결과를 탐색할 수 있다.

- "친구에게 먼저 도서관에 가자고 하기 전에 마음속에 어떤 생각이 들었어?"
- "'친구가 싫다고 하면 어떻게 하지?'라고 걱정하면서도 어떻게 친구에게 먼저 말을 걸 수 있었어?"
- "친구가 도서관에 함께 가겠다고 했을 때 어떤 마음이었어?"
- "친구와 함께 도서관에서 책을 빌려 오니 어떤 기분이었어?"
- "그 친구와 다시 시간을 보내고 싶어?"

이와 같은 질문을 통해 상담자는 행동변화 과정에서 내담자가 경험한 정서, 인지, 행동을 탐색하고, 긍정적인 경험을 찾아 강화하며, 내담자가 그 행동을 지속할 수 있도록 격려한다. 새로운 행동을 시도하는 과정에서 어려움이 있었다면 그러한 어려움을 완화할 수 있는 전략을 함께 찾아봄으로써 행동을 다시 실행할 수 있도록 돕는다.

변화가 지속되도록 개입하기

내담자가 도움이 되는 새로운 행동을 한두 번 시도해 보는 것은 좋은 시작이지만, 이러한 행동이 지속되도록 하기 위해서는 추가적인 개입이 요청된다. 상담자는 내담자가 새로운 행동을 시도했을 때 경험한 바람직한 측면을 탐색하고, 내담자의 노력에 대한 강화, 새로운 행동이 유지될 수 있도록 하는 환경적 개입 등을 함께 함으로써 새로운 행동이 습관화될 수 있도록 돕고 상담을 마무리하는 것이 바람직하다.

변화 단계에서 유의할 사항

내담자가 변화 준비가 되었다는 신호를 확인해서 개입의 시기 결정하기

상담에서 행동변화를 위한 개입을 언제 할 것인가에 대한 판단은 개입의 성공과 실패에 영향을 주는 중요한 요인이다. 내담자가 행동변화를 위한 동기가 낮고 그 행동을 실천할 수 있는 기술이 없으며, 환경적으로 내담자의 행동이 받아들여지기 어려운 상태에서 행동변화를 시도하면 실패할 가능성이 높다. 상담자는 변화할 준비가 되었는지에 대한 내담자의 신호를 면밀하게 관찰하고 활용한다. 몇 가지 행동변화가 시작되어야 하는 단서는 다음과 같다(Hill, 2009/2012).

- 내담자가 통찰을 얻고 행동변화를 직접 말할 때
- 내담자가 특정 증상을 줄이거나 제거하고 싶다고 할 때(예: 강박행동 등)
- 상담에서 행동변화를 시도하지 않은 채 자기탐색과 통찰만 오래 지속되고 있을 때
- 위기상황에서 내담자의 안전을 위한 행동의 실행이 필요할 때

한편, 상담에서의 행동변화가 항상 자기탐색과 통찰을 기반으로 이루어질 필요는 없다. 행동의 변화를 통해 기분이 좋아지면 사고의 변화도 동반될 수 있고 변화에 대한 동기도 높아질 수 있으므로, 내담자의 자기탐색에 대한 선

호, 내담자의 발달단계 등을 종합적으로 고려해 행동변화를 계획한다.

내담자의 발달단계에 맞는 개입하기

아동과 청소년은 신체, 정서, 인지, 관계의 발달과정에 있으며, 학교상담에서는 이들의 발달단계를 고려한 개입의 목표, 개입방법, 변화에 대한 기대 수준을 설정한다. 아동의 경우 과제에 대한 숙달(mastery)과 발달단계에 맞는 자율성(autonomy)의 습득 등이 상담에서 개입의 목표가 되는 것이 그 예다. 개입방법 면에서 인지행동 상담을 사용해 개입한다고 할 때 청소년은 인지적 재구조화 과정을 이해하면서 따라올 수 있지만, 아동은 그림, 인형, 동화책 등 보조도구를 사용하는 것이 더 효과적일 수 있다. 청소년 내담자는 통찰을 촉진하는 개입방법이 효율적으로 적용될 수 있지만, 어린 아동은 통찰 중심의 개입보다는 행동변화를 일차적인 목표로 하는 것이 더 효과적이다(Friedberg & McClure, 2002/2007). 아동 · 청소년이 일차적 환경에서의 결손 때문에 발달상 적절한 적응기술(사회적 기술을 포함해서)을 갖지 못했다면 심리교육적 개입을 사용해 적응기술을 교육하는 것도 발달단계에 적절한 개입으로 자주 사용된다. 학교상담의 내담자가 경험하는 많은 문제는 가족 및 학교와 밀접하게 관련되므로, 내담자 개인에 대한 개입뿐만 아니라 증상의 발생과 지속에 관련되는 가족 및 학교에 대한 개입이 함께 다루어지는 것이 도움이 된다.

후퇴를 예상하고 대비하기

상담에서 변화는 항상 일정한 속도로 일어나는 것은 아니며, 내담자는 자신에 대한 통찰 및 변화 이후에도 초기상담에서 보였던 피상적이고 중요하지 않은 주제에 대해서 이야기하는 등, 후퇴가 일어나는 경우도 많다. 내담자는 "아휴, 또 상담이에요?" "상담해 봤자 결국 싸우지 말라고 할 거잖아요."와 같이 상담에 대한 부정적 감정을 드러내기도 하고, 상담자가 물어보는 중요한 질문 대신 주변적인 내용에 대해 말하면서 시간을 때우는 방식으로 상담에 임하기도 한다. 이런 반응은 상담에서 빈번하게 나타날 수 있으며, 변화과정에서 이와 같은 후퇴는 일상적인 것임을 안다. 상담자는 내담자에게 변화에 대한 압력을 가할 때와 내담자가 좀 더 편하게 상담에 임하고 싶어 할 때를 파악하고, 상담에서의 후퇴가 무엇과 관련되는지를 파악하여 대처한다.

사고변화에 초점을 둔 상담 전략

상담에서의 변화는 정서, 인지, 행동, 관계 등 다양한 측면에서 일어난다. 사고변화를 위한 전략에서는 생각의 변화를 통해 행동이나 정서의 변화가 후속해서 나타날 수 있다고 가정한다. '친구들은 모두 나를 싫어해.'라고 생각하면, 학교 가기가 싫어 빠지거나 친구들을 보면 두려운 마음이 드는 등의 후속 행동이나 감정을 경험하는데, 상담의 결과 '모든 친구가 나를 싫어하는 것은 아니야.'라는 생각의 변화가 생기면 결석이 줄거나 친구들을 볼 때 반가운 마음이 생길 수 있다. 이러한 예는 사고의 변화가 어떻게 행동과 정서의 변화로 이어질 수 있는지를 보여 준다.

비합리적 사고 탐색과 수정하기

내담자가 기분이 변한 상황을 탐색하고 그러한 감정 이면에 있는 내담자의 비합리적 사고를 탐색해 합리적 사고로 바꾸어 주는 기법이다. 비합리적 사고를 합리적 사고로 바꾸어 주면, 같은 상황에 대한 해석이 달라지므로 그 결과 파생되는 감정과 행동이 변화한다고 가정한다. 상담자는 먼저 주어진 상황에서 내담자의 생각을 탐색해 비합리적 사고를 구체화한다.

아동과 청소년 내담자는 비합리적 사고를 인식하지 않고 있기 때문에 한 번의 질문에 바로 비합리적 사고를 구체화하기는 어렵다. 상담자는 주어진 상황에서 "또 어떤 생각이 들었어?"라고 내담자의 생각을 계속해서 탐색하거나, "혹시 ~와 같은 생각이 들었어?"와 같이 상담자의 가설을 제시하면서 내담자의 사고를 파악한다. 비합리적 사고는 잘못된 추론이나 결론(예: '사람들은 아무도 나를 좋아하지 않을 거야.'), 당위적 사고(예: '~해야 해.' '모든 사람이 나를 인정해 줘야 해.'), 평가적 사고(예: 자기평가나 타인평가 등, '나는 무가치한 사람이야.') 등을 포함한다. 다음은 추론연쇄(inference chaining)를 사용해 내담자의 비합리적 사고를 탐색하는 예(DiGiuseppe & Bernard, 2006, p. 102)다.

내담자: 저는 오늘 시험에 떨어질 거예요.

상담자: 네가 시험에 떨어지면 무슨 일이 생기지?

내담자: 아마 모든 시험에 떨어지겠죠.

상담자: 그렇게 된다고 가정해 보자. 그러면 무슨 일이 생기지?

내담자: 그럼 제가 바보라고 생각할 것 같아요.

상담자: 글쎄, 네가 원하는 만큼 똑똑하지 않다면, 그게 너에 대해서 말해 주는 게 뭘까?

내담자: 저는 아무런 가치가 없는 사람이라는 거예요.

비합리적 사고를 파악한 후에는 다양한 방식의 논박을 통해 합리적인 사고로 변화시키는 과정이 진행된다. 이때 논박이 효과적이기 위해서는 내담자가 가설과 사실, 자신의 생각 등을 구분할 수 있어야 한다. 비합리적 신념을 변화시키는 데 아동과 청소년에게 효과적으로 적용할 수 있는 방법은 잘못된 추론에 대해 경험적인 논박을 사용하는 것이다(DiGiuseppe & Bernard, 2006). 경험적 논박은 "시험에 떨어지면 나는 무가치한 사람이다."라는 추론에 대해서 과거에 시험을 못 본 경우 어떤 일이 생겼는지를 탐색해 그런 상황에서 실제로 일어난 일들이 '나는 무가치한 사람이다.'라는 결론과 다르다는 것을 보여 주어 결론을 수정하도록 하는 작업이다.

한편, 내담자가 '나는 가치가 없는 사람이다.'라는 비합리적 신념을 반복적으로 보여 준다면, 신념을 수정하는 작업을 진행할 수 있다. 이유를 탐색하는 과정에서 상담자는 첫째, 내담자가 스스로 무가치하다고 생각하는 이유를 자세히 탐색하고 기록, 둘째, 내담자가 가치 있다고 생각하는 대상(학급의 친구, 형제 등)을 정해 그 대상이 가치있는 이유를 자세히 탐색하고 기록, 셋째, 두 가지 목록을 비교해 내담자가 스스로 무가치하다고 보는 자신의 특성이 사람의 가치를 판단하는 절대적인 기준이 아님을 알도록 돕는 방식으로 내담자가 자신에 대한 결론을 변화시키도록 돕는다(Friedberg & McClure, 2002/2007). 상담자는 다음과 같은 방식으로 내담자가 자신의 비합리적 신념을 점검하고 정보를 통합할 수 있도록 한다.

- "'나는 아무런 가치가 없는 사람이다.'라고 생각한다면 무척 우울할 것 같아. 무엇 때문에 그렇게 보는지 궁금하네. 그 이유를 말해 줄 수 있을까?" (비합리적 신념의 근거를 탐색)
- "네가 스스로 무가치하다고 생각하는 이유는 첫째, 엄마가 너를 비난하면서 '너는 아무것도 잘하는 게 없어'라고 한다는 점, 둘째, 다른 아이들은 다 단짝 친구가 있는데 너는 단짝 친구가 없는 것 두 가지구나." (내담자가 스스로를 무가치하다고 생각하는 이유를 탐색한 후 정리)
- "너희 반에서 가치 있다고 생각하는 친구 서준이는 그 이유가 운동을 잘한다는 것, 공부를 잘한다는 것, 반에서 서준이가 인기가 많아서 그렇다는 거지?"(가치 있다고 생각하는 다른 사람에 대한 적용기준 탐색과 요약)
- "서준이를 가치 있는 사람으로 만들어 주는 운동, 공부, 인기를 너는 얼마나 가지고 있는지 확인해 볼까? 서준이가 운동을 잘하는 정도가 10이라면 너는 어느 정도를 줄 수 있을까?"(타인을 가치 있게 만드는 특성을 내담자에게 적용)

- "가장 가치 있다고 생각하는 친구인 서준이의 특성 중에서 너도 운동에서 7점, 공부는 5점, 인기에서 5점 정도를 줄 수 있다는 거지? 이 점에 대해서 어떻게 생각하니?" (친구를 가치 있게 만드는 특성을 내담자도 갖고 있음을 확인해 줌.)
- "엄마가 '너는 아무것도 잘하는 게 없어.'라고 하고, 단짝 친구가 없다는 것 때문에 스스로 무가치하다고 했는데, 서준이를 가장 가치 있는 사람이라고 생각하는 데에는 이런 점들이 중요한 건 아닌 것 같구나." (자신이 무가치하다고 생각하는 이유가 자신의 가치를 결정하는 절대적인 기준이 아님을 확인해 줌.)

이러한 과정을 통해 내담자가 '나는 무가치한 사람이다.'라는 신념을 약화시키고, "생각해 보니 제가 ~해서 기분은 상하지만, 그게 제가 무가치하다는 걸 뜻하지는 않을 수도 있겠어요."라고 받아들일 수 있으면, 그 결과 내담자의 기분이나 행동이 달라지는 데 도움이 된다. 비합리적 신념을 변화시키는 데에는 소크라테스식 대화법도 흔히 사용되는데, 이 방법은 인지적 오류의 수정에서 다루어진다.

인지적 오류의 탐색과 수정하기

이 방법은 문제 상황에서 내담자의 자동적 사고에 드러나는 인지적 오류를 발견하고 이를 수정하는 방법이다. 인지적 오류의 수정을 통해 내담자는 보다 현실적인 조망을 할 수 있고, 사고의 변화를 통해 감정과 행동의 변화를 얻을 수 있다. 아동과 청소년에게 자동적 사고를 구분하고 여기에 드러난 인지적 오류를 수정하도록 돕기 위해서는 먼저 다음과 같은 선행작업이 이루어져야 한다.

- 주어진 상황에서 사건, 감정, 사고, 행동을 구분할 수 있도록 가르치기

• 주어진 상황에서 감정, 사고, 행동이 서로 어떻게 영향을 주는지 이해하기

감정과 사고를 구분하는 과정에서 아동에게는 감정카드 등 그림을 사용하여 감정을 이해하도록 돕는 것이 도움이 된다. 자동적 사고는 주어진 상황에서 내담자가 어떤 생각을 했었는지를 반복적으로 탐색함으로써 확인할 수 있다. 자동적 사고를 확인한 후에는 자동적 사고에 드러난 인지적 오류를 찾아나간다. 우울하거나 불안한 내담자에게 자주 나타나는 인지적 오류의 예는 다음과 같다.

- **선택적 주의**: 주어진 상황의 여러 요소 중 한두 가지 요인에 근거해 결론을 내리는 것(예: 교사에게 칭찬과 벌을 받았는데, 벌에만 주의를 기울여 교사가 자신을 미워한다고 생각하는 것)
- **과장과 축소**: 긍정적 사고, 감정, 사건의 중요성을 무시하면서 부정적인 작은 일은 크게 생각하는 것(예: 국어시험은 잘 보고 수학시험을 못 본 상황에서 수학을 잘 하는 사람이 진짜 유능한 사람이라고 생각하는 것)
- **개인화**: 자신이 통제할 수 없는 일인데도 모든 것을 자신의 탓으로 돌리는 것(예: 부모가 이혼한 경우 자신의 탓으로 돌리는 것)
- **임의적 추론**: 근거가 없거나 결론과 반대되는 증거가 있는데도 그렇다고 결론을 내리는 것(예: 아침에 엄마에게 야단맞은 후 그날 시험을 망칠 것이라고 생각하는 것)
- **과일반화**: 충분한 경험과 근거가 없는데도 한 가지 사건에 근거에 전체에 대한 결론을 내리는 것. 나쁜 일이 한번 일어나면 그런 일이 계속 일어날 것이라고 생각하는 것(예: 친구 한 사람이 자신을 뒷담화했다는 얘기를 듣고, 학급의 모든 친구들이 자신을 뒷담화할 것이라고 생각하는 것)
- **재앙화**: 한 가지의 사소한 부정적인 사건이 생겼을 때 이로 인해 파국적인 결과가 있을 것이라 생각하는 것(예: 친구의 부탁을 거절하면, 그 친구와의 관

계는 영영 끝이라고 생각하는 것)

내담자가 특정한 자동적 사고를 반복하면서 이로 인해 신체, 정서, 행동의 어려움을 경험하고 있다면 자동적 사고에 포함된 인지적 오류를 찾아 수정하는 작업이 이루어진다. 상담자는 내담자의 발달 수준 및 협조 정도에 따라 내담자와 보조를 맞춰 과정을 진행한다. 예를 들어, 상담자는 자신이 실패자라고 생각하는 내담자에게 사건-인지-감정의 연관성에 대해 다음과 같이 요약해 줄 수 있다.

> "네가 2주 후 시험에 대비해서 시험준비 계획을 세웠는데, 첫날 그 계획대로 공부하려고 노력은 했지만 1시간을 덜 하는 바람에 계획한 만큼 진도를 못 나갔다는 거네. 그때 네 마음속에는 '나는 실패자야. 이번 시험도 망할 거야.'라는 생각이 들면서 기분이 나빠졌다는 거지?"

내담자가 첫날 시험 준비에 배정된 4시간 중 3시간은 시험 준비를 하고 1시간은 못 한 상황이라고 하자. 내담자의 '나는 실패자야. 이번 시험도 망할 거야.'라는 생각에는 '과일반화' '재앙화' 등의 인지적 오류가 포함되어 있음을 알 수 있다. 상담자는 다음과 같은 질문을 통해 내담자의 생각을 탐색하면서 인지적 오류를 수정할 수 있게 돕는다.

- **바람직한 반응:** "네가 실패자라고 생각한다면 무척 마음이 괴로웠을 것 같아. 네가 실패자라고 (혹은 이번 시험도 망할 거라고) 생각하는 이유가 궁금하구나. 좀 더 구체적으로 그렇게 생각하는 이유를 말해 줄 수 있을까?"
- **바람직하지 않은 반응:** "네가 시험 준비 계획을 세우고 노력했는데도 스스로 실패자라고 생각하는 것은 잘못된 생각인 것 같아."

상담자는 내담자의 고통에 공감하면서 너무 서두르지 않고 내담자가 자신의 생각의 근거를 찾아 나갈 수 있도록 안내한다. 상담자는 먼저 해석하기보다는 내담자가 탐색을 통해 스스로 오류를 수정할 수 있도록 질문을 통해 안내하는 것이 바람직하다. 내담자가 '나는 실패자야.'라는 생각의 근거를 탐색하는 과정을 통해, 이 생각의 근거가 희박하거나 주어진 상황의 일부 부정적인 측면에만 근거해서 결론 내린 것임을 알게 되면 자동적 사고를 수정하는 데 도움이 된다. 내담자가 자신의 오류를 찾도록 안내하는 대신 상담자가 설명하는 반응은 바람직하지 않다.

내담자의 인지적 오류를 수정하기 위해 상담자가 사용하는 방법은 대체로 소크라테스식 대화법에 따라 이루어진다. 소크라테스식 대화법은 내담자의 믿음에 대한 근거자료를 찾아 나가는 방법으로, 다음의 몇 가지 카테고리로 나눌 수 있다(Friedberg & McClure, 2002/2007). 각 카테고리별로 발표불안이 있는 내담자가 발표할 때 친구들이 자신을 보지 않고 고개를 숙이고 있는 것을 자신이 발표를 못해서 비웃는 것이라고 임의적 추론을 하는 사례에 대한 질문의 예가 제시되었다.

- **증거가 무엇인가?**: "발표할 때 친구들이 너를 비웃었다고 생각하는 이유가 무엇이지?"
- **다르게 설명할 수 있는가?**: "네가 발표할 때 친구들이 너를 쳐다보지 않았다고 했는데, 너를 비웃는 것 이외에 다른 이유로 설명할 수 있을까?"
- **장점과 단점은 무엇인가?**: "친구들이 너를 비웃었다고 생각하는 것의 장점과 단점은 무엇이지?"
- **어떻게 문제를 해결할 수 있는가?**: "친구들이 너를 비웃었다고 생각하는 것이 발표불안을 줄이는 데 어떻게 도움이 되지?"
- **재앙화하지 않기**: "네가 발표하는 중에 친구들이 너를 비웃었다고 가정해 보자. 그런 경우에 생길 수 있는 가장 나쁜 일이 무엇이지?"

이러한 탐색과정을 통해 내담자가 "내가 발표할 때 친구들이 나를 쳐다보지 않고 아래를 본 것은 자료를 보기 위해서였을 수 있어." "다른 친구가 발표 중 실수를 해서 내가 웃었을 때도 금방 잊어버렸던 것처럼, 친구들이 내 발표를 보고 웃었다고 해서 계속 내 발표에 대해서 생각하진 않을 수 있어."와 같이 '친구들이 나를 비웃었다.'는 생각에 대한 강도나 확신이 줄어들면, 이는 내담자의 기분과 후속 행동에 긍정적인 영향을 주게 된다.

행동변화에 초점을 둔 상담 전략

행동 중심의 전략은 가장 쉽게 변화가 일어날 수 있는 부분을 행동으로 간주하고 상담의 초점을 행동의 변화에 둔다. 늘 지각을 하던 학생의 지각행동이 줄어들면, 친구들의 학생에 대한 인식이 달라져 관계 변화가 나타날 수 있고, 이러한 변화는 학생의 정서나 학교생활에 대한 생각에도 긍정적인 영향을 줄 수 있다. 상담자는 내담자의 문제, 변화 가능성, 내담자의 발달 수준 등을 종합적으로 고려해 상담 전략을 선택한다.

행동수정을 이용한 바람직한 행동의 증가와 문제행동의 감소 전략

학교상담에서는 강화와 벌을 이용한 행동수정이 자주 활용된다. 강화는 내담자가 바람직한 행동을 했을 때 그 행동을 증가시키기 위한 반응으로, 대체로는 내담자가 좋아하는 물건, 좋아하는 것을 할 수 있는 시간, 좋아하는 활동을 먼저 할 수 있는 선점권(예: 점심시간에 가장 먼저 점심을 먹거나, 쉬는 시간에 보드게임을 먼저 할 수 있는 기회 등), 칭찬이나 인정과 같은 사회적 강화가 함께 사용된다. 벌은 내담자가 문제행동을 했을 때 부정적인 반응을 주어 그 행동이 반복되지 않도록 하는 것으로 타임아웃과 같이 좋아하는 환경에서 격리시키는 것, 내담자가 선호하는 활동을 못하게 하는 것, 반응대가와 같이 내담자에게 중요한 물건(예: 스티커)을 회수하는 것 등 다양하게 적용할 수 있다. 강화와 벌을 이용한 행동수정의 일반적인 절차는 다음과 같다.

문제 영역 확인하기

내담자가 현재 경험하는 다양한 문제행동을 확인한다. 내담자는 지각, 친구와의 싸움, 수업시간에 자리에서 일어나는 행동 등 다양한 문제를 가지고 있을 수 있는데, 현재 학교나 가정에서 문제가 되는 행동이 무엇인지를 전체적으로 확인한다.

목표행동의 선정

문제행동 중 시급한 문제, 문제행동이 적응에 미치는 영향, 내담자가 변화를 원하는 행동, 변화가능성 등을 종합적으로 고려해 목표행동을 결정한다. 내담자가 일주일에 3~4번 지각하며, 지각으로 인해 학급 또래들이 내담자를 부정적으로 인식하며, 결과적으로 또래관계에 문제가 있다면, 지각행동의 변화가 관계의 변화까지 영향을 줄 수 있으므로 목표행동으로 정하는 것이 도움이 된다. 목표행동을 정한 후에는 어떤 상황에서 이 문제가 얼마나 발생하는지에 대해 내담자 및 부모, 담임교사와의 면담 등을 통해 기초선을 파악한다.

행동계약서 작성하기

기초선이 파악되었으면 상담을 통해 그 행동을 얼마나 변화시킬지에 대한 행동변화 목표를 정하고 이를 구체적으로 기록한 행동계약서를 작성한다. 행동계약서에는 행동변화 목표(예: 일주일에 4번 이상은 제 시간에 등교한다.)와 그에 따른 강화, 지키지 못했을 때 벌 등을 함께 기록하고 상담자와 내담자가 사인하여 한 부씩 보관한다.

행동계약서를 작성한 후에는 매 상담시간 변화를 확인하고, 그 결과에 따라 강화와 벌 등을 적용한다. 상담에서는 실제로 타임아웃 등의 벌을 적용하기는 어렵기 때문에, 행동수정 계획을 세울 때에는 부모나 담임교사와 협조하여 진행하는 것도 도움이 된다. 행동계약서에 따른 목표가 달성되면 목표를 바꾸어 가면서 적용할 수 있다.

행동수정이 잘 이루어지기 위해서는 상담자와 내담자 간 신뢰로운 관계의 형성이 우선되어야 한다. 행동수정의 각 단계에서 상담자는 내담자의 생각을 확인하고, 내담자와의 합의를 거쳐 전체적인 계약을 결정한다. 행동계약한 내용을 실행하는 과정에서 상담자는 내담자에 대한 지속적인 관심과 격려를 제공한다.

해결중심상담의 질문을 활용하기

해결중심상담에서는 내담자의 현재의 삶이 고통스럽기 때문에 누구나 변화하기를 원하고 실제로 변화는 일어나고 있다고 가정한다. 상담에서는 문제에 초점을 두어 문제의 원인을 찾아 제거하려고 하기보다는, 내담자가 잘하고 있는 부분에 관심을 갖고 그 부분을 더 잘하도록 하는 방향으로 개입한다. 이에 따라 내담자가 이미 하고 있는(아마도 빈도는 낮은) 바람직한 행동을 찾아 그 행동을 더 자주 더 다양한 상황에서 하도록 돕는다. 상담의 전 과정에서 상담자는 칭찬을 많이 사용하는데, 칭찬은 긍정적 강화를 많이 받아 보지 못한 내담자에게 동기를 부여해 행동변화를 촉진하는 데 도움이 된다고 가정된다. 다음의 네 가지 질문이 변화의 도구로 사용된다(Berg & Steiner, 2003/2009).

예외 질문

현재 내담자의 문제가 나타날 수 있는 상황에서 문제행동을 하지 않거나 약하게 한 상황을 찾는 질문으로, 예외상황을 구체적으로 탐색하면 문제행동을 하지 않게 되는 내적, 외적 조건들을 발견할 수 있다.

예 화가 나면 심한 욕을 하는 내담자에게: "친구에게 화가 났는데도 욕을 하지 않았던 적이 있었어?"

문제행동이 없었던 예외적인 상황을 확인하면, 보통 그러한 예외가 어떻게 만들어졌는지를 확인해서 예외상황을 확장하는 작업이 이루어진다. 예외상황의 탐색을 통해 내담자가 바람직한 행동을 하게 하는 환경 조건, 내담자의 동기와 노력, 결과 등을 파악하고, 내담자가 자신이 언제 어떤 방식으로 행동하는 것이 도움이 되는지를 인식하고 행동을 확장할 수 있도록 돕는다.

[예외를 구체화하는 질문의 예]

- "친구에게 화가 났는데도 욕을 하지 않고 참았구나. 어떻게 그렇게 할 수 있었지?"
- "욕을 하지 않고 참았을 때 마음속에 어떤 생각이 들었어?"
- "친구에게 화가 났을 때 욕을 하지 않고 지나간 자신에 대해 어떤 마음이 들었어?"
- "화가 났는데도 욕을 하지 않은 너를 보면 친한 친구가 뭐라고 할 것 같아?"
- "다음에 비슷한 상황이 생기면 어떻게 할 것 같아?"

[칭찬 반응의 예]

- "선생님과 욕을 하지 않겠다는 약속을 해서 지키려고 노력했다는 거네. 약속을 지키려고 노력하면서 실제로 욕하지 않고 그 순간을 넘긴 네가 자랑스러워."

• "욕하지 않겠다는 약속을 지키고 나서 '어, 나도 이게 가능하네.'라는 생각이 들었구나. 노력해서 화를 조절할 수 있었던 민지가 선생님도 대견해."

척도 질문

내담자가 자신의 문제, 증상, 기분 등을 주관적으로 지각하는 정도를 1~10까지의 숫자로 표현하도록 하는 것이다. 숫자로 표현하면 문제의 심각한 정도를 간단하게 나타낼 수 있고, 문제가 좋아지거나 나빠지고 있는 정도도 숫자의 변화로 확인할 수 있어 변화를 파악하는 데에도 도움이 된다.

예 • "1이 가장 기분이 우울할 때이고 10이 가장 기분이 좋은 상태라면 오늘 기분은 몇 점 정도일까?"

• "1이 가장 문제가 심각했을 때이고 10은 문제없이 원하는 대로 잘 지낼 때라고 하면, 지난주는 몇 점 정도를 줄 수 있을까?"

기적 질문

기적이 일어나 모든 문제가 해결되고 내담자가 가장 원하는 상태가 된다면 어떤 일이 생길지를 탐색하는 질문이다. 기적 질문은 내담자가 바라는 변화된 일상을 구체적으로 탐색할 수 있게 해 상담의 목표를 정하는 데 도움이 된다. 상담자의 질문에 대해 내담자가 "몰라요."와 같이 대답하거나, 기적이 일어나 변화된 상황을 구체적으로 대답하기 어려워할 수 있기 때문에 상담자는 질문을 바꾸어 가면서 내담자가 원하는 바람직한 행동, 타인과의 관계 등을 구체적으로 표현할 수 있도록 돕는다. 다음과 같은 질문을 통해 내담자가 원하는 변화를 구체적으로 확인할 수 있다.

예 • "어느 날 자고 일어나 보니 모든 문제가 해결되었다면 그날은 어떤 일이 생길까?"

• "모든 문제가 해결된 날 아침에 등교하면 학교에서는 어떤 일이 생길까?"

- "기적이 일어나서 모든 일이 네가 원하는 대로 된다면 교실로 들어가서 가장 먼저 무슨 일을 하지? 누구와 먼저 말을 할까? 쉬는 시간에는 누구와 무엇을 하지?"

질문에 대해서 내담자가 "엄마가 제게 짜증을 안 낼 것 같아요." "선생님이 저한테 야단을 치지 않을 것 같아요."와 같이 다른 사람들의 변화에 초점을 두어서 얘기할 수 있다. 이때 상담자는 "그러면 무슨 일이 생길까?" "엄마가 짜증을 안 내면 너는 뭘 할 것 같아?"와 같이 기적이 일어난 상황에서 일어나는 일들에 대해 자세한 탐색을 하는 것이 내담자가 원하는 자신의 행동변화가 무엇인지를 파악하는 데 도움이 된다.

대처 질문

대처 질문은 내담자가 경험하는 많은 어려움에도 불구하고 어떻게 현재처럼 생활을 유지할 수 있는지를 탐색하는 질문이다. 내담자의 문제가 훨씬 더 나빠질 수 있었는데도 현재처럼 유지하는 것은 내담자가 자신의 삶을 이끌어 나가고 적응하기 위해 나름의 방식으로 노력했기 때문이라고 가정한다. 대처 질문은 내담자가 삶을 유지하는 데 활용하는 노력, 강점, 자원 등을 찾는 데 도움이 되며, 그 결과 내담자는 자신을 보다 긍정적인 관점에서 볼 수 있다.

예
- "어떻게 오늘 학교에 올 수 있었지?" (힘들어서 빠질 수도 있는데 등교한 것을 강조함.)
- "친구들 때문에 무척 고통스러울 텐데, 학교에서 매일 어떻게 생활하고 있지?"
- "어떻게 더 나빠지지 않게 할 수 있었지?"

해결중심상담에서 매 회기는 유사한 방식으로 진행된다. 상담자는 내담자의 과제를 확인하고, 지난 상담시간 이후 변화된 부분의 확인, 변화에 대한 대처방법의 구체적인 확인, 내담자의 대처방법과 변화에 대한 칭찬, 변화를 확장하여 적용할 수 있도록 하는 과제의 합의와 제시의 순으로 진행한다. 내담자가 적응적인 대처를 하면서 행동의 변화가 생기면 이는 상호작용하는 가족 및 또래의 반응을 보다 긍정적으로 변화시켜 순환적으로 내담자의 변화를 촉진한다.

현실상담의 WDEP 적용하기

현실상담에서는 인간은 다섯 가지의 기본 욕구—사랑과 소속의 욕구, 힘과 성취의 욕구, 자유의 욕구, 즐거움의 욕구, 생존 욕구—를 가진다고 가정하며, 인간이 하는 모든 행동은 욕구를 충족하는 방식으로 나타난다고 보았다. 상담에서는 내담자가 자신의 욕구를 찾도록 돕고, 현재의 문제 있는 방식이 아니라 욕구를 충족할 수 있는 보다 적응적이고 효율적인 방식을 찾아 실행할 수 있도록 돕는 개입이 이루어진다. WDEP는 내담자의 욕구를 파악하고 욕구 충족을 위한 현재 행동을 평가하여, 보다 효율적인 방법을 계획하고 실행하도록 돕는 일련의 과정을 나타낸다.

W(Want; 바람, 욕구)

내담자의 욕구를 탐색하는 것으로, 내담자가 원하는 욕구는 상담의 목표와 관련된다. 다음과 같은 질문을 통해 내담자의 욕구를 탐색할 수 있다.

- “상담에서 어떤 도움을 받기를 원하지?”
- “학교에서 어떤 변화가 생기면 학교생활이 더 즐거울 것 같아?”
- “반의 친구들과 어떻게 지내고 싶어?”

내담자는 자신이 원하는 것을 항상 알고 있는 것이 아니므로 다양한 질문을 통해 욕구를 구체화한다. 내담자가 '우울하지 않았으면 좋겠어요.'라고 대답한다면 우울하지 않은 대신에 무엇을 하기를 원하는지, 우울하지 않으면 삶에서 어떤 변화가 생길 것이라고 기대하는지 등을 구체적으로 탐색한다. 내담자가 자신의 삶에서 '일어나기를 바라는 일'을 구체화하면 다음 단계로 넘어갈 수 있다.

D(Doing; 행동)

내담자가 욕구를 충족하기 위해서 현재 하고 있는 행동이 무엇인지 탐색하는 작업을 뜻한다. 욕구가 있을 때 개인은 욕구를 충족시킬 방법을 생각하고 생각을 행동으로 옮긴다. 상담에서는 내담자가 어떤 행동을 하고 있는지를 탐색한다.

- "학교에서 친구를 한 명 사귀고 싶다고 했는데, 친구를 사귀기 위해 무엇을 하고 있어?"
- "이번 수학시험에서 점수를 10점 이상 올리고 싶다고 했는데, 어떻게 준비하고 있어?"
- "몸무게를 5kg 줄이고 싶다고 했는데, 그 목표를 달성하기 위해 현재 어떻게 하고 있어?"

내담자의 욕구를 충족하기 위해 내담자가 하는 생각과 행동을 탐색하고, 특히 내담자의 생각이 행동과 어떻게 연결되는지를 확인한다. 내담자가 "친구를 사귀고 싶은데, 막상 연락을 하려고 하면 내가 연락하면 싫어하지는 않을까, 혹시 바쁜데 내가 연락하는 것은 아닐까 하는 생각에 문자를 보내려고 하다가도 멈추게 된다."고 한다면 내담자의 걱정이 친구에게 연락하는 행동과 관련됨을 확인할 수 있다. 욕구를 충족하기 위한 행동은 보통 여러 가지로 나타날 수 있으므로 다양한 행동들을 탐색하고 확인한다.

E(Evaluation; 평가)

평가는 내담자가 하고 있는 행동이 욕구 충족을 위해 도움이 되는지를 평가하는 것이다. 평가는 상담자의 안내로 내담자가 스스로 평가하도록 하는 방식으로 진행한다.

- "민지가 지금 하고 있는 생각과 활동들이 원하는 것을 얻는 데 도움이 되는지를 함께 확인해 볼까? 현재 하고 있는 행동들을 평가해 보면 친구를 사귀는 데 도움이 되는 행동과 그렇지 않은 행동을 구분할 수 있어. 그러면 앞으로 어떻게 하는 게 좋을지 계획을 세우는 데 도움이 될 거야."
- "친구에게 연락을 하려고 하면 혹시 친구가 바쁜데 더 시간을 뺏는 것은 아닐까, 내가 연락하면 귀찮아하는 것이 아닐까 하는 생각이 들어 연락을 안 한다고 했는데 그 행동을 먼저 생각해 볼까? 이렇게 하는 것이 친구를 사귀는 데 어떤 도움이 된다고 볼 수 있을까?"

내담자가 자신의 행동이 욕구를 충족하는 데 얼마나 도움이 되는지를 평가하는 데에는 객관적인 시각이 필요하다. 평가과정을 통해 내담자는 현재 방식대로 행동을 지속하면 목표달성이 어렵다는 것을 알고 행동의 변화가 필요하다는 것을 인식할 수 있다.

P(Planning; 계획)

내담자가 하고 있는 생각과 행동이 목표달성에 도움이 되지 않을 때 상담자는 내담자와 협조하여 내담자가 쉽게 행동으로 옮길 수 있는 계획을 짠다. 내담자가 새로운 행동을 계획하기 어려워하면 상담자는 가능한 행동들을 제안하고 내담자가 선택하도록 할 수 있다. 내담자가 선택하도록 함으로써 내담자는 새로운 계획에 대한 책임을 질 수 있다.

- "반에서 가까워지고 싶은 은서와 친해지려면 어떻게 하면 좋을까?"
- "은서와 친해지기 위해서 해 볼 수 있는 것으로는 방과후에 집에 갈 때 같이 가자고 하는 것, 쉬는 시간에 같이 보드게임 하자고 하는 것, 주말에 집에 놀러 오라고 하는 것 등이 있네. 그럼 이 중에서 민지가 먼저 해 볼 수 있는 게 뭘까?"

내담자가 선택한 계획에 대해서 상담자는 언제 시도를 해 볼 수 있는지, 마음속에서 행동을 시작하는 것이 주저될 때 어떻게 대처할 수 있을지, 누구에게 몇 번 시도해 볼 수 있는지 등을 구체적으로 계획해서 내담자가 쉽게 행동으로 옮길 수 있도록 돕는다. 행동계획은 내담자의 동기와 자원에 따라 실천 가능한 정도를 평가해서 이에 맞게 이루어지는 것이 좋다. 내담자가 계획을 시도한 이후에 상담에서는 WDEP의 DEP 과정을 반복해서 거치면서, 실행과정 및 결과에 대한 평가, 행동 계획 및 실행을 반복해서 진행해 나간다.

새로운 행동의 습득과 적용을 돕기

내담자가 자신의 문제에 대해서 통찰을 얻는다고 해도 모든 내담자가 통찰의 결과를 행동으로 옮길 수 있는 것은 아니다. 문제는 인식하지만 새로운 행동을 할 수 있는 기술이 없을 때 상담에서는 내담자가 새로운 행동을 학습할 수 있도록 돕는 교육이 이루어진다. 상담에서 자주 다루어지는 기술로는 이완훈련이나 사회기술훈련을 들 수 있다. 사회기술훈련 중 자기표현은 대체로 나-메시지(I-message)와 Do-언어를 사용하여 자신의 생각과 감정을 표현하도록 하는 것이다. 상담에서는 감정의 인식과 표현을 포함한 자기표현을 직접 가르치거나, 모델링을 활용하거나, 역할연습을 통해 내담자가 익힌 기술을 연습할 수 있도록 돕는다. 내담자가 관계에서 감정과 생각을 잘 표현하지 못해 불편감을 경험하거나 관계를 시작, 유지하는 데 어려움을 경험할 때 자기표현

연습을 하는 것이 도움이 된다. 자기표현의 학습을 돕는 예는 다음과 같다.

"네가 아끼는 펜을 친구들이 빌려 달라고 할 때 속으로는 싫으면서도 싫다는 말이 입안에서만 맴돌고 하지는 못한다고 했지?(네….) 그런데 마음속으로는 그 말을 계속하고 싶다는 거지?(네….) 그러면 실제로 그런 상황에서 사용할 수 있는 말들을 같이 연습해 보면 어떨까?"

어떤 경우에 내담자는 자기표현 기술이 없는 것이 아니라, 자기표현을 하면 친구가 싫어하거나 관계가 멀어질까 봐 표현을 못하기도 한다. 상담자는 내담자가 어떤 이유로 자기표현을 못하는지 확인한 후, 표현 기술이 부족하다고 판단될 때 행동연습을 한다. 새로운 행동을 연습할 때에는 매 단계에서 내담자가 이 행동을 하기를 원하는지 확인하고, 내담자가 배우기를 원할 때 연습하는 것이 효과적이다. 내담자가 "그런데 제가 표현하는 걸 배운다고 도움이 될까요?"와 같이 효과에 의문을 가지면 그렇게 생각하는 이유를 먼저 탐색하여 다룬 후 연습을 시작하는 것이 좋다. 다음의 예를 보자.

"친구가 펜을 빌려 달라고 했을 때 마음속으로 싫다는 말이 맴돌고 있다고 했었지? 네가 마음속으로 생각한 말을 먼저 한번 표현해 볼까?" [내담자가 먼저 표현해 보도록 하여 내담자의 표현 기술 확인]

"선생님이 그 상황이라면 '이거 내가 정말 아끼는 펜이라서 빌려 주긴 좀 어려워. 네가 펜이 필요하면 다른 펜을 빌려 줄게.'라고 할 것 같아. 선생님이 말한 방법이 어떤 것 같아?" [모델링 후 내담자의 의견 탐색]

"그럼 지금 선생님이 펜을 빌려 달라고 한 친구 역할을 할 테니까 네가 싫은 마음을 어떻게 표현할지 한번 역할을 정해서 연습해 볼까?" [역할 연습]

상담자는 내담자의 표현 방법을 확인한 후 시선 접촉이 적절한지, 목소리가 충분히 큰지, 감정적이 되지 않고 거절할 수 있는지 등을 확인하여 내담자의 반응을 교정한다. 내담자가 일상 생활에서 자기표현의 어려움을 경험하는 주요 상황을 확인해서 반복해서 연습하는 것도 도움이 된다. 자기표현 연습에서는 내담자가 자기표현을 할 수 있는 기술을 갖도록 돕는 것도 필요하지만, 자기표현을 누구에게 어떤 상황에서 할 것인지를 결정하는 것도 중요하다. 내담자가 자기표현을 한 후 표현이 받아들여지는 경험을 한다면 이후 자기표현을 자발적으로 할 가능성이 높아지므로, 어떤 상황에서 누구에게 표현하는 것이 좋을지를 상담시간에 미리 검토하여 계획한다.

변화 단계에서 과제를 활용하기

내담자가 상담이 끝난 후에도 상담내용에 대해 생각하고, 상담에서 다루었던 것을 일상생활에서 적용하고 시도해 봄으로써 스스로 변화하도록 돕기 위해 과제를 사용한다. 변화 단계의 과제는 상담목표와 관련해 상담에서 연습하고 계획한 행동을 내담자가 생활에서 실제로 해 보도록 하는 행동과제가 많이 사용된다. 과제는 상담에서 그날 다루었던 내용과 관련해서 생활에서 시도해 보면 좋을 행동을 내담자와 합의해서 결정한 후 제시하는데, 보통 회기의 마지막에 과제에 대한 설명과 함께 제시하는 것이 일반적이다. 내담자가 과제를 이해하고, 질문하고, 과제 실행에 어려울 수 있는 부분을 확인하는 등 과제를 할 만한 것으로 내담자가 받아들이도록 하는 데 시간이 소요되므로, 과제를 줄 때에는 이러한 작업이 진행될 수 있도록 충분한 시간을 배정하고 진행한다.

과제 부여하기

상담에서 과제를 사용할 때에는 아동과 청소년이 과제를 이해할 수 있도록 설명해 주고, 그 과제를 하는 것이 왜 필요하고 어떤 도움이 되는지를 함께 설명한다. 내담자의 동기가 낮으면 과제를 못할 가능성이 높고 과제를 못하면 다음 상담회기에 올 때 부담이 되므로 주의한다. 특히 학교상담에서 내담자는 과제를 숙제처럼 생각하고 숙제를 못할 때 교사에게 혼나는 것처럼 생각해 더욱 부담을 느끼기 쉽다. 적절한 과제가 주어지면 과제에 대한 상담자와의 약속이 내담자가 새로운 행동을 시도하는 데 대한 외적 동기로 작용할 수 있다.

> "오늘 연습한 마음 표현하기를 다음 상담시간 전까지 친구들에게 한번 사용해 보고 올 수 있을까? 민지가 친구들에게 사용해 보면 실제로 도움이 되는지, 네 마음을 표현했을 때 친구들 반응은 어떤지를 관찰할 수 있는 기회가 될 거야. 친구들에게 연습해 보고 그 결과를 다음 시간에 선생님과 확인해 보자."

과제 수행 후 점검하기

과제를 준 다음 상담회기에서는 과제 수행에 대한 부분을 시작 단계에서 점검한다. 상담자가 간혹 다른 상담 이슈에 대해서 집중하거나, 내담자가 학교에서 경험한 다른 문제를 다루느라 과제 점검을 잊기도 하는데 상담자가 과제 점검을 잊으면 내담자는 과제가 중요하지 않은 것으로 생각하므로 주의한다.

과제는 내담자가 하지 못한 경우, 시도는 했지만 잘 되지 않았던 경우, 성공적으로 수행한 경우로 구분해서 다루어 줄 수 있다. 내담자가 과제를 하지 못한 경우에는 그 이유를 탐색해 내담자에게 보다 적합한 과제 및 문제해결 방법을 찾는 기회로 사용한다. 내담자는 동기가 부족하거나, 너무 어려운 과제였거나, 과제를 시도해 볼 수 있는 기회가 없는 등 다양한 이유로 과제를 하지 못했을 수 있다. 아동과 청소년 상담에서는 내담자가 과제를 잊어버려서 못해 왔다고 하는 경우가 있다. 이때에도 상담자는 내담자가 어떻게 하면 과제를 잊지 않도록 도와줄 수 있을지에 초점을 두고 내담자의 시간사용을 확인해서 과제를 할 시간을 미리 정해 두는 등 방법을 찾아 나간다. 내담자가 과제를 해 오지 않았을 때 상담자가 탐색해 볼 수 있는 측면은 다음과 같다(Friedberg & Mc-Clure, 2002/2007).

- 내담자가 과제를 이해했는가?
- 내담자가 과제를 하는 데 필요한 기술을 가지고 있는가?
- 과제가 의미 있고, 문제와 관련 있으며, 적절한가?
- 내담자의 주위 환경이 과제를 할 수 있도록 지원하는가?
- 내담자가 과제를 못한 이유가 내담자의 희망 없음(hopelessness)이나 우울 때문인가?
- 내담자가 과제를 못한 이유가 불안과 두려움 때문인가?
- 내담자가 과제를 안한 이유가 분노와 반항 때문인가?

내담자가 새로운 행동을 시도했지만 결과가 좋지 않을 때는 내담자가 어떻게 시도했는지, 관련된 사람들의 반응은 어떠했는지 등을 자세히 탐색해 원인을 파악하여 과제를 좀 더 쉽게 바꾸거나, 보다 호의적인 반응을 줄 수 있는 상대에게 행동을 연습해 보도록 하는 등 과제가 잘 이루어질 수 있도록 조정해서 다음 과제를 결정한다. 과제를 성공적으로 수행한 경우에는 과제 수행과 관련한 내담자의 경험을 자세히 탐색해 새로운 행동과 관련한 긍정적인 부분을 확인하고 계속 그 행동을 할 수 있도록 하는 과제를 부여한다.

행동변화를 위한 환경 조절 전략

문제행동은 그 행동이 일어나도록 하는 촉발 요인과 관련해 발생하는 경우가 많다. 아동이나 청소년의 문제행동은 모든 상황에서 같은 빈도로 발생하는 것이 아니라 특정한 상황에서 문제행동이 늘어나거나 줄어든다. 예를 들어, 철수가 학교에서 친구에게 짜증을 내면서 연필로 찌르거나 밀치는 등 공격행동을 하는 날이 있는 반면에 별다른 문제행동 없이 조용히 하루를 보내는 날도 있다고 할 때, 공격행동에 대한 촉발 요인이 무엇인지 탐색해 보아야 한다. 아침에 늦잠을 나서 엄마에게 야단을 맞고 온 날 학교에서의 공격 행동이 많아진다면, 상담자는 내담자가 늦잠을 잤을 때 어머니의 대응방법을 바꾸거나 혹은 일찍 일어날 수 있도록 철수의 환경을 조정함으로써 학급에서의 공격행동을 줄일 수 있다. 문제행동이 발생하는 환경을 탐색해 바꾸어 주면 문제행동의 감소 및 적응 행동의 증가가 쉽게 이루어지는 데 도움이 된다. 학교상담에서 흔히 개입하는 환경 요인으로 학급환경, 가족환경, 지역사회환경 등을 들 수 있다.

학급환경의 변화

학급환경은 아동과 청소년의 학교적응에 영향을 주는 가장 중요한 요소 중의 하나다. 학급에서의 지위, 친한 또래집단의 존재, 학급에서의 역할, 교사-학생 관계 등은 모두 행동에 영향을 주게 된다. 상담자는 교사와의 협조를 통해 필요한 경우 학생에 대한 학급 지위의 부여, 이타적인 학생들과의 상호작용 증가, 교사-학생 간 신뢰로운 관계의 형성, 학급 규칙의 적용 등을 통해 학생의 변화가 촉진될 수 있도록 돕는다.

- **교사–학생 간 신뢰로운 관계:** 교사–학생 간 신뢰롭고 협조적인 관계는 학생이 학교에 대해 긍정적인 태도를 갖도록 하는 데 도움이 된다. 교사는 학생에 대한 공감과 경청, 개별화된 관심과 도움을 줌으로써 보다 협조적인 관계를 만들어 나갈 수 있다. 내담자가 부모 이외의 신뢰할 수 있는 성인이 있을 때 이는 내담자의 학교 적응에 도움이 된다.
- **이타적인 또래집단의 존재:** 내담자가 학급에서 지위가 낮고 친밀한 관계를 맺는 또래가 없다면 학교에 적응하기 어려울 수 있다. 상담자는 학생이 새로운 행동을 시도할 때 이를 지지해 줄 수 있는 이타적이고 지지적인 또래를 활용해 학생의 변화를 도울 수 있다.
- **학급에서의 역할 부여:** 학생의 문제행동을 욕구를 충족하기 위한 행동으로 개념화하면, 학생이 자신의 욕구를 보다 적응적인 방법으로 충족할 수 있도록 학급에서 역할을 부여하는 것이 문제행동의 감소에 도움이 된다. 공격행동의 이면에 힘의 욕구가 큰 아동의 경우 학급에서 음악대회 지휘자를 맡아 적응적인 방식으로 힘을 발휘하면서 공격행동이 줄어든 것이 한 예가 된다.

가족환경의 변화

부모의 양육태도, 상호작용 방식, 훈육방식, 가족역동 등은 자녀의 행동과 밀접하게 관련된다. 상담에서는 부모상담을 통해 가족의 특성을 파악하고 부모의 양육방식, 부모–자녀 간 의사소통 방식, 부모의 자녀에 대한 정서적 지지, 적절한 훈육 등이 이루어질 수 있도록 돕는다. 상담자는 자녀의 문제가 무엇인지를 부모와 함께 정의하고, 자녀의 발달단계에 맞는 현실적인 기대를 갖도록 하며, 자녀의 행동에 영향을 주는 부모 행동을 이해하고 변화하도록 하는 방향으로 개입할 수 있다. 가족환경의 변화를 위한 개입은 '제11장 보호자상담'에서 자세히 다루어진다.

지역사회와의 연계를 통한 자원 증가시키기

온라인 게임을 과도하게 하는 아동과 청소년의 생활을 관찰해 보면 방과후에 보호자 없이 혼자 오랜 시간을 집에서 보내면서 게임을 과다하게 하는 경우가 많다. 자기조절능력이 떨어지는 아동의 경우 행동을 혼자 조절하기는 어려울 수 있는데, 이런 경우에 아동이 혼자 보내는 시간을 줄여 줌으로써 온라인 게임을 할 수 있는 시간을 조정해 주는 것이 도움이 된다. 상담자는 부모상담을 통해 아동이 혼자 보내는 시간을 줄일 수 있는 방법을 의논해서 실행하도록 돕거나, 아동의 경제적 배경에 따라 방과후 수업을 무료로 수강할 수 있도록 연계하거나, 지역아동센터나 복지관 등을 연계해 아동이 방과후에 할 수 있는 활동을 넓혀 줄 수 있다. 지역사회의 자원을 활용하면 부모의 지지나 감독이 제한적인 아동이 부모 이외의 다른 성인의 도움을 받을 수 있고, 혼자 있는 시간을 줄여 이와 관련된 문제행동을 줄이는 데 도움이 된다.

변화의 평가

상담에서 진행된 개입이 내담자에게 도움이 되었는지는 내담자의 변화를 평가함으로써 알 수 있다. 내담자에게 변화가 일어나고 있는 것뿐만 아니라 내담자가 변화를 인식하도록 돕는 것이 내담자에게 변화의 동기를 높일 수 있다. 내담자의 변화는 부정적인 문제의 감소와 긍정적인 특성의 증가가 모두 중요하게 다루어진다. 내담자의 변화는 다음의 여러 측면에서 평가할 수 있다(Heaton, 1998/2006).

내담자 문제에 대한 통찰의 증가

내담자 문제에 대한 통찰의 증가는 내담자가 자신의 문제가 왜 생겼고, 자신이 문제에 어떻게 기여하고 있으며, 노력에도 불구하고 문제가 왜 지속되었는지를 이해하는 새로운 시각이 생긴 것을 뜻한다. 상담자는 "오늘 상담을 통해서 새롭게 알게 된 것이 있을까?" "오늘 상담에서 나눈 얘기를 통해 문제에 대해서 다른 시각으로 보기 시작한 것 같은데, 그 부분에 대해서 좀 더 얘기해 볼까?"와 같이 내담자의 통찰을 확인할 수 있다.

내담자의 초기 문제나 증상의 감소나 제거

내담자가 상담을 시작하게 된 계기가 되었던 문제나 증상이 감소하거나 없어지는 것은 중요한 변화의 기준이다. 내담자가 여전히 증상이나 문제가 있다고 하더라도 상담의 초기나 기준점에 비해 달라진 정도를 평가한다. 증상의 감소는 정서, 사고, 행동, 관계 영역에서 발생할 수 있다. 상담자는 "지난주에 비해서 달라진 부분이 뭐가 있을까?"와 같이 일반적인 탐색을 통해 내담자의 변화를 확인하거나, "지난주에는 우울한 정도가 4라고 했는데, 이번 주에는 몇 점을 줄 수 있을까?"와 같이 구체적으로 상담에서 다루는 영역에 대한 탐색질문과 상담자의 관찰을 통해 변화를 평가한다. 증상 감소의 예는 다음과 같다.

- **심리적 불편감의 감소**: 불안이나 우울 등 부정적 감정의 감소, 자기비난이나 타인비난 등 부정적 사고의 감소 등
- **행동문제의 감소**: 지각, 수업 중 자리에서 일어나는 행동 등 문제행동의 감소
- **대인관계 영역의 변화**: 친구와의 싸움 횟수의 감소, 성인에 대한 반항행동의 감소 등

문제에 대한 내담자 대처 기술의 향상

내담자가 생활에서 어려움이 생겼을 때 새로운 방식으로 대처하면서 그 결과에 대한 만족감이 높아질 때 대처기술이 향상되었다고 볼 수 있다.

내담자의 학교적응 수준의 증가

학교적응의 지표로 볼 수 있는 학업, 또래관계, 교사관계, 규칙준수 등이 향상되었는지를 평가한다.

생각해 볼 문제

1. 자신을 좋아하는 사람은 아무도 없고, 그런 생각을 하면 너무 우울해진다는 내담자에 대한 상담에서 어떤 기법을 적용해 상담할지를 결정하고, 그 기법을 적용하는 과정을 계획해 보자.
2. 상담에 꾸준히 참가하면서 상담에 오는 것이 좋다고 하는 내담자가 실제 행동변화를 위한 시도를 하지 않는다면, 어떻게 접근할 것인지 생각해 보자.

추천도서

황매향(2016). 초등교사를 위한 행동수정 길잡이. 서울: 학이시습.

Berg, I. K., & Steiner, T. (2009). 아동과 청소년을 위한 해결중심 상담[*Children's solution work*]. (유재성, 장은진 역). 서울: 학지사. (원전은 2003년에 출판).

Friedberg, R. D., & McClure, J. M. (2007). 아동과 청소년을 위한 인지치료[*Clinical practice of cognitive therapy with children and adolescents*]. (정현희, 김미리혜 역). 서울: 시그마프레스. (원전은 2002년에 출판).

제11장

보호자상담

- 보호자상담 시기와 빈도
- 보호자와 미리 협조적 관계를 만들어 두라
- 보호자상담에 초대하기
- 보호자상담 준비와 시작
- 보호자상담 초기에서 다룰 내용
- 보호자상담을 적극 활용하라
- 보호자에게 조언하는 방법

"부모는 가정에서 자녀를 잘 돌보고, 교사는 학교에서 학생을 잘 가르치고 상담하고, 그렇게 부모와 교사가 각자 자기 할 일 잘하면 되는 것 아닌가요?" "교사가 학생을 상담할 때 굳이 보호자를 만날 필요가 있나요?" "학생상담에 대해서는 의욕도 경험도 꽤 있는데, 보호자를 상담할 생각을 하면 부담부터 느껴집니다." "제가 나이가 사오십 대쯤 되고 교직경력도 20년쯤 넘으면 그때는 보호자상담이 덜 부담스러울 것 같기도 해요."

많은 상담자가 보호자상담을 부담스럽게 여긴다. 특히 보호자에 비해 젊은 연령의 상담자들이 더욱 부담을 많이 느낀다. 아마 연령에 따라 수직적 관계가 형성되는 문화적 경향이 아직도 한국사회에 많이 남아 있다는 점 때문이기도 할 것이며, 보호자상담에 대해서는 별로 배운 적이 없어서 그렇기도 할 것이다.

그러나 미성년자인 학생이 내담자이면 보호자상담은 상담 시작부터 필수적인 과정이다. 학생과 상담을 시작하려면 보호자의 동의도 받아야 하기 때문이다. (보호자의 동의를 받는 구체적 과정은 제2장을 참조하라.) 또한 상담과정이 모두 끝날 때까지 보호자의 도움과 협조는 학생상담의 효과를 높이기 위해서도 필요하며, 상담자는 미성년자인 학생내담자에 대한 비밀보장의 의무를 지키는 한편, 보호자의 권리 사이에서 균형을 잘 유지해야 하기 때문에 상담 진행과정 전반에서 보호자상담은 중요한 부분이 된다.

보호자상담 시기와 빈도

상담 시작 시에 필요한 보호자의 동의는 부득이한 경우 서면으로 이루어질 수도 있지만, 가능하면 보호자를 직접 만나거나 적어도 전화로라도 대화를 나눈 후에 서면동의를 받는 것이 좋다. 특히 교사가 먼저 상담을 권유하는 경우에는 교사가 왜 그 학생을 상담하고자 하는지, 상담을 통해서 어떤 도움을 줄 수 있는지를 충분히 설명하는 과정이 이루어져야 하기 때문이다. 이후 상담과정에서 보호자상담의 시기와 빈도는 학생의 연령, 부모자녀관계, 문제의 특성, 보호자의 상담관여 의사 등에 따라 융통성 있게 조정할 수 있다.

보호자와 미리 협조적 관계를 만들어 두라

보호자와 상담자는 학생을 위해 함께 노력해야 하므로, 상담자는 보호자와 협조적 관계를 만들도록 애써야 한다. 보호자와의 협조적 관계는 상담사례를 선정하기 훨씬 전부터 평소에 미리 만들어 두는 것이 좋다.

학생에 대한 교사의 긍정적 관심은 간접적으로 보호자에게 전달된다

교사가 지도하는 학생 모두는 잠재적 내담자라고 생각하는 것이 좋다. 따라서 학생을 지도하는 첫날부터 학생뿐 아니라 보호자와의 관계도 시작된다. 학생을 반기고 미소 짓는 것, 학생에게 따뜻한 대화를 건네고 질문하는 것, 학생의 장점을 발견하고 칭찬하는 것, 학습활동을 개별적으로 도와주는 것 등 교사의 학생에 대한 긍정적 관심이 드러나는 언행과 태도는 학생을 통해 간접적으로 보호자에게 전달될 것이다. 학생이 집에 가서 교사에 대해서 직접 이야기하지 않더라도 학교와 교사에 대한 학생의 태도와 생각은 다양한 방식으로 드러나기 때문이다. 학생을 통해 간접적으로 교사의 긍정적 관심이 드러나면 보호자와 교사의 관계는 그만큼 긍정적이 되고, 그 학생들 중 하나를 상담사례로 선정하게 될 때 보호자상담을 위한 기반도 이미 상당 부분 마련되어 있게 된다.

교사가 평소 보호자에게 직접 긍정적 관심을 전달해 두는 것도 필요하다

학기 초에 담임교사가 부모에게 서신 보내기, 학부모총회에서 교사의 교육 방침과 철학을 밝히기, 학부모상담주간에 개별 부모와 대화하기 등은 보호자 상담을 위한 귀중한 기반이 된다. 학부모총회나 학부모상담에 나타나지 않는 부모일수록 교사가 먼저 연락하여 학생에 대한 이야기도 나누고 편안한 관계가 될 수 있도록 할 필요가 있다. 특히 학교에서 문제를 보이는 학생의 경우 좀 더 자주 보호자에게 학생에 대해 알리고 짧은 대화라도 갖도록 한다. 이때 학생의 문제나 부정적 측면에 대해서만 이야기하지 말고 반드시 작은 것이라도 학생의 장점 및 긍정적 변화에 대해서도 언급하도록 하는 것이 중요하다. 학생들이 작은 칭찬에도 기분 좋아하는 것처럼, 보호자도 자녀에 대한 교사의 작은 관심에도 감동한다.

예 • "오늘 미술시간에 명희가 바다를 시원하게 그려서 제가 '야, 바다가 참 시원해 보인다.' 그랬더니 '아빠랑 동생이랑 같이 바닷가에 놀러 갔어요.'라며 자랑을 하더군요. 쉬는시간에 제게 와서 바닷가에 놀러 갔던 이야기를 더 자세히 해 줘서 참 즐겁게 들었어요. 이야기 내용도 좋았지만, 명희가 제게 먼저 다가와서 이야기를 해 줬다는 게 참 기뻤답니다."

• "창호는 제가 칭찬하면 '에이, 아녜요.'라고 하면서 쑥스럽게 웃는게 참 귀여워요. 어제도 교실 뒤 책꽂이에 보던 책을 꽂고 나서 옆 책들이랑 줄을 맞추길래 제가 고맙다고 했더니 씩 웃어서 '너 웃는 모습 참 예쁜 거 알지?' 그랬더니 또 '에이, 아녜요.' 그러더군요."

보호자상담에 초대하기

평소 부모와 좋은 관계를 형성해 두었더라도 교사가 특정 학생을 상담사례로 선정하고자 할 때는 별도의 보호자상담이 필요하다. 직접 대면하여 상담하는 것이 가장 바람직하나, 상황이 여의치 않다면 전화로 이루어질 수도 있다.

긍정적인 방향으로 제시하고, 부모를 최대한 배려하라

보호자가 먼저 자녀에게 문제가 있다고 생각하며 교사에게 상담을 요청하는 경우에는, 부모가 편안하게 이야기할 수 있도록 경청하는 것이 우선이다. 반면, 교사가 먼저 보호자에게 연락하여 학생을 상담하려는 의도를 밝히는 경우에는, 평소 교사에 대해 긍정적 태도를 가졌던 부모라도 긴장할 가능성이 높다. 심지어 학생에게 문제가 전혀 없고 성장을 더 도와주려는 의도로 상담을 하려는 경우라도 부모는 긴장하기 쉽다. 그러므로 교사는 보호자의 긴장과 걱정을 덜어 줄 수 있도록 최대한 배려하면서, 상담을 제안하는 이유를 긍정적인 방향으로 제시할 필요가 있다.

예 "제가 그동안 현미를 지도하면서 현미에게 좀 더 도움이 되고 싶다는 생각을 많이 했습니다. 현미가 부족해서가 아니라 더 큰 가능성이 열릴 수 있겠다는 뜻에서요. 제가 보기에 현미는 또래에 비해서 성숙하고 생각도 깊은 아이며 여러 면에서 능력도 참 많은 아이입니다. 다만, 자기에게 많은 능력이 있다는 것을 가끔 스스로 잘 인식하지 못하는 것 같거나, 자기를 좀 더 귀하게 여겼으면 하는 느낌이 들 때가 있어서 안타까웠어요. 그래서 자신감을 좀 더 갖게 하려고 칭찬도 더 자주 하려고 했는데, 그래서인지 요즘은 좀 더 적극성이 늘었다는 생각은 듭니다. 제가 대학원에서 상담을 지난 2년간 공부해 보니, 현미와 상담시간을 몇 번 집중적으로 가지면 현미가 더 자신 있고 적극적이고 또 행복한 학교생활을 하도록 도울 수 있겠다는 생각이 듭니다. 부모님께서 허락하시고 현미도 동의한다면 현미와 상담을 하고 싶습니다. 한 주에 한 번씩 수업이 끝난 후에, 한 번에 사십 분 정도 상담을 하게 되는데, 현재 제 생각으로는 4~5주 정도 지속하면 될 것 같습니다. 상담을 진행하면서 기간이 더 짧아질 수도 있고 좀 더 길어질 수도 있습니다. 구체적인 것은 아버님이나 어머님께서 학교에 한번 오셔서 의논을 하시면 좋겠습니다. 어떠신지요?"

예 "그동안 전화로 민수의 친구관계에 대해서 말씀을 여러 번 나누었지요. 민수의 친구관계가 더 좋아지도록 부모님도 많이 애써 주시고 민수도 나름 노력을 하고 있는 것이 보입니다. 저도 지속적으로 관심을 가지고 민수가 친구들과 더 잘 지내도록 도우려고 여러 가지로 노력해 왔습니다만, 그동안 잠깐씩 민수와 이야기를 나누고 조언한 것들이 어느 정도 도움이 되긴 했는데 너무 단편적이라 큰 도움이 못 되었던 것 같은 생각도 들고, 또 다른 아이들 있는 데서 이야기하려니 민수의 속마음을 충분히 이해하지 못한 거 같아 민수에게 미안하기도 했어요. 그래서 민수와 시간을 좀 충분히 가지고 몇 회에 걸쳐서 상담을 했으면 합니다. 한 번에 사오십 분 정도 민수와 같이 놀이도 하고 그림도 그리면서 상담을 진행하려고 합니다. 제가 대학원 상담과정에서 그동안 공부한 것을 민수에게 나눠주고 싶습니다. 민수도 그동안 힘들었던 것, 속상했던 것을 충분히 표출하고 또 친구들과 더 잘 지내기 위한 방안을 저와 함께 찾아보고 연습도 해 보는 시간이 되었으면 합니다. 한 주에 한 번씩 방과후에 민수가 시간이 되는 요일마다 만나고, 5~6주 정도 진행했으면 하는데 어머님 생각은 어떠신지요?"

보호자상담 준비와 시작

보호자의 상황이 여의치 않다면 전화로도 보호자상담이 가능하나, 가능하면 직접 만나서 상담을 진행하는 것이 좋다. 반드시 학교에서, 그리고 상담자 외의 다른 교직원이 적어도 한 명 이상 학교 내에 있는 시간에 보호자상담을 진행하도록 유의한다. 다음의 교사가 학생상담을 먼저 요청한 경우를 예로 하여 학교에서 보호자와 대면상담을 진행하는 과정을 살펴본다.

보호자상담을 위한 공간과 시간 확보하기

학교에서 교사가 학생을 상담하는 목적이 문제해결 및 예방뿐만 아니라 성장발달을 돕는 데 있기도 하지만, 대부분의 부모는 학교에서의 상담을 문제와 연결시켜 생각하는 경향이 강하다. 그만큼 불안과 걱정 등 불편한 마음으로 보호자상담에 임할 가능성이 많다.

따라서 상담자는 보호자가 편안하게 이야기할 수 있도록 상담공간을 확보하고 자리 배치에도 신경을 쓸 필요가 있다. 학교에 상담실이 따로 마련되어 있다면 상담시간 동안 방해받지 않고 이야기를 나눌 수 있도록 문 밖에 시간을 표시해 두고, 상담자의 전화기를 무음으로 바꿔 놓는 등 보호자상담을 위한 시간과 공간을 확보한다. 상담실이 따로 없다면 학생들의 하교 후에 교실에서 보호자상담을 진행할 수 있으나, 그럴 때도 다른 사람들이나 학교업무에 의해 방해받지 않도록 미리 조치해 둔다.

보호자를 편안하게 맞아들이기

일반적 부모상담도 학생에게 초점이 맞추어서 이루어지는 것이 대부분이지만, 보호자상담은 학생상담의 시작과 더불어 이루어지므로 상담의 주제와 내용에 좀 더 초점이 맞추어지게 된다. 그러나 처음부터 상담의 이유나 내용 등에 바로 초점을 맞추어 보호자상담을 시작하게 되면, 보호자가 방어적으로 될 가능성이 높다. 따라서 일단 보호자의 학교방문을 위한 노력과 수고(예: 직장에서 휴가 및 조퇴, 일정 조정 등) 등에 대해 언급 · 질문하며 감사를 표시함으로써 대화를 시작하는 것이 좋다. 그리고 교사가 상담을 제안한 것에 대해 보호자가 가진 생각과 느낌을 이야기할 수 있게 한다. 보호자의 이야기를 잘 경청하며, 보호자가 느낄 가능성이 많은 걱정, 좌절, 수치심, 죄책감, 조급함, 원망스러움 등 다양한 생각과 감정을 공감적으로 이해하도록 노력한다.

예
- "민수어머님께서 학교에 오시느라고 직장까지 조퇴하고 오셨군요. 오시는 길이 막히지는 않으셨어요? 이렇게 어려운 걸음 해 주셔서 정말 감사합니다. 귀한 시간 내주신 만큼 오늘 이 시간이 민수를 위해 큰 도움이 되었으면 좋겠습니다."
- "제가 민수와 상담을 하고 싶다는 말씀을 전화로 드렸는데, 제 얘기 들으시고 마음이 불편하셨을까 봐 걱정했습니다. 어떠셨는지요?"
- "학교에 오시면서 여러 가지 생각이 드셨을 거 같아요."

보호자상담 초기에서 다룰 내용

보호자상담 초기에서는 다음과 같은 내용들이 다루어져야 한다. 보호자상담의 진행 상황에 따라 순서는 조정할 수 있다.

보호자에게 학생상담의 목적 설명하기

교사가 상담을 권유한 경우라면 앞에서 제시한 것처럼 이미 상담을 권유하는 이유와 목적을 전화로 어느 정도 설명했을 것이다. 그러므로 전화로 설명했던 것을 다시 부연 설명하여 부모의 이해를 돕고, 또 부모가 상담에 대해 궁금한 내용을 질문할 수 있는 기회를 제공함으로써 학생상담의 목적을 보호자가 분명히 이해할 수 있도록 한다.

학생상담에 대해 보호자의 동의받기

교사에게 상담을 권유받았거나 보호자 스스로 상담을 요청한 것에 대해 느끼는 생각과 감정 등에 대해 보호자가 이야기를 할 수 있도록 하고 그에 대해 공감적으로 이해하는 반응을 보이며, 상담의 목적을 다시 설명하면 대체로 학생상담에 대한 동의를 얻게 될 것이다. 보호자의 학생상담에 대한 동의를 구두로 확인한 후에 상담동의서(제2장과 부록 참조)를 제시하거나, 혹은 상담동의서 양식을 먼저 제시하며 설명하면서 상담에 대한 동의를 구할 수도 있다. 보호자가 학생상담을 먼저 요청한 경우라도 상담동의서를 받도록 한다.

비밀보장의 원칙 및 예외에 대해 알리고, 상담내용에 대해 보호자에게 알리는 정도 합의하기

미성년자인 학생을 상담하는 경우 비밀보장의 원칙과 예외를 설명할 때 보호자와 관련된 부분을 학생과 상담을 시작할 때도 알리게 되지만(제3장 참조), 보호자에게도 알리고 동의를 받아야 한다. 즉, 상담내용은 비밀보장이 되는 것이 원칙이나, 미성년자인 내담자의 경우 보호자인 부모가 알아야 할 내용이라고 상담자가 판단하는 경우에는 내담자에게 미리 알려 주고 보호자에게 알리게 된다는 것을 보호자에게도 알리고 동의를 구한다. 그러나 학생의 연령이나 문제의 특성 및 부모자녀관계 등에 따라 보호자에게 상담내용을 알리는 내용의 상세도 및 빈도 등은 보호자 및 학생과 협의하여 융통성 있게 조정함으로써 학생이 상담에 편안하게 임할 수 있게 해야 한다.

예 "민수와 제가 상담하는 사실이나 상담내용은 보호자이신 부모님 외의 다른 사람에게는 부모님의 동의 없이는 알리지 않게 됩니다. 다만, 민수가 자신이나 다른 사람에게 해로울 행동을 할 위험이 높다고 제가 판단하거나 아동학대나 학교폭력과 관련된 내용이 의심되는 경우에는 민수나 관련인물을 보호하기 위해 필요한 관계자에게 알릴 수는 있습니다. 그런 경우에도 미리 부모님께 알려 드립니다."

예 "민수와 상담하면서 어떤 것들을 다루었으며 어떻게 진행되고 있는지를 매주 부모님께 간략히 말씀드리고, 부모님의 협조나 지도가 필요한 부분에 대해서도 말씀드리겠습니다. 또 상담내용 중에서 부모님께서 구체적으로 아셔야겠다고 제가 판단하는 것이 있으면, 민수에게 미리 이러저러한 내용을 부모님께 말씀드리겠다고 알려 준 다음 부모님께 알려 드리게 됩니다. 부모님께서도 상담내용에 대해서 궁금하신 부분이 있으면 연락 주시기 바랍니다."

예 영주는 5학년이 되면서부터 어머니가 학교 생활에 대해 물어보면 "그건 알아서 뭐 하게요?" "왜 자꾸 물어요?" 등 거칠게 반응하기 시작했다. 예전에는 먼저 어머니에게 다가와서 말도 걸고 옆에 앉아서 같이 TV도 봤지만, 이제는 집에만 오면 자기 방에 들어가서 잘 나오지 않고, 식사 시간에도 밥만 얼른 먹고 일어나서 자기 방에 가 버린다. 5학년 들어서 일어난 영주의 이런 변화로 인해서 영주와 어머니는 언성을 높이고 서로에게 화를 내는 일이 잦아졌다며 어머니가 담임교사에게 호소함으로써 담임교사가 영주를 상담을 시작하려 한다. 담임교사는 영주가 학교에서 별 문제없이 잘 지내고 있음을 어머니에게 알려 주고, 상담내용을 당분간 부모에게 알리지 않아도 좋겠는지 의논하였다.

"제가 영주와 상담하는 사실이나 내용은 영주와 부모님 외의 다른 사람에게는 비밀이 지켜집니다. 영주가 자신이나 타인에게 해로운 행동을 할 위험이 높다고 제가 판단하거나 아동학대 및 학교폭력과 관련된 내용인 경우에는 예외적으로 관련인물을 보호하기 위해 필요한 관계자에 알릴 수는 있지만, 그런 경우에도 미리 부모님께 말씀드리고 알리게 됩니다. 부모님은 제가 영주와 상담하는 내용에 대해 아실 수 있는 권한이 있는 겁니다. 그러나 제 생각엔 현재 어머니와 영주와의 관계가 불편한 상태에 있으니, 당분간 영주와 상담하는 내용을 저와 영주만 알도록 해 주시고 좀 기다려 주시면 영주가 편안하게 상담을 받을 수 있을 것 같습니다. 물론 어머니께서 꼭 아셔야 할 내용이라고 제가 판단하는 내용은 어머니께 말씀드릴 것입니다. 제가 기대하기로는 상담이 어느 정도 진행되면 영주가 스스로 어머니께 상담내용에 대해 직접 말씀도 드리고 대화를 할 수 있게 되었으면 합니다. 또 영주가 어머니나 가족과 함께 상담을 받을 수 있을 것이라고 판단되는 때가 되면 그것도 말씀드리겠습니다. 제 판단에 맡겨 주실 수 있겠는지요?"

보호자상담을 적극 활용하라

보호자상담은 학생상담의 진행 중에 상담 진행의 전반적 흐름 및 보호자가 알아야 할 것으로 판단되는 상담내용에 대해 보호자에게 알리는 것뿐만 아니라, 학생상담의 효과를 높이기 위한 귀한 기회이기도 하다. 따라서 상담자는 보호자와 정기적으로 혹은 필요시마다 상담을 하는 것이 좋다. 보호자상담을 대면하여 하기 어려운 경우라면 전화로라도 보호자와 상담을 이어가도록 한다. 보호자상담의 빈도는 학생의 연령, 부모자녀관계, 문제의 특성, 보호자의 상담관여 의사 등에 따라 융통성 있게 조정하면 되는데, 대체로 학생의 연령이 어릴수록 좀 더 자주 하는 것이 보통이다.

보호자상담에서 다룰 주된 내용은 1) 학생상담내용에 대해 보호자에게 알리기, 2) 학생 이해를 돕기 위해 필요한 정보를 보호자에게 질문하기, 3) 학생상담목표에 대해 알리고 목표달성을 위한 보호자의 도움 요청하기 등이다.

학생상담내용에 대해 보호자에게 알리기

대체로 학생의 연령이 어릴수록 보호자에게 학생상담내용에 대해 좀 더 상세하게 알리는 것이 보통이나, 상담내용에 대해 보호자에게 알리는 상세도는 학생의 연령, 부모자녀관계, 문제의 특성과 상담목표, 상담 시작 시에 보호자 및 학생과 합의한 내용 등에 따라서 조정한다. 상담자가 보호자 역할을 침해하지 않도록 유의하며, 학생 내담자와 보호자 사이에서 중립적인 자세를 견지하는 한편, 학생의 긍정적 변화를 돕고자 하는 상담목표 달성에 가장 효과적인 방식을 채택하도록 한다.

앞의 영주의 예처럼 부모자녀 간 갈등이 심한 경우 상담자가 중립적인 자세를 지키는 것이 특히 중요하다. 부모 편에 서서 부모대리인 역할을 하는 것처럼 학생에게 보인다면 학생과의 상담이 원활히 잘 진행되지 않을 것이며, 학생 편을 드는 것처럼 보인다면 부모의 보호자 역할을 상담자가 침해하게 될 가능성도 있을 뿐 아니라 부모에게 알려야 할 상담내용이 있을 경우 학생과의 상담 관계에 심각한 문제가 생길 수 있기 때문이다.

예 "지난주와 이번 주 상담에서는 수업시간에 산만한 행동을 어떻게 줄일 수 있을지를 많이 이야기했습니다. 지수가 스스로 생각하기에 왜 자꾸 산만해지는지도 함께 생각해 보고, 산만함을 줄이려고 지수가 그동안 노력해 왔던 방법들이 무엇인지 점검해 보고, 그런 방법들 중에서 계속할 만한 효과적인 방법은 무엇이고 또 새롭게 시도할 만한 방법은 무엇인지도 찾아봤습니다. 지수가 집중을 잘하려고 나름 노력을 하고 있고 또 어느 정도 나아진다고 느끼기도 하지만 한편으론 자신감이 떨어지는 적도 있는 거 같습니다."

예 학생이 연령에 비해 부모에게 지나치게 의존적이고 부모도 과보호적이라면, 상담 초기에는 부모에게 비교적 상세하게 상담내용을 알리는 것이 보호자의 협조를 얻기 쉬울 것이다. 그러나 상담이 진행되면서 점차적으로 학생의 독립성이 커지게 하려는 상담목표가 보호자상담에도 적용되도록 맞추어 가는 것이 좋다. 즉, 상담내용을 상담자가 부모에게 상세하게 알리기보다는, 상담 후에 학생이 스스로 부모에게 상담내용에 대해서 대화를 나누도록 하고 상담자는 대략적인 내용만 간단히 부모에게 전함으로써 학생의 독립성을 존중하고 키워 줄 수 있도록 하는 방향으로 진행한다. 부모에게 상세하게 알려야 할 필요성이 있다고 판단되는 내용이 있을 경우에도 학생에게 미리 알려 준 후에 부모에게 알릴 것임을 부모에게도 미리 이야기해 두고 그대로 지킴으로써, 상담자가 학생을 존중하는 태도가 부모에게도 전해지도록 한다.

"찬호가 이제 4학년이니 친구관계에 대해서 스스로 대처하고 결정할 수 있는 부분도 더 늘어나야 될 것으로 봅니다. 그중에 어떤 부분은 자기 혼자만 간직하고 싶기도 할 겁니다. 오늘 상담 중에 찬호와 친구관계에 대해서 여러 이야기를 나누었는데, 아직 서툰 부분도 있지만 찬호가 여러 가지로 노력하고 있고, 또 좋아졌다고 느끼는 부분들도 생기고 있는 걸로 보입니다. 그런 부분들에 대해서 부모님께 말씀드리거나 도움을 요청할 부분이 있으면, 찬호가 직접 했으면 하는 것이 제 바람입니다. 부모님께서도 찬호가 스스로 해 나가려고 애쓰는 것을 자랑스럽게 생각하시고 지켜봐 주시면 좋겠습니다. 물론 부모님께서 꼭 아셔야 될 내용이라고 제가 판단하는 내용이 있으면 찬호에게 미리 알리고 부모님께 알려 드리도록 하겠습니다."

학생 이해를 돕기 위해 필요한 정보를 보호자에게 질문하기

보호자는 학생에 대해 많은 정보를 줄 수 있는 자원이다. 특히 어리거나 자기표현이 서툰 학생을 상담할 때나, 가정에서 보이는 학생의 모습, 부모자녀 관계, 형제관계, 학생의 발달양상, 이전에 겪었던 특별한 경험이나 문제 및 대처방식 등에 대해서 보호자가 알려 주는 정보는 학생을 이해하는 데 큰 도움이 될 수 있다.

부모가 알려 주는 정보는 학생 이해를 위한 귀중한 자료로 삼되, 부모의 시각에서 본 것이라는 점을 잊지 말아야 한다. 부모가 학생에 대해서 가진 관점이 학생의 생각, 행동, 문제 등에 미칠 영향도 상담자는 생각해 볼 수 있어야 한다. 상담자가 평소에 혹은 상담을 통해서 학생에 대해 이해한 점과 부모가 알려 주는 정보가 일치하지 않을 때도 단순히 어느 쪽이 맞는지를 따지기보다는 왜 불일치하는지에 대해 깊이 생각해 보고 또 보호자와 함께 탐색해 볼 필요가 있다.

예 • "학교에서 주영이가 가끔 화를 참기 힘들어하는 모습을 보일 때가 있습니다.

집에서는 주영이가 화날 때 어떤 모습을 보이는지 궁금합니다."

- "어머님이 보시기에 작년까지 찬호의 친구관계는 어떠했나요?"
- "상민이가 학교수업 중에는 주의가 흐트러지는 경우가 자주 있는데, 집에서 어머니와 함께 공부할 때는 별 문제가 없다고 하시니, 그런 차이가 어디서 오는 건지 생각해 볼 필요가 있는 것 같습니다. 어머님 생각은 어떠세요?"

학생상담목표를 알리고 목표달성을 위한 보호자의 도움 요청하기

보호자는 학생의 긍정적 변화를 원할 것이며 또 그를 위한 도움을 줄 수 있는 귀중한 자원이기도 하다. 상담목표를 보호자와 공유하고 목표달성을 위해 보호자가 줄 수 있는 도움에 대해서 함께 의논하면, 학생의 긍정적 변화가 촉진될 수 있다. 보호자가 상담목표에 대해 인식하고 있으면 상담에 대해 긍정적 기대를 가지고 심리적 지원을 해 줄 수 있을 뿐 아니라, 학생의 환경적 요인을 보호자가 조정하여 목표달성에 도움이 되도록 할 가능성도 생기기 때문이다. (가족체제의 항상성을 고려해 보라.)

학생의 문제, 원인, 강점 등에 대해 파악한 내용을 보호자가 쉽게 이해할 수 있는 용어로 설명하고 그에 대한 보호자의 의견을 경청하는 과정이 먼저 이루어지면, 학생상담의 목표를 보호자가 수긍할 가능성이 높아질 것이다. 상담자가 학생의 문제뿐만 아니라 학생의 강점과 자원에 대해서도 제대로 파악하고 있다고 보호자가 인식할 때 상담자에 대한 신뢰도도 높아지고 상담목표 설정 근거도 이해하기 쉬워서 목표달성을 위해 협조하려는 동기도 높아질 것이기 때문이다.

그러나 상담 초기에 학생의 문제, 원인, 강점 등에 대해 상담자가 충분히 파악하지 못하였다면 섣불리 문제나 원인에 대한 진단을 보호자에게 전하지 말고, 상담 초기의 목표(예: 학생이 겪고 있는 어려움을 이해하고 도울 수 있는 방법을 찾고자 함)나 상담을 시작하게 된 이유에 초점을 맞추어 보호자의 도움을 요청하는 것이 더 적절하다. 상담이 진행되면서 학생에 대한 이해가 충분히 이루어진 후에 보호자와 다시 이야기를 나누며 보다 구체적이거나 새로운 상담목표를 제시하고 그에 대한 도움을 요청할 수 있다.

예
- "감정을 말로 표현하고 특히 화를 적절히 통제하며 표현하는 능력을 키우는 것을 상담에서 목표로 삼고 주영이와 함께 노력하고 있습니다. 주영이가 학교에서 어떤 일이 있었고 어떤 감정을 느꼈는지를 부모님께서 매일 물어봐 주셔서 주영이가 감정을 말로 표현할 수 있는 기회를 자주 주시면 도움이 되리라 생각합니다."
- "찬호와 함께 친구를 적어도 두 명을 만드는 것을 목표로 하고 있습니다. 우선 앞으로 두 주 동안에는 찬호가 하루에 적어도 세 명에게 먼저 말을 거는 것을 과제로 내주었습니다. 쉽지 않은 일이지만 찬호가 의욕을 보이고 있으니, 부모님께서도 찬호를 많이 응원해 주시면 힘이 되리라 생각됩니다. 찬호가 하루에 한 명에게라도 말을 걸었다면 많이 칭찬해 주시면 좋겠습니다."
- "아직은 재성이가 학습의욕이 없고 무기력하게 여기는 점에 대해 상담시간에 이야기 나누기를 부담스러워 하는 것으로 보입니다. 의욕이 없고 무기력한 경향이 상담시간에도 나타나고 있다고 생각됩니다. 그래서 우선은 재성이가 관심 있어 보이는 것들에 대해 주로 이야기를 나누면서 조금씩 재성이가 상담시간을 편안히 느낄 수 있도록 한 후에 재성이의 의욕과 활기를 되찾을 수 있는 방안을 탐색하려 합니다. 부모님께서도 믿음을 가지고 기다려 주시기 바랍니다."

보호자에게 조언하는 방법

보호자들은 대체로 학생이 문제를 극복하고 성장하도록 돕기 위한 상담자의 노력에 협조하기 원하며, 본인들이 어떻게 해야 하는지에 대해 상담자의 조언을 듣기 원하는 경우도 많다. 한국문화에서는 상담자가 적절히 전문적 조언을 줄 수 있을 때 상담자에 대한 신뢰도가 높아지는 경우도 많다. 보호자에게 조언을 할 때 다음의 점들을 유의하면 조언의 효과를 높일 수 있다.

보호자가 예전에 시도했던 방법에 대해 먼저 알아보라

학생의 문제해결이나 성장을 돕기 위해 보호자들은 이미 다양한 방법을 나름대로 시도해 보았을 가능성이 높다. 섣불리 조언을 제시하면 '그렇게 해 봤는데 안 되더라.'는 반응이 나오기 쉽다. 반면, 보호자가 어떤 방법들을 적용해 보았는지, 또 그 방법들의 효과는 어떠했는지 등을 잘 경청해 보면 보호자의 강점과 자원도 잘 파악할 수 있고, 기존 방법을 일부 수정하거나 보호자가 시도하지 않았던 방법을 찾아서 적절하게 조언을 할 가능성도 높아진다.

예 "그동안 부모님께서 찬호의 친구관계를 돕기 위해 여러 가지 노력을 해 오셨을 줄 압니다. 그에 대해 먼저 좀 더 듣고 싶습니다."

보호자의 강점에 기반을 두고 조언하라

보호자가 조언을 실천할 수 있어야 조언이 유용한데, 보호자의 강점에 기반을 둔 조언일수록 실천 가능성도 높아진다. 예컨대 자녀에게 많은 관심을 가지고 세세한 것까지 관여해 오던 부모라면, 자녀에 대한 관심과 세심함이 강점일 수 있으므로 조언할 때 이를 활용한다.

예 "부모님께서 진영이에 대해 많은 관심을 기울이시고 세심하게 살펴 주신 덕에 진영이가 성격이 밝고 마음도 따뜻한 것 같습니다. 그런데 이제 학년이 높아지면서 또래들과의 관계나 학교생활 전반에서 스스로 헤쳐 나가야 될 부분들이 많아지니 다소 힘겹다고 느끼는 때들이 생기지요. 부모님께서 지금까지처럼 애정 어린 관심을 가지고 잘 지켜보시되, 진영이가 혼자 해 나가야 될 부분들과 또 부모님께서 도와주실 수 있는 부분들을 세심하게 구분하실 수 있을 거라 봅니다. 진영이 혼자서 해 나가야 될 부분들은 안타깝더라도 믿고 지켜봐 주시면 진영이가 독립성을 키워 나갈 수 있을 겁니다."

보호자가 받아들일 수 있는 형태로 조언을 제안하라

조언은 직접성의 정도에 따라서 직접적 지시("~해 보십시오."), 요청("~해 보시는 건 어떠시겠습니까?" "~해 보실 의향이 있으신지요?"), 조건적 제안("만약 아이가 ~하기를 원하신다면 ~하시는 것이 좋습니다.") 등 다양한 형태로 이루어질 수 있다. 조언의 직접성을 어느 정도로 할 것인지는 해당 보호자의 성향과 선호도, 보호자-상담자 관계 등을 고려하여 결정한다. 대체로 상담자가 보호자에 비해 연령과 경력이 많은 경우라면 연령과 경력이 적은 경우에 비해 보다 직접적인 형태의 조언을 쓸 가능성이 많아지지만, 직접적인 형태의 조언에 거부감을 느끼는 보호자들도 많으므로 조심하여야 한다. 반면, 구체적이고 직접적이며 명확한 지침이 담긴 조언을 더 선호하는 보호자들도 있다.

예 • "매일 저녁 경태와 그날 학교에서 있었던 일에 대해서 적어도 십 분 이상 이야기를 나누시기 바랍니다."

• "경태가 친구들과 어떻게 지내는지 아버님께서 먼저 물어봐 주시면 어떻겠습니까?"
• "경태와 대화를 좀 더 하기를 원하신다면, 경태 말을 들으실 때 끝까지 들으시며 경태 입장에서 이해하시려는 아버님의 태도가 경태에게 전해지는 것이 중요합니다."

생각해 볼 문제

1. 이 장에서 제시한 것처럼 학생상담과 관련하여 보호자상담을 하는 것이, 학교에서 정기적으로 하는 부모상담이나 부모가 자녀교육을 위해 요청하여 이루어지는 부모상담과 어떤 공통점과 차이점이 있겠는지 생각해 보자.
2. 보호자상담을 하려면 어떤 점들에 가장 유의하여 준비할 필요가 있겠는지 생각해 보자.

추천도서

김혜숙, 최동옥(2013). **교사를 위한 학부모상담 길잡이**. 서울: 학지사.

제12장

어려운 상황 다루기

- 변화가 더딜 때
- 상담 중에 또 다른 문제가 생길 때
- 위기 관리하기

"상담을 시작한 지 벌써 한 달이 넘고 상담 중반기에 들어설 수 있을 만큼 회기가 진행되었는데도 아직 뚜렷한 변화가 보이지 않아요. 내담자인 학생이 처음에는 상담에 참여하겠다고 했지만, 상담의 효과가 빨리 나타나지 않아서 그런지 점점 학생의 동기도 떨어져 가는 것 같습니다. 상담자로서 제가 학생의 동기를 살려 보려고 애쓰고 있지만, 고군분투하는 느낌이고 저도 점점 지치는 느낌이 듭니다. 심지어 어제는 학생이 갑자기 집에 빨리 가야 돼서 상담에 못 온다는 문자를 보내고 상담에 나타나지 않으니까 솔직히 제 마음이 가벼웠어요."

상담자가 내담자를 돕기 위해 의욕적으로 노력하더라도 상담이 항상 순탄하게 진행되지는 않는다. 학교상담 중에 생길 수 있는 어려운 상황들은 무수히 많겠으나, 여기에서는 변화가 더딘 경우, 또 다른 문제가 발생하는 경우 및 위기상황이 생기는 경우를 살펴보고 대처방안을 탐색해 본다.

변화가 더딜 때

상담은 내담자의 긍정적 변화를 목적으로 하여 이루어지므로, 상담자 · 내담자 · 보호자 모두 빠른 변화를 원한다. 그러나 기대보다 변화가 더디거나 심지어 아예 변화가 없어 보이는 경우도 자주 나타난다. 긍정적 방향으로 변화가 일어나는 것 같다가 다시 후퇴하는 때도 있고 정체되기도 한다. 산 아래에서부터 정상까지 계단을 계속 올라가는 길도 있겠지만 대부분은 오르막길 다음에 평지도 있고 내려갔다가 다시 올라가는 길도 있고 돌아가는 길도 있는 것과 마찬가지다.

변화가 더딜 때 점검할 사항

변화가 더딜 때는 다음과 같은 점들을 점검해 볼 필요가 있다. 우선 상담자 혼자서나 수퍼바이저와 함께 다음 사항들을 생각해 본 다음에, 관련될 가능성이 높다고 여겨지는 점 중에서 내담자와 함께 검토할 필요가 있다고 판단되는 부분은 함께 점검해 보면 된다.

변화에 대한 상담자의 기대와 변화 정도에 대해 객관적으로 검토한다

변화가 더디다고 상담자가 느낀다면, 우선 상담자 스스로 내담자 변화에 대한 기대를 점검하고 변화 정도를 객관적인 시각에서 파악해 본다. 혹시 마법적인 변화를 기대하지는 않았나 생각해 보라. 혹은 좀 더 숙련된 상담자였으면 훨씬 더 빨리 변화가 일어났을 것이라 자책하지는 않는지 생각해 보라. 영화나 책에는 내담자가 어느 순간 통찰을 얻게 되면 많은 변화가 술술 따라오거나 상담자의 기막힌 질문 후에 내담자가 오랜 문제에 대한 답을 찾게 되는 감탄스러운 사례들도 있다. 그러나 더 많은 사례는 천천히, 아주 조금씩 변화가 일어난다는 것을 잊지 말자.

상담자 자신의 문제가 상담을 방해하고 있는지 점검한다

상담자도 성장과정에 있는 사람이고 미해결된 문제를 안고 있을 수 있으며, 삶에서 다양한 문제를 경험할 수 있다. 모든 문제를 해결하고 완전히 성숙된 다음에야 상담을 할 수 있는 자격이 된다면 아마 우리 중 아무도 상담을 할 자격이 없을 것이다. 그러나 상담자는 적어도 자신에게 어떤 문제가 있는지 인식할 수 있을 만큼 자신을 솔직하게 들여다볼 수 있어야 하고, 그러한 문제들이 상담에 어떤 영향을 미칠 수 있는지는 인식할 수 있어야 한다. 그렇기 때문에 상담자 자신이 상담을 받기도 하고 교육분석을 받기도 하는데, 상담자의 자신에 대한 인식과 이해는 몇 번의 상담이나 교육분석으로 완성되는 것이 아니라 오랜 과정을 거쳐 계속되는 과정이다. 모든 상담사례도 내담자를 돕는 것일 뿐 아니라 상담자의 자신에 대한 이해와 통찰을 더 깊게 하는 과정에 포함된다고 보아야 한다.

내담자의 변화가 더딜 때도 마찬가지다. 혹시 상담자의 어떤 문제나 특성이 그에 관련된 것은 아닌지, 상담자의 미해결된 과제가 상담 진행 중에 자꾸 건 드러지는 것은 아닌지, 혹시 상담자의 과거 혹은 현재에 내담자와 비슷한 특성이나 문제를 가진 주변 인물(예: 자녀, 부모, 배우자, 과거 부모, 어렸을 때 또래, 싫어하는 인물, 무서워했던 인물)이 있는지 등을 점검해 보면서 상담자 자신에 대한 이해를 다시 깊이 하고 그러한 점들이 상담에 어떤 영향을 주고 있는지를 점검함으로써 상담자 자신의 이슈가 상담을 방해하지 않도록 노력해야 한다.

변화에 대한 내담자의 기대와 변화 정도에 대한 느낌을 점검한다

내담자가 상담에 대해 가진 기대 및 변화 정도에 대한 느낌을 상담회기 중에 함께 점검해 본다. '지금 여기'를 다루는 '즉시성'을 변화 정도에 적용해 보는 것이다. 이때 해결중심상담에서 제안하는 '척도 질문'을 활용하는 것도 좋은 방법이다.

예
- "최근 2, 3주 동안 친구관계가 빨리 나아지지 않는다고 철수가 답답해 하는 것처럼 보였어. 방금 철수의 표정에서도 실망되고 답답해 하는 것 같아 보이는데… 지금 기분이 어떤지 말해 줄 수 있겠니?"
- "상담 시작하고 나서 처음 한 달 정도는 경민이가 공부습관이 많이 나아졌다고 좋아하는 걸 보고 선생님도 신이 났어. 그런데 지난주부터는 경민이가 처음 기대와는 다르다고 여기는 것 같아. 경민이가 처음 기대했던 것에 대해서 우리 다시 한번 얘기해 볼까? 그리고 그 기대가 얼마나 이루어졌는지에 대해서도 함께 생각해 보고 싶어."
- "우리가 상담을 처음 시작했을 때 철수의 친구관계를 10점 만점에 2점이라고 철수가 점수 매겼던 걸로 기억되는데, 지금은 몇 점이라고 생각되니?"

변화나 상담목표에 따른 부정적 결과가 있는지 점검한다

상담에서 목표한 대로 변화가 이루어지기 시작한다고 해서 긍정적인 방향으로만 변화가 나타나는 것은 아닐 수 있다. 예를 들어, 학생의 수업 집중도가 향상되면 예전에 수업 시간에 같이 장난하던 친구와의 관계가 삐걱거릴 수 있다. 학생이 자기가 원하는 것을 분명하게 인식할 수 있게 되고 자기주장이 강해지면 가족구성원이나 친구가 서운함이나 분노를 느끼게 되기도 한다. 상담목표 설정 시에 예상하지 못했던 부정적 결과가 나타나면, 내담자는 상담동기가 저하되어 변화를 위한 노력이 주춤거릴 수 있다.

예 "우리가 상담을 한 후에 일어난 변화에 대해 이야기해 봤으면 좋겠어. 좋은 변화도 있었겠지만, 혹시 처음에 생각하지 못했던 다른 어떤 변화가 있었는지도 생각해 보자."

상담목표에 대한 내담자의 합의 여부를 점검한다

상담목표에 대해 (보다 근본적으로는 상담 자체에 대해) 내담자가 합의하지 않으면 변화가 일어나기 어렵다. 특히 학교상담에서는 학생이 자발적으로 상담을 원해서 시작하는 경우가 드물기 때문에, 내담자가 상담에 억지로 참여하고 있거나 상담목표에 대해서도 표면적으로는 동의하였어도 실제로는 방문자형의 내담자일 가능성도 많다.

예 "인수가 학교에서 친구들과 관계가 더 좋아지고 편안해졌으면 하는 바람에서 선생님이 처음에 인수와 상담을 하자고 권했고 인수도 동의해서 우리가 상담을 시작하게 되었지. 그런데 상담을 하는 것이나 상담에서 목표로 삼았던 것에 대해서 혹시나 인수가 마음에 내키지 않았는데 선생님이 권유하니까 억지로 동의했을 수도 있겠다는 걱정이 들어. 어때? 솔직히 말해 줄 수 있겠니?"

변화를 방해하는 환경적 요인이나 습관이 있는지 점검한다

또래나 가족 등 내담자를 둘러싼 환경적 요인이 내담자의 변화를 방해하는 경우가 있다. 학교를 자주 빠지던 내담자가 학교생활에 충실해지려고 노력하는데 등교 때나 방과후에 친구/선배 학생이 학교를 함께 빠지자고 유혹하는 것이 그 예다. 또 상담에서 다루지 않은 어떤 습관이 상담목표 달성을 방해하는 경우도 있다. 예를 들어, 등교시간을 잘 지키는 것을 상담목표로 삼았으나 밤에 게임하는 시간이나 잠자리에 드는 시간 등을 조절하지 못해서 수면량이 부족하게 되면 등교시간을 지키기 어렵게 된다.

예 "선생님이 보기에 창희가 등교시간을 잘 지키려는 의지도 있고 노력도 하는 것 같은데, 노력하는 만큼 큰 변화가 있는 것 같지 않아서 창희도 좀 기운이 빠지는 거 같고 선생님도 보기에 안타까워. 혹시 창희가 노력하는 것에 방해가 되는 사람이나 습관이 있는지 함께 살펴보면 어떨까?"

상담자-내담자 관계를 점검한다

상담 초기에 관계 형성이 잘 되었다고 느껴져도 상담관계는 후퇴할 수 있으며, 상담관계가 후퇴하거나 혼란되면 내담자의 상담동기가 저하되고 변화도 더뎌질 수 있다. 특히 학교상담에서는 상담자와 교사의 역할이 겹치는 이중관계가 되는 경우가 많아서 상담관계가 후퇴하거나 혼란이 생길 가능성이 많다. 상담관계에서 보이는 상담자의 공감적이고 무조건적 수용의 태도를 수업이나 타학생들이 함께 있는 상황에서도 보여 주기를 학생이 기대하고, 그런 기대가 채워지지 않을 때 실망과 배신감을 느끼는 경우도 있다. 혹은 부모나 또래에게 학생이 원하는 바를 상담자가 대신 요청해 주기를 바라는데 상담자가 그 바람을 충족시켜 주지 않을 때 상담자의 진정성을 의심하기도 한다.

예
- "선생님이 상담시간에 영희를 대하는 태도와 수업 시간이나 다른 학생들과 함께 있을 때 영희를 대하는 태도에 대해 영희가 어떻게 느끼는지 궁금해."
- "혹시 선생님의 상담 때 태도와 수업 때 태도에 뭔가 다르다고 윤주가 생각하는 건 아닐까 궁금했어. 만약 그렇다면 윤주가 어떤 느낌을 가졌을까도 알

고 싶고."

- "지난주 철수와 지태가 싸웠을 때 선생님이 철수와 지태를 둘 다 혼낸 거에 대해서 철수가 기분이 안 좋은 거 같다는 느낌을 받았어. 혹시 그때 일이, 오늘 상담에서 철수가 별로 얘기하고 싶어하지 않는 것에 관계가 있을지도 모른다는 생각이 드는데… 어떠니?"
- "민지가 선생님에 대해서나 상담에 대해서 어떻게 느끼는지 얘기해 줄 수 있을까? 우리가 처음 상담을 시작했을 때는 어땠고, 또 지금은 어떤지?"

상담접근이 내담자에게 적절한지 점검한다

다양한 상담접근 중에서 특정 내담자에 대해 가장 적절한 접근을 선택하려면, 내담자의 특성, 문제의 속성, 상담자-내담자 관계, 상담자의 숙련도 등등 많은 것을 고려해야 한다. 그러나 초보상담자는 많은 요소를 고려하여 상담접근을 선택하기보다는 대개 자신에게 익숙한 상담접근을 적용하는 경향이 많다. 그런 선택은 상담자에게 자신감을 주어 상담이 원만히 진행되게 하는 긍정적 효과가 있으나, 때로는 내담자의 특성이나 문제에 적합하지 않아 효율성이 낮을 수 있다. 특히 학교상담은 내담자의 연령이 낮고 비자발적인 내담자가 많은데, 자발적인 성인 내담자를 대상으로 개발된 상담접근을 적용할 경우 상담효과가 적어질 가능성이 있다. 그러므로 상담자는 다양한 상담접근에 대해서 계속 공부할 뿐만 아니라, 각 상담사례마다 초기에 어떤 상담접근을 선택하는 것이 적절한지 신중히 판단하고 상담 진행과정에서 계속 그 효과성을 점검할 필요가 있다.

새로운 시도

상담에서 변화가 더딘 이유를 점검하는 과정 자체가 긍정적 변화를 촉진시키는 계기가 되기도 한다. 점검하는 과정에서 보이는 상담자의 공감적이고 수용적인 태도로 인해서 상담관계가 다시 굳건해지기도 하고, 내담자의 인식이 새로워짐으로 인해서 상담동기가 다시 회복되기도 한다. 예컨대 변화가 빨리 일어나지 않는다고 실망하던 내담자가 상담 시작 때의 문제 정도와 현재 상태를 척도로 매겨 본 후에 처음보다 현재 상태가 나아진 것임을 인식하게 되어 상담동기를 회복하게 되기도 한다.

또 변화가 더딘 이유를 다각도로 점검하여 보면 어떤 새로운 시도가 필요한지에 대한 윤곽이 대체로 드러날 수 있을 것이다. 예컨대 상담목표에 따른 부정적 결과가 있어서 내담자의 상담동기가 파악되면, 상담목표를 재설정하거나 목표에 대한 내담자의 의지를 재확인함으로써 변화를 위한 노력을 새롭게 할 수 있다. 또 다른 예로, 상담자-내담자 관계를 점검했더니 내담자가 학교의 다른 상황에서도 상담자의 특별한 대우를 기대하고 있었다고 판단된다면 학생-교사 관계와 상담자-내담자 관계의 차이를 다시 분명하게 알려 줌으로써 상담 진행이 순조롭게 이루어지게 할 수 있다.

그에 더해서, 다음에 제시되는 방안들도 변화가 더딜 때 새로운 시도를 위하여 고려해 볼 수 있다.

새로운 상담목표를 설정하고 작은 변화부터 시도한다

상담목표에 내담자가 합의하지 않았다고 파악되면, 학생이 합의할 수 있는 새로운 상담목표를 찾아본다. 특히 교사가 학생에게서 느끼는 문제(예: 수업을 방해함)를 해결하기 위해 상담을 시작했다면 학생은 상담이 자신을 위한 것이 아니라 교사를 위한 것이라고 느낄 수 있으므로, 학생이 자신에게 도움이 된다고 여길 만한 상담목표를 찾을 필요가 있다. 처음 상담에서 중요한 목표로 삼지 않았더라도 내담자에게서 일어날 수 있는 작은 변화가 무엇인지 찾아봐서 시도하는 것도 좋은 방법이다. 해결중심접근에서 제안하듯이 작은 긍정적 변화는 또 다른 긍정적 변화를 일으키는 눈덩이효과를 가져올 수 있기 때문이다.

내담자의 강점과 자원을 좀 더 적극적으로 인정하고 활용한다

상담자가 사례를 개념화할 때 문제나 약점뿐만 아니라 강점과 자원에 대해서도 포괄적으로 파악하여야 한다는 것을 배웠을 것이다. 그러나 많은 상담자가 실제로 상담을 할 때는 내담자의 문제를 해결하는 데 너무 열심인 나머지, 내담자의 강점과 자원을 잊어버리는 경우가 많다. 특히 학생이 스스로 상담의 필요성을 느끼지도 않았는데 교사나 부모가 상담을 권유(혹은 강요)하여 상담을 하는 경우, 내담자의 문제에만 너무 치중하면 내담자의 상담동기가 저하되고 변화도 더딜 가능성도 많다. 학교에서 교사에게 문제점을 자꾸만 지적받고 장점에 대한 칭찬을 못 받으면 학생의 자존감이 낮아지고 무기력에 빠질 가능성이 높은 것과 비슷하다. 학교상담에서 내담자인 학생은 상담자를 상담자로서만 보지 않고 교사로도 보기 때문이다.

상담회기 중에 내담자의 강점과 자원에 대해 좀 더 시간과 비중을 더 두어 적극적으로 다루며 인정할 때, 내담자의 변화동기도 높아지고 '뭔가 잘될 수 있다.' '나도 잘할 수 있다.'는 느낌을 가질 가능성도 높아진다. 또한 내담자의 강점과 자원이 문제해결을 위한 좋은 해결방안이 될 가능성도 많다. 이때 내담자의 강점과 자원이란, 내담자 개인에게 있는 인지적 · 도덕적 · 사회적 · 정서적 · 신체적 · 영적 강점과 자원뿐만 아니라 내담자의 환경에 있는 인적 · 물적 · 구조적 강점과 자원을 모두 포함할 수 있다.

예 변화에 대한 내담자의 기대와 변화 정도에 대한 내담자의 느낌을 확인했을 때 내담자가 실망스러움을 표현한다면, 실망에도 불구하고 상담에 참여한 내담자의 어떤 점을 인정하거나 공감할 수 있겠는지 찾아본다. 눈에 보이는 변화가 작아도 뭔가 희망의 끈을 놓지 않는 긍정적 태도, 끈기, 교사나 부모를 실망시키지 않으려는 마음, 상황이 좋지 않아 보여도 버텨 내는 꿋꿋함, 밝은 성격, 상담자의 눈치를 보지 않고 실망스러움을 표현할 수 있는 용기, '예전엔 나도 잘해 냈던 적 있다.'는 기억 등이 있을 수 있다.

예 수업시간에 주의집중력이 떨어지는 학생의 집중력 향상을 목표로 할 때, 집중력이 특히 많이 떨어지는 과목의 수업시간에 초점을 두어 산만함을 고치려고 하면 변화가 더딜 것이다. 그러나 비교적 집중력이 나은 과목의 수업시간으로 초점을 옮겨서 '어떻게 해서 그 수업시간에는 집중을 비교적 잘할 수 있는가?'를 찾아보면 강점을 파악하여 활용할 가능성이 높아진다.

예 위축고립된 아동의 또래관계가 원만해지도록 노력할 때 아동의 능력이나 특성 중에서 또래들의 인정과 관심을 끌 수 있을 만한 것이 무엇인지 찾아서 활용한다. 글을 또박또박 깨끗이 쓰기, 할 줄 아는 종이접기, 비교적 잘하는 놀이기능이나 운동기능, 관심과 지식이 많은 분야, 서랍 · 책장 정리, 우유 배식하기, 그림 · 만화 그리기, 색칠하기 등 작은 것이라도 (타아동에 비해 뛰어나지 않더라도) 짝과의 관계나 모둠 · 학급집단과의 관계에 도움이 되도록 활용할 수 있다.

상담에서 다루는 인지 · 정서 · 행동의 초점을 바꾸어 본다

상담접근들은 내담자의 인지 · 정서 · 행동 중 어느 한 측면에 좀 더 비중을 둔다. 상담자들도 내담자의 특성이나 문제에 따라서나 상담자의 이론적 입장에 따라서 인지 · 정서 · 행동 중 어느 한 측면에 좀 더 초점을 맞추어 상담을 진행하는 경향이 있는데, 내담자의 변화가 더딜 때에는 그 초점을 바꾸어 보는 것도 도움이 될 수 있다.

예 내담자의 비합리적 신념 때문에 공격성이 높다고 판단하여 비합리적 신념(즉, 인지적 측면)을 수정하는 데 상담의 초점을 맞추었으나 공격성의 변화가 더디다면, 내담자의 분노조절을 위한 훈련(행동적 측면)을 시도하거나, 중요한 타인과의 관계에서 미해결된 과제(정서적 측면)를 다루도록 시도한다.

환경의 변화를 시도한다

내담자를 둘러싼 환경이 함께 변화할 때 내담자의 변화가 촉진되기 쉽다. 학교상담자는 학교환경을 내담자 변화에 도움되는 방향으로 조정해 줄 수 있는 힘을 많이 가지고 있다. 만약 학교의 다른 구성원(타교사, 또래 등)에게 내담자를 위한 부탁을 하거나 상호작용에 포함하게 되는 경우에는, 내담자가 상담을 받는다는 것과 상담내용이 누설되지 않도록 신중하게 접근하여야 한다. 보호자도 학생의 환경변화를 위한 귀중한 자원이 된다. 가정환경의 변화뿐만 아니라 또래환경, 방과후 생활환경 등의 변화를 위해 보호자가 많은 도움을 줄 수 있다.

예
- 내담자의 짝이나 모둠을 새롭게 구성한다.
- 방과후에 비행집단과 어울리지 않도록 돌봄교실이나 공부방에서 시간을 보낼 수 있도록 하거나 부모가 학생을 데리러 오도록 하는 등을 통해 또래환경을 변화시킨다.
- 분노조절이 잘 안 되거나 자존감이 낮은 학생을 위해 가정에서 아버지가 자녀와 함께 놀이와 대화를 많이 하도록 한다.

가족상담, 집단상담 등 다른 접근을 시도한다

개인상담(및 보호자상담)에서 학생의 변화가 더딘 경우 가족상담이나 집단상담 등 다른 형태의 상담을 시도해 보는 것도 한 방안이 될 수 있다. 유사한 문제를 경험하는 학생들을 위한 집단상담의 기회가 학교 내/외부에 있다면 개인상담과 병행하는 것도 좋고, 우선 집단상담에 먼저 참여한 후에 개인상담을 하는 것도 가능하다. (물론 일부 학생은 집단상담에 참여할 만한 준비를 위해 개인상담이 먼저 이루어져야 하는 경우도 있으므로, 상담자가 학생의 준비도를 판단해야 한다.)

가족상담은 학생이 보이는 문제를 가족체제의 문제로 재정의함으로써 학생의 상담에 대한 저항을 줄이는 방안이 될 가능성이 있다. 또 가족구성원들이 상담에 함께 참여함으로써 가족관계를 통해 학생의 변화가 보다 효과적으로 일어나게 하는 방안이 될 수 있다. 그러나 만약 학생이 가족상담에 참여하기를 거부한다면, 보호자상담을 통해서 부모의 변화, 부모자녀관계의 변화, 환경의 변화를 시도함으로써 학생 변화가 초래되도록 시도할 수 있다.

놀이치료, 미술치료, 음악치료, 독서치료, 심리극 등 보조 전략을 활용한다

놀이치료 등 다양한 상담 보조 전략은 연령이 낮거나 언어구사력이 좋지 못한 아동들에게 흔히 사용되지만 초중고 학생 모두에게 좋은 보조 전략이 될 수 있다. 특히 "몰라요." "그냥요." 식의 반응이 많거나 변화가 더뎌서 상담동기가 더욱 낮아지는 내담자의 경우 보조 전략을 활용하면, 상담에 새로이 몰입하는 계기가 될 수 있다. 또한 보조 전략 중 일부는 광범위한 훈련을 거치지 않고서도 상담 중에 간단히 적용할 수 있는 기법들도 많다.

상담 중에 또 다른 문제가 생길 때

상담 초기부터 종결까지 언제든 상담 시작 시에 예상하지 않았던 문제들이 새로이 발생할 수 있다. 상담의 계기가 되어 다루던 주요 문제가 미처 해결되기도 전에 새로운 문제가 생길 수도 있고, 주요 문제는 해결이 되었지만 또 다른 문제가 발생하기도 한다.

또 다른 문제가 생긴 이유가 상담관계/목표와 관련되었는지 점검한다

누구의 삶에나 다양한 문제들이 때때로 발생한다. 내담자의 삶도 마찬가지라서 상담이 진행되는 기간에도 새로운 문제가 발생할 수 있다. 그러나 상담자-내담자 관계나 상담목표 추구방식 등이 문제발생의 이유가 되었다면 상담에서 그 자체를 다루어야 한다.

예 교사가 담임하는 학급의 학생을 상담하는 경우 상담자 역할과 담임 역할을 겸하게 되어 내담자와 이중관계에 있게 되는데, 이때 내담자인 학생이 상담관계에서 경험한 공감적이고 무조건적인 수용의 태도를 수업시간이나 쉬는시간 등 교실 상황에서도 기대하는 경우가 생기기도 한다. 그러나 교사가 기대처럼 특별대우를 하지 않고 타학생과 동일한 방식으로 교실에서 대하면, 일부 내담자 학생은 배신감을 느끼고 새로운 문제행동을 보이기도 한다.

⇨ 학생이 상담자(교사)에게 느낀 감정과 기대에 대해 상담자가 질문하고 학생의 답을 경청하고 공감적으로 이해한다.

⇨ 혹시 새로운 문제의 발생이 학생의 상담자(교사)에 대해 느낀 감정/기대와 관련이 있는지 탐색해 본다. 만약 관련이 있다고 파악되면 실망 등 부정적 감정을 문제로 표현하는 내담자의 경향이 다른 상황에도 발생하는지 확장해서 탐색함으로써 내담자의 자신에 대한 이해도를 깊게 하고, 보다 건강한 방식으로 부정적 감정을 다룰 수 있도록 돕는다.

⇨ 또한 상담에서의 만남이 교실/일상적 만남과 같은 점과 다른 점, 상담회기 내에 상담자(교사)가 내담자(학생)에게 대하는 태도가 교실/일상에서 연장되지 못하는 이유, 내담자에 대한 상담자의 긍정적 감정 등에 대해 이야기를 나눔으로써 상담관계를 회복한다.

예 상담목표를 추구하는 과정에서 예기치 않았던 부정적 결과를 경험하게 되어 상담동기도 낮아지고 새로운 문제행동이 발생한 것으로 파악된다.

⇨ 상담목표의 재검토, 부정적 결과에 대한 내담자의 생각과 감정 경청과 공감, 부정적 결과를 새로운 시각에서 조망하기, 부정적 결과에 대한 새로운 대응

방안 탐색 등을 통해 상담동기를 되살리고 긍정적 변화를 위한 노력이 지속되도록 돕는다.

상담목표의 우선순위를 재설정한다

새로운 문제가 상담관계/목표와 무관하게 발생한 것이라고 파악되면, 기존 문제와 새로운 문제 중 어떤 문제부터 다룰지를 내담자와 의논하고 상담목표의 우선순위를 재설정한다. 그에 따라 필요시 상담회기를 재조정하면 된다.

상담 종결 단계에서 새로운 문제가 발생한다면 종결과 관련성이 있는지 탐색한다

상담과정에서 상담자에게 무조건적으로 수용되고 공감적으로 이해받으며 긍정적 변화를 이루어 가는 과정은 내담자에게 특별하고 소중한 경험이다. 그래서 상담목표를 달성하고 종결 단계로 접어드는 것은 내담자에게 성취감과 보람을 느끼게 하는 한편, 특별했던 경험을 더 이상 지속하지 못한다는 아쉬움과 슬픔을 동반하기도 한다. 일부 내담자는 그런 아쉬움과 슬픔, 또 상담자 도움 없이 앞으로는 혼자서 해내야 한다는 부담과 두려움 등으로 인해 새로운 문제를 제시하여 상담을 더 지속하려는 시도를 한다. 따라서 상담 종결 단계에서 새로운 문제가 발생한다면 우선 그 문제가 상담 종결과 관련성이 있는지를 탐색할 필요가 있다.

만약 종결과 관련되었다고 파악된다면 종결 단계의 과제에 초점을 맞추어 새로운 문제를 조망하고, 종결과 관련된 내담자의 감정과 생각을 충분히 다루는 한편 내담자가 스스로 문제를 해결할 수 있는 능력이 있음을 확인하며 종결이 원만히 이루어지도록 돕는다. (제13장에서 종결 단계의 과제를 설명하고 있으니 참조하라.) 새로운 문제가 종결과 관련성이 없어 보인다면, 이전 문제와 관련된 상담을 종결한 후에 새 문제를 다루기 위하여 상담을 재개할 것인지 혹은 종결 후에 내담자 스스로 문제를 해결하도록 시도하고 추가상담의 필요성을 차후 고려할 것인지 혹은 다른 상담자나 기관에 의뢰할 것인지 등을 의논한다.

위기 관리하기

여러 회기에 걸쳐 상담을 진행하는 도중에 학교 안팎에서 내담자에게 위기가 다양한 방식으로 발생하기도 한다. 여기에서는 학교폭력과 관련된 경우 및 자해/자살 관련 징후가 보이는 위기상황에서 상담자의 대처방식을 살펴본다.

내담자가 학교폭력의 가해자(피해자)가 된 경우

학교폭력의 가해자나 피해자가 된 학생을 돕기 위해 상담이 시작되기도 하는데, 이 경우의 상담접근과 유의점은 『학교폭력의 예방과 상담(송재홍 외, 2016)』을 참조하기 바란다. 여기에서는 상담 진행 중에 내담자가 가해자나 피해자가 되는 학교폭력이 새로 발생하는 경우에 초점을 맞추어 살펴본다.

상담 진행 중에 내담자가 학교폭력에 연루되면 상담관계에 부정적 영향이 생기기 쉽고 조정의 필요도 발생한다. 내담자가 외부 상담자에게 상담을 받고 있던 경우와 달리, 동일 학교의 교사가 상담자인 경우라면 학교폭력위원회, 학교행정가, 타교사뿐 아니라 상대 가해자(피해자) 및 그 보호자 등 다양한 사람들 관련인물이 되는 복잡한 상황이 되기 때문이다.

학교교사가 상담자인 경우, 특히 담임교사가 상담자인 경우 학교폭력이 발생하면 많은 관련인물이 상담자에게 내담자에 관해 질문을 하고 정보를 요구할 것이다. 이때 상담자는 교사로서의 역할과 상담자로서의 역할을 잘 구분하여 대처하여야 한다.

학교폭력에 관련된 학생을 지도하는 교사로서의 역할에는 학교폭력의 구체적 내용과 관련인물 및 상황 파악하기, 가해자 학생이 잘못을 반성하고 피해자에게 용서를 구하게 하며 폭력이 재발하지 않도록 예방하기, 피해자와 가해자 학생(부모)이 해결(예방)방안에 대해 합의하도록 중재하기, 학교폭력위원회가 열릴 경우 교사로서의 의견 제시하기, 학급 전체에게 폭력 재발방지를 위한 지도하기 등이 포함된다. 이러한 교사로서의 역할을 수행할 때 상담 사실 및 내용에 대해 비밀을 지킬 수 있도록 최대한 조심하여야 한다.

기본적으로 내담자가 상담을 받는다는 사실 및 상담내용은 비밀이 지켜져야 한다는 원칙을 기억해 보자. 그 원칙에서 예외는 1) 미성년자인 내담자의 경우 보호자, 그리고 2) 내담자가 자기 자신이나 타인에게 해를 입힐 가능성이 있거나 아동학대가 의심되는 경우, 3) 법적으로 정보 공개가 요구되는 경우 등이 해당된다. 이 원칙에 비추어 보면 내담자인 학생과 그 보호자가 상담사실 및 내용 공개에 동의하지 않는 한 타교사/학교행정가/타부모/타학생 등에게 상담 사실 및 내용을 알려서는 안 되는 것이며, 학교폭력이 상담 기간 중에 발생하였다고 해서 그 점이 달라지지는 않는 것이다. 따라서 상담자는 상담자로서 알게 된 상담 사실 및 내용은 비밀을 유지하도록 주의하고, 교사로서 해당 학교폭력에 관해 공개가능하고 논의가능하다고 판단되는 내용만을 관련인물과 나누도록 세심하게 대처해야 한다. 물론 교사로서 공개 또는 논의 가능하다고 판단하는 내용도 대상인물이 누구인지에 따라 현명하게 판단하여야 한다.

다만, 학교폭력위원회는 사법기관은 아니지만 학교폭력의 예방과 해결을 위해 법적으로 그 권위를 부여받는 것으로 볼 수 있으므로, 학교폭력위원회에서 학교폭력과 관련된 상담내용 공개를 요구할 때는 내담자인 학생과 보호자에게 미리 알리고 그 요구에 응하여야 한다. (상담자가 먼저 학교폭력위원회에 상담사실을 알려야 하는 것은 아니다. 내담자인 학생이나 부모가 학교폭력위원회에 상담사실을 알림으로써 학교폭력위원회가 상담사실을 알게 될 수 있다.)

예 다음 경우를 가정해 보자. '담임하는 학급의 학생을 상담하고 있었는데, 내담자인 학생이 같은 반 학생에게 폭력을 행사하였고 피해자 학생의 부모가 가해자 학생을 처벌하라고 강력히 요구하고 있다. 교사는 상담을 통해서 가해자 학생이 그동안 심각한 정서적 어려움을 경험하고 있었던 것이 폭력의 원인이 되었다고 판단하였고, 이런 점을 피해자 학생의 부모가 알게 되면 가해자 학생을 측은히 여겨서 처벌하라는 요구를 철회할 수 있을 것이라고 기대하여 피해자 학생 부모에게 가해자 학생의 상담 사실 및 내용을 알리면 좋겠다고 생각한다면?'

⇨ <u>이는 잘못된 판단이다.</u> 왜냐하면, 피해자 부모는 비밀유지의 예외적 경우에 해당하지 않기 때문이다. 내담자 학생과 보호자의 서면동의가 없이는 상담 사실 및 내용 모두 피해자 학생과 부모에게도 알려서는 안 된다. 상담자인 교사가 내담자를 위하는 마음에서 출발한다고 해도, 비밀유지의 원칙을 어겨서는 안 된다.

학교폭력위원회가 열릴 경우 비밀유지 원칙에 예외가 될 수 있음을 내담자에게 알려 주고 상담관계가 흔들리지 않도록 재정립한다

상담기간 중에 내담자가 가해자나 피해자로 연루된 학교폭력이 발생하면, 상담자는 상담 초기에 비밀유지 원칙과 예외에 대해 내담자에게 알려 주었던 점을 내담자와 다시 한번 상기하며 내담자가 그 원칙 및 예외에 대해 궁금하거나 걱정하는 점에 대해 이야기할 수 있는 기회를 제공한다. 내담자가 피해자인 경우에는 내담자와 보호자가 학교폭력위원회에 사안을 제기할 것인지 결정할 수 있음을 알려 주고, 그에 대한 내담자의 생각과 감정 및 대처방안에 대해 함께 탐색함으로써 결정을 돕는다. 내담자가 가해자인 경우라면 피해자 학생과 보호자가 학교폭력위원회에 사안을 제기할 경우가 생길 수 있음을 알려 주고, 그에 대한 내담자의 생각과 감정 및 대처방안에 대해 함께 탐색한다.

내담자가 피해자이건 가해자이건 학교폭력위원회가 열리게 되면 상담내용 중 학교폭력에 관련되는 내용을 학교폭력위원회가 요구할 가능성이 있다는 점 및 그 경우 상담자가 학교폭력위원회의 요구에 응하여야 한다는 점(즉, 비밀유지가 보장되지 않는 예외적 경우라는 점)을 내담자에게 알려 주어야 한다. 내담자에게 알려 준 후에는 반드시 그에 대해 내담자가 어떤 생각이나 감정이 드는지를 탐색하여야 하며, 상담관계가 흔들리지 않도록 재정립하는 과정이 있어야 한다. 또한 학교폭력위원회 외의 다른 교사, 타부모, 타학생 등에게는 상담 사실 및 내용이 공개되지 않을 것이며, 학교폭력과 무관한 상담내용 또한 학교폭력위원회에 공개되지 않을 것임도 알려 주어 내담자가 상담에 다시 편안한 마음으로 참여할 수 있도록 돕는다.

학교폭력위원회의 공식 요청이 있을 경우 전문적 판단에 따라 상담내용과 의견을 제시하라

학교폭력위원회가 학교폭력에 관련된 내담자의 상담내용을 공식적으로 요구하면 상담자는 내담자와 보호자에게 그 사실을 미리 알려 주고 관련 상담내용을 학교폭력위원회에 제시해야 한다. 이때 상담자는 전문성과 공정성을 유지하도록 조심해야 한다. 내담자에게 불리한 정보를 누락하거나 유리한 방향으로 정보를 왜곡하는 등 편파적인 태도를 가지지 말아야 한다. 내담자가 가해자이건 피해자이건 사실에 입각하여 공정한 정보를 위원회에 전달하여야 위원회가 가해자와 피해자 양쪽 모두에게 가장 적합한 결정을 내릴 수 있기 때문이다. 내담자도 상담자의 도움이 필요한 학생이지만 상대편 학생도 공정하고 적절한 도움을 받을 권리가 있는 학생이기 때문이기도 하다.

자해/자살 관련 징후가 보일 때

자해나 자살과 관련된 징후는 다양하게 나타날 수 있다. 내담자가 "죽고 싶다."고 분명하게 말을 하는 경우도 있지만, "애들도 죽고 싶을 때가 있잖아요." 식의 지나가는 말처럼 흘리기도 하고, 낙서처럼 썼다가 지우기도 하는 등 불분명하게 표현되기도 한다. 혹은 내담자를 아는 다른 학생으로부터 내담자 학생이 그런 말을 했다는 것을 전해듣는 경우도 생긴다.

당황하지 말고 침착하게 대응하라

어떤 상담자든 내담자에게서 자해나 자살의 징후가 의심되면 걱정하는 마음이 앞서고 당황하기 쉽다. 내담자에 대한 사랑과 관심이 많을수록 걱정도 더 많이 될 것이다. 그러나 상담자는 침착성을 잃지 않도록 노력하며 이 문제를 최우선적으로 다루어야 한다.

자해/자살의 위험도를 신중하게 파악하라

자해/자살 관련 징후가 조금이라도 보일 때에는 그냥 넘기지 말고 그 위험도를 신중하게 파악하여야 한다.

틀린 생각 1 '정말 자살하려는 사람은 아무에게도 알리지 않고 자살을 감행한다. 누군가에게 자살 가능성에 대해 알리는 사람은 정말 죽으려는 마음이 없다.'는 세간의 생각은 틀린 생각이다. 사실은 그와 달리, 자살을 기도하여 죽음으로 끝난 사람들에 대해 살펴보면 자살기도 전에 누군가에게 어떤 방식으로든 (말/글/그림으로 그 생각을 표현했거나 아끼는 물건 등을 나눠 주는 등) 자살 가능성을 알렸다는 것을 확인할 수 있다. 즉, 자살 가능성을 알리는 사람 중에 자살기도를 하는 사람이 나올 수 있는 것이다.

틀린 생각 2 '자해/자살 생각에 대해 관심을 기울이면 자해/자살 가능성이 더 커질 수 있다.'는 세간의 생각도 틀린 생각이다. 관심을 기울이지 않는다고 자해/자살 생각이 저절로 사라지거나 줄어들기는 어렵다. 오히려 무관심에 실망하고 좌절하여 자해/자살 생각이 더 강해질 수 있다. 반면, 관심을 기울인다고 '그냥 지나가듯 했던 생각'을 정말로 더 심각하게 만들지는 않을 것이니, 안심하고 확인하면 된다.

상담자의 염려와 걱정을 전달하며 자해/자살의 위험도를 파악하라

위험도를 파악할 때는 먼저 상담자가 내담자의 안녕에 대해 깊은 관심이 있음과 자해/자살 징후에 대해 걱정하는 마음을 진솔하게 표현하는 것으로 시작하는 것이 좋다. 내담자의 자해/자살 징후에 대해 파악하려는 상담자의 반응은 공식적인 절차가 아닌, 내담자를 진정으로 아끼고 염려하는 마음에서 나온 것이어야 하며 또 그렇게 내담자에게 전달되어야 한다.

상담자가 진정으로 내담자를 아끼고 염려하는 마음이 전달되어야, 내담자가 자해/자살에 관한 생각, 계획, 준비내용 등에 대해 솔직하게 알려 줄 가능성도 높다. 자신을 해치거나 버리고 싶은 마음이 있는 내담자라도, 한편으론 자신을 지키며 살고 싶은 소망도 반드시 있기 마련이기 때문이다. 또한 앞으로 혹시나 내담자가 자신을 해치거나 버리고 싶은 충동이 들 때, 상담자가 자기를 진정으로 아끼고 염려하고 있다는 생각이 내담자를 붙들어 줄 수 있는 힘이 된다. (이때 내담자의 이름을 다시 부르고 내담자를 정면으로 응시하며 따뜻한 표정과 진지한 어조 등 비언어적인 부분에도 유의한다.)

예
- "잠깐만, 미영아, 좀 전에 부모님 싸우시던 이야기를 하면서 죽고 싶더라고 했는데, 그 이야기를 들으니 선생님이 정말 걱정이 돼. 그 점에 대해서 좀 더 이야기를 듣고 싶어."
- "진호야, 선생님이 진호를 정말 좋아하고 아끼는 거 알지? 근데 오늘 선생님

이 수업시간에 네가 공책 한 귀퉁이에 '살기 싫다'는 글을 써 둔 걸 보게 됐어. 그걸 보고 선생님이 너무 걱정이 되고 가슴이 철렁했단다. 그래서 선생님이 이야기를 하자고 한 거야."

- "정미야, 오늘 오전에 연필 끝으로 손등을 여러 번 세게 누르는 걸 보고 선생님이 그러지 말라고 걱정된다고 얘기했었는데, 선생님이 계속 염려스럽고 걱정이 돼서 이야기하자고 부른 거야."

생각의 심각도, 계획 여부, 준비 및 실행 여부 등으로 위험도를 파악한다

위험도를 파악하기 위해서는 우선 자해/자살 관련 생각의 심각도를 물어본다. 생각의 심각도는 '그 생각을 얼마나 심각하게 하였는지' '언제부터 그런 생각을 했는지' '얼마나 자주 그런 생각을 했는지' 등으로 종합적으로 파악한다.

예

- "진호야, 네가 쓴 '살기 싫다'는 생각이 진호의 생각인지, 또 그 생각을 진호가 한 거라면 얼마나 심각하게 한 건지 선생님이 알고 싶어."
- "진호의 이야기를 들어 보니 진호가 그 생각을 했던 거고 또 어느 정도는 심각했던 적도 있는 걸로 들리는데… 어때, 선생님이 제대로 이해한 건가?"
- "그러면 그 생각을 언제부터 했었는지 이야기해 줄 수 있겠니?"
- "얼마나 자주 그런 생각을 했는지도 듣고 싶어."

(여러 질문을 한 번에 쏟아 내지 말고, 각 질문에 대해서 내담자의 답을 경청한 후 다음 질문으로 천천히 진행하도록 한다.)

생각이 어느 정도 심각한 것이라고 판단되면 혹시 그 생각을 실행에 옮기기 위한 계획을 세운 것이 있는지 (추가적으로, 과거에 계획을 세웠던 적이 있는지) 물어본다. 만약 계획을 현재 세우고 있거나 과거에 세웠던 적이 있다고 하면 그런 계획을 실행에 옮긴 부분이 있는지도 물어본다. 계획을 세웠거나 실행에 옮긴 부분이 있다면 위험이 더욱 높다고 볼 수 있다. 과거에 실행에 옮겼다가

별일 아닌 걸로 끝났다고 해도, 일단 자해/자살의 계획을 세웠거나 실행에 부분적으로라도 옮긴 적이 있는 내담자는 위험이 높은 것으로 보아야 한다.

예
- "미영아, 네 이야기를 들어 보니 죽고 싶다는 생각을 작년부터 여러 번 했고 꽤 심각하게 그 생각을 했었구나. 그러면 혹시 그런 생각을 하면서 어떻게 해야겠다는 계획을 세운 적도 있니?"
- "어떤 계획이었는지 선생님에게 말해 줄 수 있겠니?"
- "혹시 그 계획을 위해 준비를 하거나 실제로 해 본 적도 있니?"

자해/자살 관련 위험이 낮다고 판단되더라도 충분히 탐색하는 시간을 가진다

내담자의 자해/자살 관련 징후가 심각하지 않다고 판단되더라도, 자해/자살 생각을 했던 이유 및 상황, 그 생각의 내용 및 연관된 감정 등은 가벼이 넘겨서는 안 되며 충분한 탐색을 거쳐야 한다. 자해/자살 관련 징후와 연관된 생각, 감정, 상황, 이유에 대해 충분히 탐색하되 비합리적 · 비관적 · 부적응적 생각, 감정, 기대, 행동선택 등이 합리적 · 낙관적 · 적응적 대안으로 변화될 수 있도록 도와야 한다.

특히 충동성이 높거나 감정의 기복이 심한 내담자라면, 당장의 위험은 낮아 보이더라도 작은 상황 변화에도 생각이 급작스럽게 변화할 수 있고 충동적으로 실행에 옮길 수 있으므로 더 신중히 탐색하여야 한다. 작은 위험이라도 진정 어린 관심과 염려로 탐색하는 상담자의 태도를 통해서 내담자도 자신을 좀 더 소중히 여기고 섣부른 행동을 자제하고자 하는 마음이 강해질 수 있다.

자해/자살 관련 위험에 대해 보호자에게 알리고 돕는 방안을 의논한다

내담자가 자신을 해칠 위험이 높다고 보일 때는 성인 내담자더라도 비밀유지 원칙의 예외에 해당한다. 내담자가 자신을 해치지 않도록 보호하기 위해 필요한 인물에게 자살 위험성을 알려서 필요한 조치를 취할 수 있도록 하기 위함이다.

학교상담에서 미성년자를 상담하는 경우에는 내담자의 자살위험이 높지 않더라도 보호자에게 알려야 한다. 상담자가 내담자의 자해/자살 관련 징후를 어떻게 알게 되었으며 상담에서 내담자와 그에 관해 어떤 이야기들을 나누었는지, 상담자가 파악하는 위험도는 어느 정도인지 등을 보호자에게 상담 직후에 보호자에게 전달하고 내담자를 도울 수 있는 방안을 의논한다. (만약 자해/자살 위험도가 높다고 판단되면 상담회기가 끝나기 전에 보호자에게 연락하여 내담자 보호를 위한 필요 조치를 즉시 실행할 수 있게 해야 한다.)

물론 보호자에게 알릴 것임을 내담자에게도 미리 알려 주어야 한다. 이때 보호자에게 알리는 것을 내담자가 반대한다면, 왜 보호자에게 알리지 않기를 원하는지 충분히 이유를 경청해 보고 또 보호자에게 알리는 상황이 내담자가 받아들이기 좀 더 편안해질 수 있도록 조정해야 하지만, 보호자에게 알려야 하는 내용은 상담자가 판단하는 것임을 설명하고 보호자에게 알려야 한다.

차후에도 자해/자살 관련 생각이 들면 상담자나 보호자에게 반드시 알릴 것이며 실행에 옮기지 않을 것임을 내담자가 약속하게 한다

보호자에게 알리고 필요한 조치를 취하는 것에 더하여, 내담자에게 서약서를 쓰게 하는 것도 도움이 된다. 서약서 양식의 예는 부록을 참조하되, 상담자가 미리 서약서를 인쇄하여 내담자에게 서명만 하게 하는 것보다는 서약서 내용을 내담자가 자필로 직접 쓰게 하고 서명을 하는 것이 더욱 효과적이다.

서약서에는 1) 앞으로 자해/자살 관련 생각이 들면 곧바로 상담자와 보호자에게 알릴 것이며, 2) 그 생각을 실행에 옮기지 않을 것임을 약속한다는 내용이 들어가야 한다. 서약서의 한 부분에 상담자의 연락처도 명시해 주고 만약 상담자나 보호자와 연락이 닿지 않을 경우에 24시간 도움을 요청할 수 있는 hotline 전화번호(예: 청소년 전화 1388, 희망의 전화 129, 생명의 전화 1588-9191)도 적어 둔다. 내담자가 스스로 적고 서명한 서약서를 한 장은 복사해서 상담자가 보관하고 한 장은 내담자가 지니고 다니게 한다. 이러한 서약서는 내담자가 충동적으로 자해/자살을 시도하려는 마음이 들 때 상담자와의 약속을 기억나게 하고 내담자를 붙들어 주는 보호자원이 될 수 있다.

생각해 볼 문제

1. 그동안 본인이 상담한 사례 중에서 내담자의 변화가 더뎠던 경우를 회상해 보면서 이 장에 제시된 점검사항들을 적용해 보자. 또 내담자의 변화가 더딜 때 본인의 상담자 역할에 대해서 어떤 생각과 감정들이 들었으며 내담자에 대해서는 어떤 마음이 들었는지 되새겨 보며, 그런 점들이 상담자로서 자신을 이해하는 데 어떻게 활용될 수 있겠는지 생각해 보자.
2. 학교상담에서 내담자에게 위기가 발생할 때 상담자로서 본인이 가장 어렵게 느낄 점이 무엇인지 점검해 보고, 그에 대한 대처방안을 찾아보자.

추천도서

송재홍, 김광수, 박성희, 안이환, 오익수, 은혁기, 정종진, 조봉환, 홍종관, 황매향 (2016). **학교폭력의 예방과 상담(2판)**. 서울: 학지사.

제13장

종결 단계의 과제

- 종결을 고려할 시기
- 종결 준비시키기
- 최종 회기의 진행
- 추수 회기의 계획 및 진행

"아이를 세 번 정도 만났는데 아이의 감정 상태가 좋아지면 더 이상 상담을 진행하지 않아도 되는지요? 그러한 판단을 어떻게 하는 것인지 궁금합니다. 한 아이가 상담 전 실시한 조사에서는 우울의 강도가 매우 높게 나왔고 실제로 대화를 나누어 보니 밤에 잠을 이루지 못할 정도로 괴로워하는 상태였어요. 현재는 교우관계가 나아지면서 그러한 상황이 많이 해소된 상태인데 어떻게 해야 할지요?"

종결 단계는 내담자가 지금까지 성취한 변화들을 통합하도록 도움과 동시에 내담자와의 특별한 관계를 점진적으로 종료해 가는 과정이다. 이러한 과정이 원만히 진행될 수 있도록 상담자가 수행해야 할 과제를 다음과 같이 크게 세 가지 영역으로 나누어 소개한다.

- 종결이 다가왔음을 시사하는 단서들의 이해
- 내담자에게 종결 준비시키기
- 최종 회기 및 추수 회기의 진행

종결을 고려할 시기

상담자는 내담자를 처음 만나는 순간부터 언제 내담자와의 만남을 끝내야 할 지에 대해 고민해야 한다. 상담자의 역할은 궁극적으로 내담자가 상담자의 도움 없이 문제를 해결할 수 있도록 하는 것이기 때문이다. 내담자로 하여금 상담자에게 의존하도록 하여 떠나기 어렵도록 하고 있다면 상담자 자신의 심리적 또는 경제적 필요를 충족시키기 위한 의도가 있는 것은 아닌지 성찰해 보아야 한다.

때로는 사례를 조기에 종결하고 싶을 때도 있다. 대개 내담자에게 진전이 보이지 않거나 내담자의 저항적 태도가 지속되어서 상담자가 심리적으로 소진되었을 때다. 이런 때에는 내담자를 만나는 것이 부담스러워서 내담자가 오지 않기를 바라기도 한다. 상담자도 고통을 느끼는 인간이기 때문에 힘든 상황에서는 가급적 빨리 사례를 종결하고 싶은 마음이 들기도 한다. 상담자의 사정에 의한 조기 종결에 대해 유념할 점은 내담자의 입장에서 보았을 때 상담자가 자신을 싫어한다거나 상담자조차도 결국 자신을 포기했다고 느낄 수 있다는 것이다.

종결은 상담 초기에 설정한 목표가 달성되었을 때 하는 것이 원칙이지만 아동의 경우 반드시 그럴 필요는 없다. 성인과 달리 아이들은 성장 중이므로 '완벽한 상태'를 추구하지 않아도 좋다. 목적지까지 아직 도달하지 못했더라도 상담자나 보호자가 시간을 두고 지켜봐 준다면 내담자 혼자의 힘으로도 목적지에 도달할 수 있는 궤도에 올라섰다고 판단될 때, 이제는 종결을 고려할 시기다. 목표를 완전히 성취하지는 못하였어도 내담자에게 상당한 개선이 나타난 이후 그 이상의 진전은 없이 고원상태에 머물러 있을 때도 있다. 상담을 통해 획득한 긍정적 결과들을 온전히 자기의 것으로 통합하는 데에 시간이 필요한 상황이라고 할 수 있다. 바로 이런 때가 종결을 고려할 때이며 일반적으로 다음과 같은 단서들이 나타난다.

일상생활에서의 변화

집과 학교에서 분명하고 긍정적인 행동변화가 나타난다. 이전의 문제행동은 감소하고 친사회적 행동이 부쩍 증가하는데 대개 부모가 상담자에게 이야기해 주어서 알게 된다. 집에서 가장 두드러지게 나타나는 변화는 내담자가 침울해 하거나 불만스러워하던 것들이 줄어들고 얼굴 표정이 확연히 밝아지는 것이다. 이전 보다 말수가 늘어났으며 때때로 가족들을 도우려고 나서기도 한다. 학교에서는 또래관계에서의 변화가 두드러진다. 또래들과 함께 하는 놀이 및 학습 활동에 이전보다 활발히 참여하게 되어서 때로는 상담이 또래들과 어울릴 시간을 빼앗는 것처럼 느껴지기도 한다.

상담시간 중의 변화

일상생활에서 긍정적인 행동들이 나타나기 시작한 것만으로 상담의 종결을 결정하는 것은 성급할 수 있다. 상담시간에 내담자가 드러내는 말과 행동은 종결에 대한 판단을 내릴 결정적인 자료가 된다. 대개의 경우, 종결이 가까워지면 내담자가 내적으로 한층 성숙해졌음을 나타내는 신호들이 감지된다. 예를 들면, 이전에는 강하게 부정적 감정을 표출하며 싫어하거나 슬퍼하던 대상이나 상황을 수용하며 의젓한 모습이 나타난다. 동생이 태어나면서 엄마의 애정을 다 빼앗길 것 같아 불안해 하고 때로 짜증까지 부리던 초등학교 2학년 지훈이는 상담이 종결 단계에 접어들면서 "동생은 아직 아기이니까 엄마의 보살핌이 많이 필요해요."라고 이야기를 해서 상담자를 놀라게 했으며 때때로 자기가 동생을 돌봐 준 이야기를 하곤 했다. 또 다른 사례를 다음에 제시해 보면, 초등학교 3학년 주현이는 갑작스럽게 아버지가 돌아가시면서 극도로 불안해하며 자주 울곤 했었는데 마지막 회기에서 아버지의 죽음을 수용하는 성숙한 모습을 보여 주었다.

상담자: 선생님이 전에 아빠에게 하고 싶은 말을 주현이에게 물어본 적 있었잖아요. 아빠가 여기 있다면 어떤 말을 하고 싶은지 물어봤을 때 주현이가 아직은 말할 준비가 안 되어 있다고 말했었잖아. 지금은 어때?

주　현: 지금은 좀 됐어요.

상담자: 정말? 아빠가 여기 계시다고 생각하고 아빠한테 말을 할 수 있을 것 같아요?

주　현: 네.

상담자: 마음의 준비가 됐어요? 정말? 아직 안 되어 있어도 괜찮아, 주현아.

주　현: 됐어요. 꼭 하고 싶은 말이 생겼어요. 딱 한마디 있어요.

상담자: 그럼 그 딱 한마디 지금 한번 해 볼까요?

주 현: 네.

상담자: (빈의자 만들어 놓은 후) 아빠가 이 의자에 앉아 있다고 생각하고 아빠에게 하고 싶었던 말을 해 볼까요?

주 현: 네. "아빠, 나중에 하늘나라에서 만나서 재미있게 같이 놀고 밥도 먹고 그러자."

상담자: 그럼 선생님이 아빠가 되어서 대답해도 될까요? 음, 만약 아빠라면, 선생님이 주현이 어깨에 손 얹을게요. "그래, 주현아. 주현이 이야기를 들으니 아빠는 너무 좋아. 주현이 말대로 나중에 하늘나라에서 만나서 같이 밥도 먹고 얘기도 나누고 같이 놀기도 하고 잠도 자기도 하자. 알았지? 그 대신 그동안에 주현이 멋진 어른이 되어야 해. 올바르게 커서. 아빠가 주현이를 하늘나라에서 지켜보고 있고 주현이 잘 되라고 응원할 거야. 알겠지? 다음에 만나자!"

주 현: 네. 엄마가 그러는데 음, 한 가족의 사람이 돌아가도 돌아간 사람은 가족 곁에 있대요.

상담자: 맞아, 주현아. 사라지지 않을 거야. 아빠는 주현이가 하는 행동 다 지켜보고 응원하고 계실 거야. 그리고 주현이를 보고 싶어 하실 거야. 주현이 마음처럼. 주현이가 많이 의젓해졌구나. 예전에는 많이 울었었는데 이제는 울지도 않고. 어떻게 눈물이 안 날 수가 있었어? 어떻게 해서 마음의 준비가 될 수 있었어?

주 현: 그냥, 가끔씩 아빠 생각을 할 때가 있었는데, 그때 빼곤 아빠를 생각한 적이 없었거든요. 생각을 안 했던 때가 조금 더 많아가지고. 그래서 마음의 준비가 될 수 있었어요.

이외에도 내담자가 성숙해졌다는 신호들은 상황에 대한 합리적인 해석, 경직되지 않은 유연한 생각, 문제에 대한 새로운 통찰의 획득 등 사고의 변화를 통해 드러나기도 한다. 엄격한 아버지 밑에서 자란 초등학교 6학년 형민이는

'항상 최고가 되어야 한다.'라는 완벽주의적인 신념 때문에 압박감을 강하게 느끼고 있었으며 신체화 증상으로 심한 두통을 겪고 있었다. 상담시간에도 모범적이고 바른 말만 반복하던 형민이가 어느 날 "평범해도 괜찮아요."라는 말을 했으며 옆 반 여학생을 좋아한다고 했다. 이전 형민이의 모습에서는 상상할 수도 없는 유연한 생각이었으며 상담이 시작된 후 처음으로 형민이가 자신의 욕구를 있는 그대로 표현해 준 순간이었다. 이러한 변화들은 상담을 통해 형민이가 성장하고 있음을 보여 준다.

종결의 시기가 임박했음을 시사하는 단서들은 내담자들이 종종 저항의 일환으로써 모든 것이 다 좋아졌고 더 이상 고민이 없다고 주장하는 것과 구별되어야 한다. 이러한 주장은 내담자가 상담의 종결을 직접 또는 간접적으로 요구하고 있는 것이다. 성숙이 아닌 저항이 일어나고 있는 경우, 내담자의 주장과 달리 내담자 주변의 가족, 교사, 또래, 그리고 상담자의 눈에는 내담자가 이전보다 좋아졌거나 성숙해진 모습이 분명하게 드러나지 않는 경우가 많다.

종결 준비시키기

상담 초기부터 종결 준비시키기

내담자는 처음부터 대략 몇 회기의 상담을 받게 될지를 알아야 한다. 내담자들은 머리로는 회기 수에 제한이 있음을 알아도 감정적으로는 이를 부인할 수 있다. 따라서 첫 회기부터 종결에 대한 논의가 진행되어야 하며 상담이 진행되는 중에도 필요할 때마다 종결이 언급되어야 한다. 이를테면, 상담 초기에 상담의 목표를 세울 때, "어떤 일들이 이루어지면 더 이상 상담을 받지 않아도 될까?"라고 묻는 것도 도움이 될 수 있다. 시간의 한계가 있다는 것을 깨닫게 되면 내담자는 보다 현실적인 목표를 수립할 수 있게 된다. 회기가 진행되는 중에 종종 상담목표에 도달한 정도를 점수화시켜서 질문하는 것도 한 가지 방법이 될 수 있다.

독립성 높이기

내담자가 스스로 문제를 해결해 나아갈 역량을 갖추고 상담자를 떠나는 것은 매우 이상적인 종결의 모습이다. 상담자 주도적 진행방식을 선호하는 상담자 또는 내담자들은 현재 내담자의 문제가 무엇인지 상담자가 진단을 내리고 앞으로 내담자가 무엇을 해야 할지에 대해 상담자가 해결책을 제시해 주는 것을 상담이라고 여긴다. 이러한 방식은 일시적으로는 효과적일 수 있지만 오랫동안 유지될 경우 내담자의 의존성을 증가시키는 부작용을 가져온다. 어쩌면 내담자는 문제가 생길 때마다 상담자를 찾아와야 한다고 여길지도 모른다. 처음에는 다소 더디게 느껴질 수도 있지만 내담자가 스스로 방향을 찾도록 돕는 것이 결국은 가장 빠르게 내담자를 성장시키는 길이다.

종결 단계의 회기 운영

- 마지막 회기를 가지기 수회기 전부터 내담자에게 종결이 다가오고 있음을 상기시키는 것이 좋다. 10회기 정도로 진행되는 상담의 경우 종결까지 대략 3회기 정도가 남은 시점부터 내담자에게 종결을 준비시키는 것이 일반적이다.
- 마지막 몇 회기는 내담자를 매주 만나지 않고 시간 간격을 두며 회기를 가지는 것도 좋은 선택지다. 자연스럽게 종결에 대비할 수 있을 뿐만 아니라 상담에서 배운 것들을 생활 속에서 활용해 볼 시간을 확보할 수 있기 때문이다.

- 종결 단계에서는 새로운 목표를 추구하기보다는 지금까지 상담을 통해 얻은 것들을 온전히 내담자 자신의 것으로 소화하도록 돕는 작업들이 수행된다.
- 상담목표와 관련하여 미해결 과제가 있다면 내담자가 지금 어떻게 하고 싶은지에 이야기를 나누는 시간을 가지는 것이 좋다. 앞에서 제시한 주현이 사례의 축어록에는 미해결 과제를 다루는 모범적인 모습이 소개되어 있다. 주현이는 돌아가신 아버지에 대한 상실감을 완전히 극복하지 못한 것이 미해결 과제로 남아 있었다. 이것은 아동에게 있어서 앞으로도 더 많은 시간이 필요한 과제임이 분명하다. 하지만 마지막 회기에서 상담자가 빈의자 기법을 통해 아버지에게 작별인사를 할 수 있도록 도와준 것은 주현이가 이 문제를 극복하고 성장하는 데에 큰 도움을 주었다.

최종 회기의 진행

마지막 회기에서 상담자가 수행해야 할 주요한 작업 세 가지는 상담 성과 정리, 종결 이후의 목표 및 계획 탐색, 종결과 관련된 감정 다루기다. 여건이 허락하면 이 세 가지 작업과 더불어 별도의 추수 회기를 고려해 볼 수도 있다. 학교에서 또래들에게 따돌림을 당하던 초등학교 5학년 미선이의 사례(제6장 참조)를 중심으로 각각의 작업들이 진행되는 방식을 살펴본다.

상담 성과 정리

최종 회기에서는 절반 또는 그 이상의 시간을 내담자가 성취한 성과들을 되짚어 보는 데에 할애한다. 상담을 통해 일어난 다양한 변화를 통합하고 그것에 의미를 부여하는 과정이다. 이 작업의 주된 목적은 상담 성과가 일시적인 것이 아니라 상담 종결 후에도 오랫동안 지속되도록 하는 데에 있다. 뿐만 아니라 내담자가 자신의 삶과 자기 자신에 대해 보다 긍정적인 시각을 가지는 데에도 도움이 된다. 이 작업은 상담 성과와 관련된 다음의 두 가지 측면을 살펴보는 과정이다. 첫째, 내담자의 삶에 일어난 긍정적인 변화들을 두루두루 탐색한다.

상담자: 미선아, 오늘이 마지막 상담인데 이전이랑 비교해서 어떤 것 같아?

미 선: 친구들이랑 좋아진 거 같아요.

상담자: 오~ 정말! 어떤 점이 좋아졌는지 선생님한테 이야기해 줄래?

미 선: 지금은 동철이가 잘해 줘요. 수지, 은영이, 민경이, 종현이, 승환이도 저한테 말 걸어 주고요.

상담자: 잘 됐다! 이전보다 친구들이 미선이에게 잘 대해 주고 같이 이야기도 하게 되었구나.

미 선: 아, 맞다. 은영이가 자 빌려 달라고 했어요.

상담자: 그래? 이전에는 어땠는데?

미 선: 저한테 그런 말 안 했어요.

상담자: 은영이랑도 서로 물건을 빌려주는 사이가 되었다는 이야기구나.

미 선: (웃으며) 네.

미선이는 친구들과 관계가 개선된 것을 상담 성과로 언급해 주었다. 미선이와 친해진 6명의 친구들 이름이 언급되었는데 실제로 이들과의 관계에서 어떤 긍정적 사건이 일어났는지에 대해서는 아직 자세한 이야기가 없다. 내담자의 삶에서 일어난 긍정적인 변화들은 구체적으로 기술될수록 내담자의 긍정적 감정을 유발하며 변화의 동기를 높여 준다. 그래서 상담자는 미선이에게 친구들 각각에 대해 이야기할 기회를 다음과 같이 제공했다.

상담자: 그 말을 들으니 선생님도 기쁘구나. 친해진 친구들이랑 무슨 좋은 일이 있었는지 궁금해.

미 선: 화요일에 국화반 수지가 교실에 왔는데요. 제가 청소 그냥 했는데 수지가 오늘 안 하는 거라고 이야기해 줬어요.

상담자: 그날은 청소가 없는 걸 몰랐는데 수지가 알려 줬구나. 미선이 표정을 보니 그때 기분이 많이 좋았나 보다. 그래서 미선이는 어떻게 했어?

미 선: (웃으며) 수지한테 고맙다고 했어요.

둘째, 내담자의 어떤 생각 또는 행동이 내담자의 삶에 긍정적인 변화를 일으켰는지를 탐색한다. 앞에서 되돌아본 상담 성과들은 저절로 발생한 것이 아니라 내담자가 노력하여 이루어 낸 것이다. 내담자가 수행한 일과 삶의 긍정적 변화 사이의 관련성을 분명히 이해하는 것은 내담자에게 큰 성취감을 느끼게 해 준다. 그리고 상담이 끝난 후에도 행복한 삶을 살기 위해 자신이 무엇을 해야 하는지에 대해 명료하게 인식하도록 도와준다.

상담자: 정말 좋은 일들이 많이 일어났구나. 미선이가 노력을 많이 한 것 같아. 미선이가 무엇을 했길래 이런 좋은 일들이 일어났는지 이야기해 줄래?

미 선: 친구에게 말 걸고.

상담자: 맞아, 미선이가 용기 내서 친구들한테 감정을 말했지. 대단해! 그리고 또?

미 선: 목욕을 자주 하고 옷차림도 단정하게 했어요.

상담자: 미선이의 깔끔하고 단정한 모습이 도움이 되었구나.

종결 이후의 목표 및 계획

상담자와의 만남을 통해 많은 긍정적 변화를 성취했다 하더라도 여전히 남아 있는 과제들이 있기 마련이다. 이것은 대단히 자연스러운 일이다. 상담이 종결되면 내담자는 상담자의 도움 없이 스스로의 힘으로 이 과제들을 해결해 나아가야 한다. 내담자의 자립을 지원하기 위해 상담자가 최종 회기에 수행해야 할 작업에는 목표 달성 정도에 대한 종합 평가, 종결 후의 목표 설정, 앞으로의 계획 탐색 등이 포함된다.

미선이의 사례에서는 상담 성과 정리가 끝난 후, 목표 달성 정도를 0점에서 10점까지의 척도로 수치화시켜서 미선이가 주관적으로 평가할 수 있도록 했다. 이러한 점수 평가는 상담 초기부터 이미 수차례 진행된 바 있다. 그다음에는 상담 종결 후의 자신의 생활에 대해 어떤 목표를 가지고 있는지에 대해서도 역시 점수를 사용해 탐색을 진행했다. 내담자가 특정한 점수를 언급하면 그런 점수를 부여한 내담자 나름대로의 이유를 반드시 살펴보아야 한다. 그래야만 내담자의 관점에서 내담자의 '상황인식'—현재의 상황을 어떻게 바라보고 있는지—그리고, '욕구'—미래에 어떤 일들이 일어나기를 바라는지—를 이해할 수 있기 때문이다.

상담자: 미선이가 좋아졌다고 하니 선생님도 기분이 좋아. 이전에 처음 상담을 시작할 때 했던 것처럼 친구관계에 다시 점수를 매겨 볼까? 0점은 가장 안 좋은 거고 10점은 가장 좋은 거야. 상담받기 전의 친구관계가 몇 점이었다고 했더라?

미 선: 0점….

상담자: 지금은 몇 점이지?

미 선: 6점이요.

상담자: 0점에서 6점으로? 정말 많이 올랐다! 축하해, 미선아.

미 선: 예전엔 최악이었는데 지금은 친구가 6명이라서 6점이에요.

상담자: 앞으로 이 점수가 어떻게 되었으면 좋겠어?

미 선: 한 8점 정도까지 올랐으면 좋겠어요.

상담자: 8점이면 꽤 높은 점수인 것 같은데 지금이랑 어떤 점이 다를까?

미 선: 애들이랑 더 많이 놀아요. 친구도 2명 더 생기고요.

그다음에는 내담자가 설정한 목표를 어떻게 달성할 것인지에 대한 앞으로의 계획 탐색이 진행되었다. 내담자가 계획을 언급하면 그 계획이 가져올 긍정적 결과에 대해 내담자가 예측해 보도록 상담자가 적절한 질문들을 제시해야 내담자의 실천동기를 높일 수 있다.

상담자: 선생님이랑 상담이 끝난 다음에도 미선이가 원하는 모습이 되기 위해 할 수 있는 일들이 뭐가 있을까?

미 선: 머리 감는 걸 자꾸 잊어버려요. 해야 하는데….

상담자: 머리를 잘 감아야 한다고 생각하는구나. 머리 감으면 미선이한테 그게 어떻게 도움이 되지?

미 선: 냄새 나면 애들이 싫어하니까요.

의욕적인 내담자라 하더라도 계획 실천 과정에서 방해 요소들과 직면할 수 있다. 예를 들면, 아침에 일찍 일어나려는 계획을 세운 내담자에게는 심야의 스마트폰 사용이 계획 실천을 심각하게 방해할 수 있다. 이런 경우, 상담자는 내담자 스스로 이를 극복할 방안—예를 들면, 밤 11시가 되면 스마트폰의 전원을 끈다 등—을 생각해 내도록 도와야 한다. 미선이의 사례에서는 미선이가 해야 할 일들을 자주 잊어버린다는 것을 상담자가 잘 알고 있었기 때문에 이를 극복할 방안을 미선이와 함께 탐색했다.

상담자: 냄새가 나지 않아야 친구들이 더 좋아한다는 말이구나. 아주 좋은 생각이야. 근데 보면 미선이가 깜빡하는 일이 가끔 있던데 뭔가 방법이 없을까?

미 선: '머리 감기'라고 욕실 벽에 써서 붙이면 돼요.

상담자: 종이가 젖을지 모르는데 다른 곳에 붙이는 건 어때?

미　선: 씻을 때 봐야 하니까 욕실에 붙이는 게 더 나아요.

종결과 관련된 감정 다루기

상담이 진행되는 기간 동안 내담자는 상담자와 매우 특별한 만남을 경험한다. 매주 찾아와 어떤 말을 하건 일관되게 관심과 지지를 보여 주는 상담자를 마주하며 내담자는 편안함과 든든함을 느낀다. 실제로 많은 상담자는 수용적 분위기 속에서 마음껏 대화를 나누는 것만으로도 내담자가 좋아지는 것 같다고 말한다. 상담의 종결은 내담자에게 있어서 이런 특별한 관계와 작별을 해야 한다는 것을 의미한다. 종결을 맞이할 정서적 준비가 되지 않은 내담자는 큰 상실감과 슬픔을 경험하기도 하고 상담 종결 후에 상태가 다시 악화되기도 한다. 상담의 종결이 내담자에게 부정적 영향을 미치는 것을 막기 위해서는 상담이 끝나는 것에 대한 감정을 표현할 기회를 제공해야 한다.

상담자: 오늘이 상담 마지막인데 미선이 마음이 어때?

미　선: (울먹이며) 이렇게 상담 끝나니까 아쉬워요.

상담자: 미선이가 상담이 끝나는 게 많이 서운한가 보구나. 선생님도 미선이랑 이야기할 수 있어서 참 좋았어.

미　선: 선생님 또 상담해도 돼요?

상담자: 물론이지. 힘들 때에는 선생님하고 다시 이야기를 할 수 있어. (웃으며) 하지만 일부러 고민을 만들면 곤란해요.

종결에 대한 이야기를 나눌 때 내담자들은 종종 상담 재개의 가능성에 대해 질문한다. 이것도 역시 상담자와의 작별에 대한 아쉬운 감정의 표현이다. 이런 경우, 필요할 때 다시 상담자를 찾아올 수 있음을 언급하는 것이 종결이 내담자의 정서에 미치는 부정적 영향을 감소시키는 데에 도움이 된다. 혹시 전학이나 상급학교 진학으로 인해 내담자를 다시 만나기 어려운 상황이라면, 상담자 자신의 개인적 생활에 무리를 주지 않는 범위 내에서—상담자도 상담 이외의 삶을 가진 인간이기 때문에—이메일 주소, 학교 전화번호 등의 연락처를 내담자에게 알려 줄 수도 있다. 실제로 연락이 오는 경우는 많지 않지만, 대개의 내담자들은 가끔 간단한 안부 인사를 교환하는 정도로 만족해 한다.

추수 회기의 계획 및 진행

상황이 허락한다면 한두 달 후 추수 회기를 진행할 계획을 최종 회기에서 내담자와 함께 세워 두는 것이 좋다. 추수 회기는 일반적인 상담회기보다 짧게 진행해도 무방하다. 학교에서 담임교사로서 상담을 진행하는 경우, 상담 종결 후 내담자의 학년이 올라가게 되면, 상담자는 새로운 학급의 지도를 맡게 되고, 내담자도 역시 새로운 담임교사와 생활하게 되므로 따로 만남의 자리를 마련해서 면담을 진행하는 것이 현실적으로 여의치 않을 수도 있다. 이런 경우에는 직접적인 면담이 아니라 전화 통화를 통해 추수 회기를 진행해도 좋다. 추수 회기는 종결에 대한 부정적 감정의 완화에 도움이 될 뿐 아니라 상담 종료 후에 내담자의 상황을 점검하는 기회로 활용될 수 있다. 앞에서 잠시 소개한 초등학교 6학년 형민이의 예로 다시 돌아가 보자. 형민이는 항상 최고가 되어야 한다는 완벽주의적인 생각과 신체화 증상—두통—을 겪고 있었다. 최종 회기에서 상담자는 형민이에게 한 달 후에 전화를 줄 것을 부탁하며 그때 형민이가 얼마나 잘 지내고 있는지를 보고 상담을 지속할지 종결할지를 결정하자고 제안했다. 형민이도 상담자의 제안에 동의했다. 다음은 나중에 전화를 통해 진행된 형민이와의 추수 회기의 일부를 제시한 것이다.

상담자: 형민이가 머리도 아프지 않고 아버지하고 운동도 하며 지낸다니 선생님도 기쁘구나. 지난번에 형민이가 많이 이야기하던 그 여자친구하고는 어떻게 지내니?

형 민: 헤어졌어요.

상담자: 어이구, 그래? 형민이 마음 많이 안 좋은 거 아니야?

형 민: (멋쩍게 웃으며) 아니요, 괜찮아요. 다른 아이 사귀면 되죠.

상담자: 정말? 형민이의 모습이 이전과 좀 달라진 것 같아.

형 민: 이전에는 막 쫓기는 기분으로 살았는데 이제는 좀 여유가 생긴 것 같아요.

최종 회기 이후 형민이는 한 차례도 두통을 겪지 않았으며 한층 유연한 생각들을 하며 지내고 있음이 확인되었다. 형민이의 완벽주의적 사고는 실은 아버지의 영향을 많이 받은 것이었다. 아버지는 아들이 보다 잘 되기를 바라는 마음에 형민이를 볼 때마다 무엇이든 최고가 되어야 한다고 이야기하곤 했었는데, 상담자와 면담을 하였을 때 자신이 형민이에게 큰 부담을 주었음을 깨닫고 한참 동안 눈시울을 붉혔다. 이후 아버지는 매주 형민이와 조깅과 배드민턴을 하는 등 함께 즐거운 시간을 보내려고 노력했다. 상담을 통해 성취된 내담자 자신 및 환경 속의 긍정적인 변화들이 지속되며 형민이가 한층 심리적 성장을 이어 가고 있던 것이다. 상담자는 추수 회기를 마칠 즈음 추가적인 상담의 필요성에 대해 다음과 같이 형민이에게 의사를 물었으며 형민이와의 합의를 통해 상담을 종결했다.

상담자: 선생님은 형민이가 잘 지내고 있고 그리고 이전보다 훨씬 의젓해져서 마음이 뿌듯하다. 그리고 이건 형민이 의견이 무척 중요한 건데, 형민이가 생각하기에 앞으로 상담을 좀 더 받아야 할 것 같니 아니면 상담을 받지 않아도 잘 지낼 수 있을 것 같니?

형 민: 이젠 괜찮은 것 같아요. 머리 하나도 안 아프구요. 그리고 요샌 모르는 거

있으면 아빠한테 물어봐요.

생각해 볼 문제

1. 상담이 종결된 이후에도 내담자가 수시로 상담자를 찾아온다면 무엇을 하는 것이 내담자를 이롭게 하는 것일지 생각해 보자.
2. 핵심적인 상담목표가 아직 달성되지 못했음에도 불구하고 내담자의 전학 또는 진학으로 인해 상담을 더 이상 진행할 수 없는 경우 상담자로서 무엇을 하는 것이 내담자를 이롭게 하는 것일지 생각해 보자.
3. 어찌할 수 없는 사정으로 인해 상담을 조기 종결하고 다른 기관이나 상담자에게 내담자를 의뢰해야 하는 경우, 의뢰서에는 어떤 내용들을 포함시켜야 할지 생각해 보자.

추천도서

고기홍(2014). **통합적 자기관리 모형을 통한 개인상담**. 서울: 학지사.

Corey, M. S., & Corey, G. (2017). **좋은 상담자 되기**[*Becoming a helper* (7th ed.)]. (이지연, 김아름 역). 서울: 사회평론아카데미. (원전은 2016년에 출판).

제14장

상담자 자신을 돌아보기

- 자기 알아차림과 자기 성찰의 중요성
- 자기 알아차림과 자기 성찰의 영역
- 자기 알아차림과 자기 성찰을 보다 잘하기 위한 방법
- 자기 돌봄의 중요성
- 자기 돌봄의 방법
- 상담자로서 지속적인 성장과 발달

"상담자일 때의 내 모습이 교사로서의 내 모습과 참 많이 다르네요. 상담을 하다 보니 오히려 나에 대해 더 많이 알게 되고 생각하게 되어요."

"상담을 하다 보면 내담자의 모습 속에서 우리 딸의 모습을 보게 되어 심란해요. 상담시간이 끝나고 나서도 내담자가 했던 이야기가 자꾸 생각나고 마음이 쓰여요."

"상담이 취소되면 좋겠다고 생각할 때가 있어요. 상담에 집중하지 못하고 '나도 힘든데, 네 이야기를 듣고 있구나.' 하고 생각하다가 '내가 상담 중에 무슨 생각하고 있는 거야.' 하며 놀란 적도 있어요."

"앞으로 상담을 더 잘하고 싶다는 마음이 들어요. 좋은 상담자가 되고 싶고, 더 많은 학생들을 도와주고 싶어요. 계속 배울 수 있으면 좋겠어요."

다른 사람들에게 도움이 되고 싶어 상담에 관심을 가졌던 많은 사람이 오히려 내담자를 만나면서 자기 자신에 대해 생각하게 되고, 나라는 사람에 대해 더 많이 알게 되었다는 것을 알게 된다. 상담을 하다 보면 어느새 상담자처럼 말하고 생각하고 행동하는 것이 무엇인지 고민하게 되고, 일생상활에서 나타나는 나의 모습과 상담자로서 나의 모습 사이에서 괴리를 느낄 때도 있다. 상담자라는 새 옷이 마음에 들기도 하다가, 불편하기도 하고, 어색하기도 하고, 자랑스럽기도 하다. 가끔은 너무 새 옷이라 모셔만 두고, 입어야 한다는 사실을 잊어버리기도 한다.

책이나 강의를 통해 상담에 대해 배우는 것이 다른 사람의 여행기를 읽고, 감탄하며, 여행하는 자신의 모습을 상상하는 것이라면, 내담자와 상담을 하면서 경험하게 되는 것은 여행 그 자체다. 많은 준비물 중에 어떤 것을 가져가야 할지, 새로운 지역에서 무엇을 해야 할지 고민하고 결정해야 한다. 멋진 풍광에 감탄하고 이국적인 문화에 매혹당하다가도 예상치 못한 난관을 맞이해 어려움을 겪는 일이 흔하다. 그 과정에서 자신의 새로운 모습을 발견하기도 하며, 일상에서 익숙한 자신을 떠올리며 여행자로서 자신을 만들어 간다. 초보 상담자에게 상담은 결국 내 자신이 상담자로 변화하는 과정이다.

한편, 상담을 하다 보면 나의 현재 삶의 양식이 상담에 많은 영향을 미치고, 또 반대로 상담이 내 삶에도 많은 영향을 미친다는 것을 알게 된다. 상담에 들어가기 전 우연히 확인한 문자나 메일의 내용 때문에 상담 내내 신경이 쓰여서 내담자에게 집중하기 어려웠던 경험, 내담자의 고통스러운 이야기에 상담이 끝나고도 한동안 그 이야기에서 벗어나기 어려웠던 경험, 몸과 마음이 너무 피곤한 날, 내담자가 찾아왔을 때 '오늘은 좀 쉬고 싶다.'라고 생각했던 경험 등이 누구나 있을 것이다. 상담에서 상담자의 알아차림, 지식, 기술이 하는 중요한 역할만큼이나 그것들을 사용하고, 처리하고, 전달하는 매체가 상담자라는 사람이라는 것은 상담자 발달과 상담윤리에서 중요한 시사점을 제공한다.

이 장에서는 상담자의 이러한 경험을 자기 알아차림(self-awareness)과 자기 성찰(self-reflection), 자기 돌봄(self-care)으로 조명해 보고자 한다.

자기 알아차림과 자기 성찰의 중요성

자기 알아차림은 자신에게 지금 이 순간 일어나는 내적 · 외적 경험에 주의를 기울이고, 그 경험들을 있는 그대로 알아보는 것이다. 예를 들어, 상담 중에 내담자가 "그 자식들, 차라리 다 죽어버렸으면 좋겠어요."라고 말했다고 가정해 보자. 그때 상담자는 놀라움과 당혹스러움을 느낄 수도 있고, 자신도 모르게 뒤로 몸을 살짝 뺐을지도 모른다. 또 어느새 빨라지고 있는 심장박동을 느끼면서 어색하게 웃거나, 자신을 빤히 쳐다보는 내담자의 시선을 보고 당황한 자신을 들키지 않기 위해 아무 의미 없는 질문을 급하게 던졌을 수도 있다. 이렇게 자기 알아차림은 방어하거나 피하지 않고 있는 그대로 자기 자신을 스캔하는 것처럼 자신의 경험을 전적으로 받아들이는 것을 전제로 한다.

자기 성찰은 알아차림 이후 이를 재료 삼아 자신을 되돌아보고, 객관화하여 분석하고 이해하는 작업이다. 앞 문단의 예에서, 상담자는 상담이 끝난 후, 차근차근 그 상황을 되짚어 보며, 어떤 점 때문에 내담자의 그 말에 놀라움과 당황스러움을 느꼈는지, 판단하는 마음의 내용은 무엇이었는지 생각해 본다. 상담자는 평소 판단하는 마음이 들 때 거리를 두는 신체 · 생리적인 반응(예: 강하게 쏘아보거나 시선 외면하기, 혀를 차는 행위 등)을 하는지, 이러한 과정이 자신에게는 어떤 의미인지 생각해 보고, 이것이 상담장면에서 표현되었을 때 내담자나 내담자와의 관계에 어떠한 영향을 미쳤는지 생각해 볼 수 있다. 예를 들어, 이러한 반응이 나를 보호하고자 하는 마음에서 비롯된 것인지, 아니면 이 반응을 통해 내담자에게 자신은 그런 생각에 동의하지 않는다는 것을 전달하고자 한 것인지, 혹은 둘 다인지 찬찬히 들여다본다. 어쩌면 상담자는 당황한 이후로 주의(attention)가 상담자 자신에게로 향해 정작 내담자에게 집중하지 못했던 상황을 깨닫고, 상담실에서는 미처 주목하지 못했거나 다루지 못했던 내담자의 미묘한 표정 변화나 뒤이은 반응을 뒤늦게 기억해 낼지도 모른다. 조금 더 깊이 생각하다 보면, 상담자가 내담자의 시선 이후 더 당황했던 까닭은 언젠가 상담자 자신이 너무 힘든 나머지 비슷한 말을 친구에게 했을 때 그 친구가 놀라면서도 그런 말을 하면 안 된다고 했었고, 그때 느꼈던 친구에 대한 실망감과 자신에 대한 수치심이 현재 내담자의 시선 속에 비슷하게 느껴졌다는 것을 알게 될지도 모른다. 이러한 성찰 과정을 통해 상담자는 자신의 반응과 내담자를 좀 더 이해하게 되고, 내담자를 돕기 위해 대안적인 반응과 생각을 고민하며, 이후 비슷한 상황에서 내담자와 함께하고, 내담자에게 도움이 되는 상담을 할 수 있게 된다. 이처럼 자기 성찰은 "상담자의 전문성이 발달해 나감에 따라 나타나는 가장 중요한 특징 중 하나"(손은정, 유성경, 심혜원, 2003)다.

자기 알아차림과 자기 성찰이 상담자에게 중요한 이유는 다음과 같다.

상담의 도구로서 상담자

상담자는 그 자신이 상담의 수단이자 도구다. 내담자의 말과 행동을 보고, 듣고, 해석하고, 그에 반응하는 것 모두 상담자 자기 자신을 통해서 이루어진다. 예를 들어, 상담 실습에서 똑같은 내담자의 지문을 두고도 사람마다 주목하는 지점이 다르고, 그에 대한 해석도 달라질 수 있으며, 언제 어떠한 방식으로 반응하는 것이 최선인지에 대한 생각도 다를 수 있다. 이와 마찬가지로, 상담자가 하는 말과 행동 모두 자기 자신을 거쳐 내담자에게 전달된다. 똑같이 재진술을 해도, 혹은 완전히 같은 말을 해도, 말하는 상담자가 다르기 때문에 그 말은 내담자에게 다르게 전달될 수 있다.

내담자와의 관계 형성

상담자와 내담자가 형성한 관계의 질은 상담 효과를 가늠할 수 있는 중요한 기준이 된다. 상담자는 내담자와 라포를 형성하며, 치료적 동맹을 맺고, 관계를 통해 내담자에게 교정적 정서체험을 제공하는데, 이 전 과정에 상담자의 자기이해 정도와 그에 대한 성찰과정이 많은 영향을 미친다. 구체적으로 상담자가 어떻게 관계를 형성하는 사람이고, 어떠한 믿음과 정서를 가지고 있는지, 어떻게 반응하는 사람인지는 내담자와 관계를 형성할 때 핵심적으로 영향을 준다. 만약 상담자가 평소 대인관계에서도 침묵을 불편해하고, 스스로 무엇이라도 이야기하면서 정작 자신이 피곤해지는 사람인데, 이를 스스로 인지하지 못하고 있다면 상담에서 어떤 일이 일어날까? 아마도 상담자는 표현이 많지 않은 내담자를 '적극적이지 않은 내담자'로 생각하면서 상담 진행에 많은 부담과 책임감을 느끼고, 끊임없는 질문으로 내담자가 무엇이든 말하도록 만들려고 애를 쓰며, 내담자와의 관계에서 많은 피로감를 느낄 확률이 크다. 어쩌면, 내담자는 속 깊은 이야기를 꺼내기를 망설이거나, 이미 결심을 했더라도 어떻게 상담자에게 이야기를 꺼내야 할지 몰라 쭈뼛쭈뼛하고 있을지도 모르는데 말이다. 혹은 내담자가 굳이 표현을 하려고 노력하지 않더라도 상담자가 (대신) 애써 주기 때문에 내담자는 아무런 문제도 겪지 않고 바꿀 필요성을 느끼지 못할 수도 있다. 이런 내담자의 경우, 많은 사람들이 상담자처럼 많은 질문을 하며 내담자를 부담스럽게 여기다가 피곤해지고 내담자와 이야기하기를 포기했을 가능성도 있다. 이 모든 경우, 상담자가 자기 자신을 더 이해하고 성찰하였을 때, 내담자와 보다 긍정적인 관계를 형성하고, 내담자를 더 잘 이해하고 도와줄 수 있다.

사회적 존재로서 상담자

상담자는 끊임없이 사회문화적으로 영향을 받는다. 그리고 상담에서 다루는 많은 어려움과 문제는 사회문화 규범과 가치, 기대 속에서 규정되고, 일어난다. 따라서 상담자는 자신이 내면화한 가치체계나 사회문화 규범과 기대를 잘 들여다보고, 이러한 자신의 세계관과 정체성이 사례개념화나 내담자와의 상호작용에 어떠한 영향을 미치는지 살펴보아야 한다. 흔히, 이 과정은 상담자가 내담자와 다른 성별이나 세대(나이), 정체성, 사회·문화적 배경 등을 가졌을 때 훨씬 중요하게 생각되는 경향이 있다. 예를 들어, 상담자가 부모님의 국적이 한국이 아닌 아동이나 청소년 내담자를 만날 때, 정확한 정보를 갖기 이전에 사회적으로 확산된 편견이나 고정관념 때문에 무의식적으로 부모의 국적에 따라 부모의 교육수준이나 가계소득수준에 대해 다른 기대를 가질 수 있다. 그러나 상담자와 내담자가 같은 성별이나 정체성, 비슷한 세대와 사회 · 문화적 배경 등을 가졌을 때라도 그것이 언제나 상담에 도움이 되는 것은 아니다. 오히려 상담자가 '잘 알고 있다.' '다 알고 있다.'고 믿는 것이 알아차림과 성찰에 방해를 주기도 한다.

자기 알아차림과 자기 성찰의 영역

이제 우리는 상담자에게 자기 알아차림과 자기 성찰이 중요하다는 것을 알았다. 그렇다면 어디서부터 시작해야 할까? 수많은 영역 중에서 상담자가 차근차근 시도해 볼 수 있는 네 가지 영역에 대해서 알아보자.

상담자의 감정 · 사고 · 행동

상담자는 우선 자기 자신의 반응을 민감하게 알아차릴 수 있도록 자기 내면이나 행동에 주의를 기울이는 연습을 하는 것이 좋다. 일상생활에 살면서 우리는 대부분의 상황을 받아들이고, 너무 민감하거나 예민하게 반응하지 않도록 사회화되는 과정을 거친다. 누군가의 어떤 말이나 행동 때문에 마음이 너무 많이 상하거나 설사 영향을 받아도 크게 반응하지 않고, 평정심을 유지하며, '과민반응' 하지 않도록 말이다. 그러나 상담자로서 우리는 이러한 과정을 하나하나 세세하게 관찰하고 의식화하도록 훈련한다. 우리 마음과 행동의 잔물결을 예민하게 알아차리면서 그 순간 어떠한 감정을 느끼고, 어떤 생각을 했는지 알아차리려고 많은 노력을 기울인다. 또한 우리의 몸이 어떤 신체 · 생리적 반응을 보이는지, 어떠한 비언어적 메시지를 보내고 있는지 인지하고 객관화하여 살펴보는 것도 중요한 과제다.

내담자에 대한 역전이

상담을 하다 보면 내담자에 대해 강한 감정이나 생각을 갖게 되는 경우가 흔히 있다. 예를 들어, 내담자가 친근감을 나타내는 행동이 많이 부담스럽게 느껴지거나, 어떤 내담자의 말투는 유난히 귀에 거슬리고 짜증이 나기도 한다. 반대로, 어떤 내담자에게는 강한 호감이 생기거나 다른 내담자에 비해 특별한 감정이 생길 수도 있다. 많은 초보상담자는 이런 경우, 자신의 감정이나 생각을 정당하다고 생각하며, 이러한 반응이 생기는 이유를 내담자의 특징 때문으로 넘기고, 더 분석하지 않는 경향이 있다. 그러나 숙련된 상담자일수록 이러한 감정이나 생각을 곰곰이 들여다보며, 혹시 자신의 반응이 내담자에 대한 역전이가 아닌지 살펴본다. 우선, 상담자 자신의 반응에서 지나친 부분은 없는지 살피고, 다른 내담자나 지인과의 관계와 다른 부분이 있는지 살피고, 그 이유를 생각해 본다. 역전이는 상담자 자신의 역동이 내담자와 얽히는 복잡하고 미묘한 관계를 반영하므로, 이를 스스로 알아차리고 성찰하는 것도 훈련을 통한 전문성이 필요하다. 상담자에게 가장 좋은 방법은 수퍼비전을 통해 내담자에 대한 자신의 반응과 인식을 나누거나, 내담자에 대한 강한 정서적 반응이나 남다른 역동이 생겼을 때, 수퍼바이저나 동료 상담자에게 개방적인 태도로 터놓고 자문을 요청하는 것이다.

상담자의 세계관과 가치 체계

상담자뿐만 아니라 세상 모든 사람이 각자 자신만의 세계관과 가치체계를 가지고 있으며, 이를 바탕으로 자신을 둘러싼 세상을 이해하고 자기 경험을 구성한다. 마치 색안경을 통해 세상을 보면 세상이 렌즈의 색깔을 띠게 되는 것처럼, '심리적 건강' '심리사회적 기능 정도' '적응' '행복'과 같이 상담에서 중요한 의미를 가지는 많은 개념은 개인의 세계관과 신념에 따라 상당히 다르게 인식되고, 정의될 가능성이 있다. 상담자는 전문가로서 다양한 세계관과 가치체계를 가진 내담자와 치료적인 관계를 맺고, 효과적으로 작업할 수 있어야 한다. 이는 상담자와 내담자가 동일한 세계관이나 가치체계를 가져야 한다는 것은 아니다. 여기서 중요한 것은 모든 사람이, 내담자뿐만 아니라 상담자도, 자신만의 색안경을 쓰고 세상을 살아간다는 것이다. 따라서 상담자는 자기의 '안경'을 수시로 벗어 봄으로써 렌즈의 색깔을 확인하고, 내담자의 '안경'과 '렌즈' 색깔이 어떻게 다른지, 이 차이가 상담과 치료적 동맹에 어떤 영향을 주는지 살펴보아야 할 윤리적 책임을 가진다.

상담자로서 성장해야 할 영역

상담자는 상담자로서, 그리고 한 개인으로서 자신의 강점과 더 성장해야 할 영역을 잘 알고자 해야 한다. 예를 들어, 내담자를 편안하게 만들어 주고, 라포를 형성하는 것은 잘 하지만, 내담자가 상담주제와 다른 이야기를 꺼내거나, 혹은 두서없이 이야기를 길게 할 때 효과적으로 개입하는 것을 어려워할 수 있다. 혹은 내담자에게 구체적인 정보나 조언을 제공하는 것은 잘 하는데, 내담자의 이야기에 호기심을 갖고 촉진적인 질문을 하는 것은 아직 어려울 수 있다. 누구나 상담자로서(인간으로서) 완벽하지 않다. 다만, 완벽할 수 없는 자기 자신을 받아들이면서도 전문성을 키우기 위해 자기 자신에 대한 성실하고 정직한 평가를 하는 것은 상담자로서 중요한 자질 중 하나다.

자기 알아차림과 자기 성찰을 보다 잘하기 위한 방법

초보상담자가 처음부터 자신의 감정, 사고, 신체·생리적 반응을 민감하게 알아차리거나 자기 성찰을 하는 경우는 많지 않다. 대부분의 경우, 반응은 자동화되어 의식적인 과정을 거치지 않기 때문에 반응하는 순간에는 의식하지 못하는 경우가 많다. 알아차리지 못한 것에 대해 성찰할 수는 없는 일이다. 여기에서는 상담자의 자기 알아차림과 자기 성찰을 도와줄 수 있는 다양한 방법을 다루고자 한다.

상담자 스스로 비난하지 않기

모든 사람이 그렇지만, 초보상담자도 실수를 하기 싫어한다. 실수를 얼른 잊고 싶어 하는 마음은 아마 누구나 가지고 있을 것이다. 실수를 하기 두려워하는 마음, 너무 잘하고 싶은 마음은 방어적인 태도를 불러들인다. 방어적인 태도만큼 알아차림과 성찰에 방해가 되는 것이 없다. 기억하자. 알아차림과 성찰은 상담자가 실수한 것이나 잘못한 것을 찾아 벌주고 비난하기 위한 것이 아니다. 더 좋은 상담자가 되기 위해 '거울을 닦는' 일이다. 알아차림과 성찰이 때때로 (혹은 생각보다 자주) 상담자 자기 자신에게 불편한 마음을 일으키는 것은 사실이다. 그러나 그 자체를 두려워할 필요는 없다.

상담회기 중 느리고 깊게 심호흡하기

이 '이상한' 조언은 실제로 해 보았을 때 그 진가가 드러난다. 상담회기 중 긴장이나 불안이 높아지거나 마음이 산란해지거나 조급해지는 순간이 왔을 때, 상담자가 평정심을 찾기 위해 할 수 있는 일은 많지 않다. 주의가 흐트러지는 순간, 마음이 불편한 순간, 스스로 호흡을 평소보다 2~3배 천천히 하고, 1.5배 깊게 한다. (상담 중 입을 벌리고 할 수는 없으니) 코로 나가고 들이쉬는 숨과 부풀어 올랐다가 가라앉는 가슴과 배에 잠시 주의를 기울인다. 이 방법은 특히, 내담자에 대한 부정적인 감정이나 판단이 거세어질 때, 상담자로서 자신을 놓치려는 순간, 진정과 알아차림에 효과적인 방법이다.

상담 후 스스로 질문하고 답하기

상담이 끝나고 그 회기 동안 가장 중요하다고 생각하는 장면이나 마음에 남는 순간에 잠시 마음과 생각을 머무르는 시간을 갖는다. 좋아하는 차를 마시면서, 혹은 산책을 하거나 걸으면서 차분하게 다시 상담장면을 복기해 본다. 다음과 같은 질문이 도움이 될 수 있다.

- 어떤 기분이 들었는가? 그러한 기분이 나에게 어떠한 영향을 미쳤는가? 상담에는 어떠한 영향을 주었는가? 비슷한 기분을 느꼈던 적이 있었나? 과거의 경험은 이 순간에 어떠한 영향을 주었는가?

- 무슨 생각을 했는가? 그러한 생각이 나에게 어떠한 영향을 미쳤는가? 상담에는 어떠한 영향을 주었는가? 비슷한 생각을 한 적이 있었나? 과거의 경험은 이 순간에 어떠한 영향을 주었는가?
- 그 순간 내 몸은 어떻게 반응하였는가? 이러한 신체 · 생리적 반응은 나에게 어떠한 영향을 미쳤는가? 상담에는 어떠한 영향을 주었는가? 비슷한 반응을 보인 적이 있었나? 과거의 경험은 이 순간에 어떠한 영향을 주었는가?

상담회기를 기록하고 상담녹음을 듣는 것에 충분한 시간들이기

바쁜 현대 사회에서 언제 좋아하는 차를 마시고, 산책을 하면서 상담 생각을 할 수 있단 말인가? 이런 생각을 혹시라도 했다면, 상담자로서 꼭 해야 하는 상담회기를 기록하는 시간을 잘 활용하는 것도 좋은 방법이다. 상담회기가 끝나고 상담을 되돌아보는 과정으로서 녹음한 내용을 다시 듣고, 회기를 기록하면서 알아차림과 성찰의 순간으로 활용하는 것은 초보상담자 때부터 기르지 않으면 형성하기 어려운 매우 중요한 습관이다.

수퍼비전

수퍼비전은 상담자가 알아차림과 성찰에 대한 전문적인 조력을 받을 수 있는 가장 좋은 기회다. 대부분의 상담자는 수퍼바이저의 질문이나 탐색을 통해 인식하지 못했던 감정이나 사고, 행동을 '발견'하게 되고, 이에 대해 깊이 생각해 볼 계기를 갖는다. 수퍼비전에서 보다 심도 깊은 도움을 받기 위해서는 상담자가 수퍼바이저에 대한 충분한 신뢰를 바탕으로 자신의 경험을 솔직하고 있는 그대로 털어놓고, 수퍼바이저의 탐색이나 질문에 진지하고 깊게 사고하며, 자신의 반응에 대한 자신과 다른 이해나 해석에 가능한 한 개방적인 태도를 갖는 것이 필요하다.

동료 상담자와 이야기하기

때로는 수퍼바이저보다 나와 비슷한 단계에 있는 동료 상담자에게 마음을 터놓고, 이야기를 나누는 것이 많은 도움이 될 수 있다. 특히, 지지적이고 안전한 관계를 형성한 동료 상담자와는 서로의 거울이자 공정한 관찰자가 되어 줌으로써 서로의 알아차림과 성찰을 촉진시켜 주는 역할을 할 수 있다. 동료 상담자와 이야기를 나눌 때 무엇보다 중요한 것은 서로가 서로의 이야기를 판단하지 않고 충분히 들어 주는 것이다.

교육분석

곰곰이 생각해 보아도 잘 해소되지 않는 감정이나 생각, 행동이 있다면, 비슷한 패턴의 반응이 지속적으로 나타나는데 상담에 부정적인 영향을 주는 것 같다면, 상담자가 직접 상담을 받는 것이 큰 도움이 된다. 이처럼 상담자가 전문성 발달을 위해 자기 이해를 높이고 미해결된 과제를 해소하기 위해 상담을 받는 것을 특별히 교육분석이라고 부른다. 마치 내담자가 상담을 통해 도움을 받는 것처럼, 상담자도 교육분석을 통해 적극적으로 자기 자신의 내면을 들여다보고 작업함으로써 자기 자신뿐만 아니라 궁극적으로 내담자에게도 도움이 될 수 있다.

자기 돌봄의 중요성

자기 돌봄은 상담자가 자신의 신체적 · 정서적 · 관계적 · 영성적 건강을 증진시키기 위해 수행하는 다양한 활동을 의미한다. 운동을 하거나, 친구나 가족과 좋은 시간을 보내거나, 영성서적을 읽거나, 좋은 음악을 듣는 등 다양한 활동을 함으로써 상담자는 자신의 몸과 마음을 가꾸고 보존하며, 에너지를 채운다. 상담자는 왜 자기 자신을 돌보아야 하는가? 이 질문은 '상담자가 자기 자신을 돌보지 않을 때 어떤 일들이 생기는가?'와 관련지어 더 잘 이해할 수 있다.

상담자 소진과 상담 윤리

상담은 고강도의 정신노동이자 감정노동을 수반하는 활동이다. 상담자는 내담자의 심리적인 고통에 지속적으로 노출되며, 경우에 따라 내담자를 위기나 어려움에서 도울 수 없다는 무력감을 느끼기도 한다. 또한 내담자가 상담과정에서 나눈 이야기의 내용이 충격적이거나 고통스러운 경우, 상담자가 마치 자신이 경험한 것처럼 괴롭거나 고통을 겪는 경우도 적지 않다. 따라서 이러한 많은 에너지를 지속적으로 사용한 뒤, 적절하게 에너지를 보충해 주고 회복하는 시간을 갖지 않는다면, 상담자는 신체적으로나 정신적인 소진(burnout)을 겪을 확률이 크다. 소진의 대표적인 증상은 심신의 극심한 피로, 의욕 및 동기 상실, 무기력감, 발전하지 못하고 정체되어 있다는 느낌 등으로, 크게 정서적 고갈(예: 지치고 무기력한 느낌), 비개인화(예: 내담자를 일로 생각하고 대상화함), 개인적 성취감의 감소(예: 상담자로서 효능감이 떨어짐)로 보고된다. 따라서 소진현상을 경험하는 상담자는 내담자와의 관계에서 자신의 역할을 충분히 해내기가 어려우며, 이는 상담자의 역량에 부정적인 영향을 주는 것으로 나타난다. 이러한 우려는 상담 윤리와도 깊은 관련이 있다. 예를 들어, 미국심리학회(APA, 2017)에서는 상담자가 자신의 신체적 · 심리적 건강이 내담자를 도울 수 있는 자신의 능력에 영향을 미칠 가능성에 대해 인식하고 있어야 한다고 권고하고 있다. 그러므로 상담자는 소진의 부정적인 영향을 예방하기 위해서 스스로 소진을 경험하고 있는지 정기적으로 점검하고, 만약 소진된 상태라면, 상담과정에 미치는 영향을 자세히 살펴봄과 동시에 소진 상태에서 벗어날 수 있도록 적극적으로 노력할 책임이 있다.

자기 돌봄의 방법

상담자는 어떻게 자기 자신을 돌볼 수 있을까? 한국 상담자의 자기 돌봄 인식에 관한 질적 연구 결과, 상담자들은 주로 다음과 같은 방법으로 자기 자신을 돌보는 것으로 나타났다. 그것은 '상담자로서의 한계 인식과 수용' '자기 자각과 조절' '학습과 경력관리' '관계적 지지 추구' '내적 안녕감 증진' '휴식과 신체건강 관리' '여가 활동을 통한 환기와 충전'(강현주, 이현숙, 최한나, 2016)이다. 이 장에서는 자기 돌봄 전략 중 몇 가지를 소개하고자 한다.

상담 후 적당한 휴식시간 갖기

상담 후 아무리 적더라도 적당한 휴식시간을 갖는 것이 상담자에게 큰 도움이 된다. 상담을 마친 후, 바로 다음 상담이나 다른 업무에 바로 뛰어들기보다는 단 5분이나 10분이라도 혼자 조용히 시간을 가지는 것이 좋다. 이 시간 동안 마음으로부터 이전 상담에서 거리를 두고, 나에게 필요한 것을 알아차리도록 자신에게 주의를 기울인다. 몸과 마음 모두 상담이 끝났음을 인지할 수 있는 자신만의 의식(ritual)을 만들어 보는 것도 도움이 된다. 예를 들면, 마른 목을 위해 따뜻한 물이나 차를 마시거나, 모드 전환을 도와줄 익숙한 음악을 듣는다거나, 가볍게 스트레칭을 하는 것도 좋다. 특히, 자살사고나 자살행동과 같은 위기행동을 보이거나 심각한 트라우마를 경험한 내담자를 상담하는 경우, 상담회기가 끝날 때마다 상담자도 적극적으로 자기 돌봄 행동을 하는 것이 필요하다.

내담자와 일관성 있는 경계 만들기

상담을 하다 보면 내담자에 대한 안타깝고 안쓰러운 마음에 상담시간도 더 길게 내어 주고 상담 외에도 도움을 주고 싶은 마음이 들기 마련이다. 학교 교사로서 상담을 한다면, 상담 외 다른 장면에서도 학생에게 특별히 마음을 써 주고 싶고 계획한 것보다 시간을 더 내어 주고 싶은 충동을 느낄 수 있다. 특히, 초보상담자의 경우, 이러한 의욕이 더 크고 강렬한 것을 자주 보게 된다. 상담자가 일관성을 가지고 내담자와 경계를 분명하게 설정하는 것은 상담자 자신과 내담자 모두에게 중요한 윤리적 행동이다. 분명한 경계를 가짐으로써 상담자는 자신의 에너지를 보호하면서 상담시간에 더욱 집중할 수 있고, 내담자는 상담과 상담자에 대한 적절한 기대를 가짐으로써 보다 조화롭고 건강한 관계를 맺을 수 있다.

자기 돌봄 주간 · 월간 계획 세우기

자기 돌봄도 시간과 계획이 필요하다. 매일 아침 30분, 혹은 일요일 저녁 등으로 구체적인 시간을 정해 놓고 자신이 좋아하는 여가활동이나 소중한 사람들과 시간을 보내는 등과 같은 스스로에게 에너지를 줄 수 있는 활동을 계획한다. 혼자서 계획하고 실행하는 것이 어렵다면, 수퍼바이저의 도움을 받아 매 수퍼비전 회기마다 자기 돌봄 계획과 실천 정도를 보고하거나, 동료 상담자와 함께 자기 돌봄을 실천할 수 있도록 서로 격려할 수 있다.

상담자로서 지속적인 성장과 발달

상담자는 오랜 시간을 걸쳐 전문성을 지속적으로 키워 나간다. 앞으로 전문가로 성장하기 위하여 어떠한 과정과 단계가 기다리고 있는지, 전문성 발달을 위해 노력을 기울여야 하는 부분은 어떤 것들인지 살펴보고 앞으로의 계획을 세워 보자.

상담자 발달단계

상담자는 상담 수행과 수퍼비전을 통해 성장해 나간다. 마치 아기가 자라서 아동이 되고 청소년이 되고 성인이 되는 것처럼 상담자도 여러 발달적 단계를 거쳐 전문가로 거듭나게 된다. 상담자 발달 모델 중 하나인 통합적 발달모델(Stoltenberg & McNeill, 2010)에서는 상담자가 크게 초급 상담자, 중급 상담자, 고급 상담자, 보다 통합된 고급 상담자의 네 단계를 거쳐 성장한다고 본다. 초급 상담자는 대체로 대학원에 입학하여 처음으로 상담경험을 쌓아 가고 있는 수련생으로, 아직 자신과 타인에 대한 자각이나 인식 수준이 부족하고, 상담 기술이 미흡하지만, 상담이나 배움에 대한 동기 수준이 높은 단계다. 초급 상담자는 수퍼바이저에게 의존적이며 구체적이고 직접적인 도움이 필요하고 상담에서의 자율성이 적은 것이 특징이다. 상담 수련경험과 수퍼비전을 거치면서 초급 상담자는 중급 상담자로 거듭나게 된다. 중급 상담자는 자신과 타인에 대한 자각이 늘어나면서 스스로 독립적으로 상담을 수행하고자 하는 욕구가 커지지만 아직 전문성이 부족하여 여전히 많은 영역에서 수퍼바이저의 도움을 필요로 한다. 그러나 초급 상담자와는 다르게, 자신만의 스타일을 찾으려고 하며, 보다 자율적으로 수행할 수 있는 영역이 많아지고, 덜 지시적이며 보다 자율적이고 허용적인 수퍼비전을 받는다. 고급 상담자는 내담자에 대한 상담계획을 자율적이고 독립적으로 세울 수 있는 상담자로 자신과 타인에 대한 지각과 통찰을 바탕으로 내담자에게 공감적인 태도를 보인다. 고급 상담자가 다양한 전문 영역에서 완숙한 성장을 보일 때 보다 통합된 고급 상담자로 불리게 된다.

지속적인 교육과 훈련의 중요성

초보상담자가 전문가로 성장하기 위해서는 지속적인 노력이 필요하다. 상담자의 전문적 역량은 크게 지식, 기술, 알아차림의 세 영역으로 이루어져 있다. 예를 들어, 지식 영역에는 사례개념화와 관련된 이론, 진단, 검사 및 평가, 인간 발달과 정체성, 문화와 사회구조에 대한 이해 등이 포함될 것이다. 기술 영역은 기본적인 상담 면접기법부터 다양한 이론에 기반한 고급 상담 기법, 위기 대처전략 등이 포함될 것이다. 각 영역의 역량을 키우기 위하여 지속적인 교육과 훈련을 받는 것은 필수적이다. 대학원에서의 강의, 상담 실습, 수퍼비전처럼 지금까지 해 왔던 활동 이외에도 학회 참석, 연구 수행, 워크숍 및 교육프로그램 참여, 사례회의나 사례발표대회 참석 및 발표 등이 도움이 된다. 최근 상담분야의 인기가 높아지면서 상담관련 자격증이나 교육훈련 프로그램이 우후죽순처럼 생겨나고 있다. 따라서 교육이나 훈련에 참여할 때, 주체가 공신력 있는 기관이나 학회인지, 믿을 만한 상담전문가인지 확인하는 것이 필요하다. 예를 들어, 해당 기관이나 학회의 연혁이나 역사, 참여 주체 및 회원 자격, 금전적 비용의 합리성, 인증제도나 자격제도 관리의 엄격성과 신뢰도, 강사의 경력이나 수련 경험, 자격증 소지 여부 등을 꼼꼼히 따져 보고 확인하도록 하자.

이제 무엇을 할 것인가?

지금까지 우리는 상담자로서 첫 번째 사례 실습과 수퍼비전에 참여하였고, 이제 이를 마무리하고자 한다. 지금까지 상담자로서 얼마나 성장하였는가? 사례 실습과 수퍼비전에 참여하기 전과 비교하여 내가 변화한 점은 무엇인가? 나는 어떤 상담자가 되고 싶은가? 그에 대한 나의 계획은 무엇인가? 수많은 질문에 대한 답이 남아 있다. 지금까지 성실하고 용기 있게 이 과정에 임한 당신에게 박수를 보내며, 앞으로의 발걸음에도 격려를 보낸다.

생각해 볼 문제

1. 상담을 하면서 나에 대해 어떠한 점을 배우고 깨닫게 되었는지, 상담자로서 나의 장점은 무엇인지 생각해 보자.
2. 나에게 자기 돌봄이 필요한 영역은 어디인지 생각해 보고 자기 돌봄을 더 잘 하기 위하여 구체적인 활동계획을 세워 보자.
3. 나는 어떤 상담자가 되고 싶은지, 그러한 상담자로 성장하기 위해서 다음 단계로 하고 싶은 것은 무엇인지 구체적인 목표와 계획을 세워 보자.

추천도서

Klebold, Sue (2016). 나는 가해자의 엄마입니다[*A Mother's Reckoning: Living in the Aftermath of Tragedy*]. (홍한별 역). 서울: 반비. (원전은 2016년에 출판).

Yalom, Irvin D. (2005). 치료의 선물: 새로운 세대의 상담자와 내담자들에게 보내는 공개서한[*The Gift of Therapy: An Open Letter to a New Generation of Therapists and Their Patients*]. (최웅용, 천성문, 김창대 역). 서울: 시그마프레스. (원전은 2001년에 출판).

Yalom, Irvin D. (2014). **나는 사랑의 처형자가 되기 싫다**[*Love's Executioner and Other Tales of Psychotherapy*]. (최윤미 역). 서울: 시그마프레스. (원전은 1989년에 출판).

부록

사례 번호: ____________________

상 담 신 청 서

신청일 __________년 ______월 ______일

이름: ________________ 소속: _______학교 _______학년 _______반

성별: 남 / 여 생년월일: __________년 ______월 ______일 (만 세)

연락처 (비상 연락망): ____

보호자 이름, 관계, 연락처: ____

⊙ 어떻게 상담에 오게 되었는지 해당란에 V표 하세요.

□ 스스로의 필요에 의해서 □ 가족의 권유로

□ 교사의 권유로 □ 친구나 선배의 권유로

기타: ( )

⊙ 상담받기를 원하는 내용은 무엇인지 적어 주세요.

____

⊙ 이전에 상담을 받아 본 적이 있습니까? 예 _______ 아니오 ________

있다면, 언제 ________________ 어디서 __________________________

어떤 문제로 ____

⊙ 상담이 가능한 시간을 적어 주세요.

월 ____

화 ____

수 ____

목 ____

금 ____

⊙ 아래는 많은 학생이 고민하는 문제들입니다. 각각의 문제에서 현재 어느 정도 어려움을 겪고 있는지 그 정도에 V표 하세요.

문제 영역	전혀 없다	약간 있다	웬만큼 있다	꽤 심하다	아주 심하다
가족과 갈등					
친구와 갈등					
이성친구와 갈등					
교사와 갈등					
감정조절 문제					
공부 문제					
진로 문제					
생활습관 문제					
신체건강 문제					
기타					

현재 진단받은 **병명**이 있습니까? ______________________

현재 복용 중인 **약물**이 있습니까? ______________________

⊙ 가족사항

이름	관계	연령	학력	직업	동거 여부	비고
	본인					

상담동의서

1. 상담의 주체

상담은 상담자가 조언하고 이끄는 것이 아니라 자신이 주체가 되어 상담자와 함께 길을 모색해 가는 과정입니다. **솔직하고 적극적인 태도로 참여**해야 상담을 통해 도움을 받을 수 있습니다.

2. 비밀보장

귀하의 인적사항 및 상담내용에 대하여 비밀을 보장합니다.

다만, 「개인정보보호법」 제15조 및 「상담전문가 윤리강령」에 의거하여 다음의 경우에 해당될 때 비밀보장이 제한될 수 있습니다. 자살이나 자해의 위험이 있거나, 학생의 행동이 타인의 안녕에 심각한 위협이 되거나, 정신질환이 뚜렷하게 있다고 의심될 경우 생명과 신체보호를 위해 동의 없이 자살시도 등 위험발생 행위사실에 대한 관련 정보를 보호자나 학과, 관련기관에 알릴 수 있습니다.

3. 상담 진행

상담은 상담자와 **사전에 약속한 요일과 시간에 진행**되고, 진행에 따라 상담자와 합의하에 여러 번 진행되며, 상담 종결은 미리 상의한 후 결정됩니다.

4. 상담기록 및 자문에 대한 동의

상담자는 상담 진행과정 점검을 위해 상담과정을 기록할 수 있으며, 상담자문이 필요한 경우에는 귀하의 동의하에 상담을 녹음할 수 있습니다. 상담기록과 녹음 자료는 상담자가 더 나은 상담을 진행하기 위해 개인정보가 표기되지 않은 상태에서, 상담 자문과 사례회의를 위해서만 사용됩니다. 모든 자료는 안전하게 보관되다가 5년 후 폐기됩니다.

위 사항에 대하여 적극적으로 협조할 것을 동의합니다.

20 년 월 일

학 생: 서 명

보호자: (관계:) 서 명

상담자: 서 명

상담 진행 상황

내담자		상담자	

회기	상담 일시	상담 장소	회기 주제	다음 상담 일시

회기별 상담내용

내담자		상담자	
상담회기		상담 일시	
회기 주제			

상담자 개입과 효과	
내담자에 대한 새로운 정보	
다음 회기 계획	
다음 상담 일시 및 기타 사항	

사례보고서

제목: ______________________________

상담자 성명: ______________

I. 내담자 관련정보

1. 인적사항(가명, 성별, 연령, 학년, 출생순위 등)

2. 내담자의 호소문제

※ 내담자가 이야기하는 문제를 정리

3. 인상 및 면담 중 행동특성

※ 면담 중에 관찰한 내용들을 기록

4. 가족관계 및 성장배경

가. 가계도
나. 가족구성원 관련정보 및 성격상의 특성
다. 내담자의 발달사

Ⅱ. 수퍼비전을 통해 도움받고 싶은 점

Ⅲ. 상담자가 이해한 내담자 문제

1. 심리검사 결과

2. 부모/교사/또래가 지적한 내담자 문제

1) 이 양식은 한국초등상담교육학회 사례발표 양식임.

3. 심리검사 및 면담을 통해 상담자가 파악한 내담자 문제

가. 내담자의 [인지, 정서, 행동의 문제]
[대인관계의 문제]
[학업상의 문제] 등을 제시하고

나. 이에 영향을 미친 요인들(예를 들면, 가족구성원의 행동, 최근의 사건 등) 에 대해 설명

4. 내담자의 자원 및 강점

※ 내담자의 문제해결에 활용할 수 있는 내담자의 자원과 강점을 찾아 정리

Ⅳ. 상담의 목표 및 전략

1. 상담의 목표

※ 무엇을 변화시키는 것을 목표로 설정했는지 이론적 근거와 함께 기술

2. 목표성취 전략

※ 내담자를 변화시키기 위해 상담에서 주로 무엇을 시도했는지 이론적 근거와 함께 기술

Ⅴ. 상담과정 요약

1. 전체 진행 과정

회기	진행 시간	주요 화제	상담자의 개입	내담자의 반응
1	____분			
2	____분			
3	____분			
4	____분			
5	____분			

2. 상담회기 요약

※ 매 회기별로 상담시간에 이루어진 상담자와 내담자의 대화를 A4 용지의 반 페이지~한 페이지 정도로 요약

3. 축어록

※ 가장 성공적으로 진행된 상담회기 1회분의 축어록을 제시

Ⅵ. 상담성과 및 개입방법의 평가

1. 상담성과의 평가

※ 검사 결과 및 상담자의 관찰을 바탕으로 내담자에게 일어난 변화를 정리

※ 내담자에게 일어난 부정적인 변화도 함께 기록

2. 개입방법의 평가

가. 효과적인 개입방법

※ 상담자가 시도한 개입방법 중에서 내담자의 변화를 일으키는 데에 효과적이었다고 여겨지는 것에 대한 설명

나. 개선할 개입방법

※ 다른 방식으로 개입을 시도했더라면 더 좋은 상담성과를 얻을 수 있었을 것이라고 여겨지는 부분에 대한 설명

개인상담(공개상담) 사례 수퍼비전 보고서

상담자		소속 상담기관	
수퍼바이저		수퍼비전 일시 및 장소	

A. 내담자 기본 정보	
1. 인적사항	성별, 나이, 학력(재학 상태, 과거 및 현재 소속된 집단 내에서의 상벌 상황, 학교 유형, 재수 여부 등), 거주형태, 종교 등 내담자 호소문제와 연결된 사실적 정보들은 모두 포함(단, 개인 신상이 파악될 수 있는 구체적인 정보는 삭제)
2. 상담신청경위	특히 비자발적 내담자의 경우 상담 신청자에게 어떤 안내를 받았는지, 상담의 필요성에 대한 동의 여부를 구체적으로 기술
3. 주 호소문제	내담자가 표현한 언어로 기술
4. 이전 상담경험	이전 상담계기, 상담내용과 상담성과에 대한 내담자 인식 파악하여 기술
5. 가족관계	가계도 제시(가족 간 친밀도를 화살표로 표시), 내담자에게 영향을 미친 주요 인물들 포함(나이, 학력, 직업, 주요 성격 특성 등),. 특히 내담자가 주요 인물에 대해 갖는 이미지(혹은 상징)나 특성을 묘사하는 '형용사'로 기술하는 것이 효과적
6. 인상 및 행동특성	객관적인 신체적 특징(키, 몸무게, 건장함 정도, 옷차림 스타일, 위생상태 등)과 대인관계에서의 내담자가 드러나는 특성(눈 맞춤, 목소리 톤, 높낮이, 말 속도, 발화명료성 등)을 기술, 상담자가 내담자에게서 받는 인상과 느낌도 기록에 포함
7. 심리검사 결과 및 주요 해석내용	1) 타기관이나 상담자에게 실시된 경우, 그 결과와 주요 내용을 간략하게 정리해서 제시 2) 직접 실시한 경우, 실시검사 종류, 실시기관 혹은 장소, 실시 및 해석일시, 결과와 주요 해석내용 기술(이전 심리검사 경험이 있을 시 그 결과와 해석상담에 내담자 기억내용도 포함, 이전과 현재 검사 결과 비교하여 변화양상을 파악해야 함), 결과에 대한 주요 해석내용은 주호소문제와 연결될 수 있는 인지, 정서, 대처행동, 대인관계 양상 등을 중심으로 간략하게 정리 (1) 문장완성검사(SCT)의 경우, 문항내용을 자기개념, 가족관계, 대인관계, 미래에 대한 인식 등 유목화하여 기술하고 반복되는 단어, 표현어구 등 내담자 반응패턴 특성을 요약정리

2) 이 양식은 한국상담심리학회 상담사례보고서 양식임.

<table>
<tr>
<td></td>
<td>
<table>
<tr><th>영역 구분</th><th>제시 문구</th><th>작성 내용</th><th>주요 특성</th></tr>
<tr><td rowspan="9">자기 개념</td><td>1. 나에게 이상한 일이 생겼을 때</td><td>2)</td><td rowspan="9">'반드시' '완벽' 단어가 반복
–주 호소문제인 평가염려와 자책감과 연결 가능</td></tr>
<tr><td>15. 내가 믿고 있는 내 능력은</td><td></td></tr>
<tr><td>30. 나의 야망은</td><td></td></tr>
<tr><td>7. 내가 어렸을 때는</td><td></td></tr>
<tr><td>45. 생생한 어린 시절의 기억은</td><td></td></tr>
<tr><td>11. 내가 늘 원하기는</td><td></td></tr>
<tr><td>16. 내가 정말 행복할 수 있으려면</td><td></td></tr>
<tr><td>34. 나의 가장 큰 결점은</td><td></td></tr>
<tr><td>33. 내가 다시 젊어진다면</td><td></td></tr>
</table>
(2) 다면적 인성검사의 경우, 검사결과지의 종합보고 페이지를 스캔하여 제시하거나 임상적 의미가 있는 점수를 나타내는 척도를 모두 제시하고 그래프화 시키면 더 효과적, 결과 복사본은 수퍼바이저에게 전달
(3) 투사검사의 경우는 사후 질문과 주요 보고 및 관찰 내용을 기술, 결과 복사본은 수퍼바이저에게 전달
(4) 기타 검사 결과
–MBTI 성격유형검사는 성격 유형과 선호환산점수와 정도(약함, 보통, 강함)도 기록
–진로검사의 경우 전체 진로 코드뿐만 아니라 진로 영역별 세부 점수 결과도 제시
–실시한 검사 결과는 구체적으로 기술하고 결과 복사본은 보고서와 함께 수퍼바이저에게 첨부해서 전달
</td>
</tr>
<tr>
<td>8. 내담자 강점 및 자원</td>
<td>내담자 개인요인과 환경요인 중 주 호소문제를 해결해 나가는 데 긍정적인 방향으로 작용할 수 있는 보호요인을 면담, 행동관찰, 심리검사 등을 통해 파악하여 기술</td>
</tr>
<tr>
<td colspan="2">B. 내담자 사례개념화와 상담방향성</td>
</tr>
<tr>
<td>1. 내담자 이해</td>
<td>상담자가 면담, 행동관찰과 검사 등을 통해 파악한 내담자의 현재 호소문제를 야기한 근원원인과 유지원인 그리고 내담자가 지금까지 자신의 문제에 어떻게 대처해 왔는지, 대처의 효과성 등이 잘 드러날 수 있게 가급적 확인된 정보를 근거로 하여 논리적으로 전개 기술

〈예시〉

〈상담경위〉 내담자는 학교 부적응과 빈번한 무단결석으로 인해 담임교사로부터 상담에 의뢰된 비자발적 내담자다.</td>
</tr>
</table>

	〈주 호소문제〉 내방 당시 내담자는 '다 귀찮고 잠만 자고 싶다. 살고 싶지 않다'는 전반적 무기력, 무망감과 '왜 나를 힘들게 하는 사람들만 있는지 모르겠다'는 타인에 대한 분노와 혼란스러움을 호소하였다. **〈근원원인과 그로 인해 내담자가 현재 받고 있는 영향〉** 주 호소문제에 대한 근원원인을 살펴보면, 내담자는 unwanted baby로 출생과정에서부터 질적인 환경을 제공받지 못했으며, 인지 및 감정 조절능력이 떨어지는 부모로 인해 안정된 사회적 · 문화적 자극을 경험하지 못하고 성장하였다. 이로 인해 적절한 의사소통 능력과 문제상황에서 대처 능력을 발달시키지 못하였다. 이는 현재 학교에서의 또래관계에서 부당한 요구를 받는 상황에서 무력하게 대처하거나 회피하고 결석하는 방식으로 나타나고 있다. 또한 부모의 이혼, 재결합, 재이혼 경험과 그 과정에서 지속되어 온 욕설과 폭력이 동반된 가족갈등은 내담자의 불안정, 무기력감, 분노, 자살사고 등 부정적 정서 및 사고와 사회적 관계로부터 회피 및 철수하는 부적응적인 대처양식을 발달시켰다. **〈내담자가 받은 부정적 영향과 관련된 내담자 욕구〉** 현재 내담자는 '가정의 평화'와 '아무도 방해하지 않는 시간과 공간'에 대해 갈망하고 있는데, 이는 안전한 관계에 대한 욕구와 자기보호에 대한 욕구를 반영한다. **〈내담자 이해를 바탕으로 한 상담방향성〉** 따라서 생물-심리-사회문화적 접근 모델을 따르는 본 상담에서는 내담자 주 호소문제 해결과 욕구 충족을 위해 역기능적인 부모와의 심리적 분리와 내담자 자립을 위한 앞으로의 진로에 대한 현실적인 안내를 제공하고자 한다. 이를 위해 내담자에게 상담의 장이 안전한 심리적 · 물리적 공간으로 기능해야 하며, 상담자는 재양육적이고 지지적 접근을 통해 내담자의 결핍된 능력(정서자각, 인지명료화, 의사소통 및 대처, 미래설계 등)을 촉진시키는 작업을 수행할 필요가 있다. 기본적으로 전개하는 순서는 위의 차례를 따르나, 상담자의 이론적 접근과 수퍼바이저의 지도내용에 따라 기술방식은 달라질 수 있음.
2. 상담목표와 전략	1) 목표와 전략은 분리하여 기술(상담전략은 목표를 달성하기 위해 시도하는 구체적인 방안에 해당) 〈예시〉 목표: 분노 감정과 파괴적인 행동에 대한 자기통제력을 기른다. 전략: -'stop-button' 사용 훈련을 한다. -분노 감정을 유발하는 사건에 대한 객관적인 평가를 위해 ABCDE절차를 활용한다. -내담자의 보호요인인 만화그리기를 활용하여 분노감정을 안전하게 승화시킬 수 있도록 미술치료적 기법을 활용한다. 2) 내담자와 합의된 목표와 상담의 목표가 따로 있을 경우 분리하여 기술
3. 수퍼비전을 통해 도움받고 싶은 점	최대한 구체적이고 자세하게 기록

<table>
<tr><th colspan="2">C. 상담 진행과정과 상담내용</th></tr>
<tr><td>1. 상담 진행과정 및 회기 주제</td><td>
1) 내담자에게 주어진 최대 상담회기 수 제시
2) 상담 일시, 소요시간 정보 및 주요 다루어진 주제에 대해 간략하게 정리
3) 사전취소/지각/결석의 경우 그 이유를 기록
4) 사례에 대해 이전에 받은 수퍼비전 경험이 있다면, 언제 받았으며 수퍼비전의 주요 내용은 무엇이었는지 간략하게 기술

〈예시〉
<table>
<tr><td>최대 상담 가능 회기 수</td><td>12회기</td></tr>
<tr><td>날짜(소요시간)</td><td>회기 주제</td></tr>
<tr><td>1회기 4월 10일 (50분)</td><td>상담구조화, 상담동기 확인 및 상담목표 설정</td></tr>
<tr><td>4월 17일</td><td>학교 동아리 행사 일정으로 하루 전 취소</td></tr>
<tr><td>2회기 4월 24일 교통 체증으로 10분 지각(40분)</td><td>주 호소문제과 관련된 가족요인에 대한 탐색</td></tr>
<tr><td>4월 30일</td><td>No-show, 문자메세지 남겼으나 답 없었음.</td></tr>
<tr><td>수퍼비전 1</td><td>내담자 사례개념화와 상담자 언어반응에 대한 피드백</td></tr>
</table>
</td></tr>
<tr><td>2. 상담회기 내용</td><td>
1) 완전 축어록을 제시하는 회기는 그 회기를 제시한 이유 간략하게 제시
2) 완전 축어록의 경우 상담자-내담자 대화내용 그대로 옮길 것, 침묵시간도 기록, 줄 바뀔 때 들여쓰기, 언어반응이 세 단어가 넘어갈 시 번호를 따로 부여

〈예시〉
내담자 1: 오늘 기분이 진짜 안 좋다. 상담 안 오고 싶었다. (침묵 5초) 아우 답답해 죽겠다.
상담자: 기분이 안 좋고 안 오고 싶었을 때는 나름의 이유가 있을 텐데요? (모르겠어요) 시간 있으니 서둘지 말고 천천히 나누어 봐요.
내담자 2: (침묵) 나 혼자 애쓰는 것 같아 지친다. (음) 억울한 맘이 자꾸 올라와요.

3) 축약 회기의 경우, 상담자와 내담자의 <u>실제 대화내용에 근거</u>하여 축약형으로 제시, 내담자에게 일어난 주요한 사건, 그에 대한 인지적 평가와 결과로 일어난 감정과 행동반응이 명료하게 드러나도록 요약
4) 상담자의 회기 개입방향에 대한 설명이나 내담자에 대한 상담자의 내적 경험은 회기 축약 내용 안에 포함시키지 말고 회기 내용 기술한 다음에 boxing 처리해서 3줄 이내로 정리

〈예시〉
〈reflection 예시〉 측은한 마음과 부담스러운 마음이 교차함. 이는 상담자와 유사한 발달사적 특성이 있는 내담자이기 때문이라 여겨져 역전이에 대해 주의해야겠다는 생각을 함.
</td></tr>
</table>

심리검사 수퍼비전 보고서

평가기관		수퍼바이저	
평가일자	여러 차례 나누어 실시한 경우, 검사별 평가일자 제시	수퍼비전 일시	
평가자		수퍼비전 장소	

1. 인적사항	성별, 나이, 학력(재학 상태, 과거 및 현재 소속된 집단 내에서의 상벌 상황, 학교 유형, 재수 여부 등), 거주형태, 종교 등 내담자 호소문제와 연결된 사실적 정보들은 모두 포함(단, 개인 신상이 파악될 수 있는 구체적인 정보는 삭제)
2. 상담신청 경위	특히 비자발적 내담자의 경우 상담 신청자에게 어떤 안내를 받았는지, 상담의 필요성에 대한 동의 여부를 구체적으로 기술
3. 가족관계	가계도 제시(가족 간 친밀도를 화살표로 표시), 내담자에게 영향을 미친 주요 인물들 포함(나이, 학력, 직업, 주요 성격 특성 등), 특히 내담자가 주요 인물에 대해 갖는 이미지(혹은 상징)나 특성을 묘사하는 '형용사'로 기술하는 것이 효과적
3. 주 호소문제	내담자가 표현한 언어로 기술하되 '생리, 인지, 정서, 대처행동, 대인관계 영역'의 내용이 유기적으로 잘 드러나게 정리
4. 발달력 및 병력	내담자가 생물학적, 심리적 및 사회문화적 존재로 발달하는 과정에서 영향을 미친 요인들을 기술 〈예시〉 1) 출생과정: 정상 분만/8개월에 조산, 인큐베이터에서 2개월간 집중관리, 역아로 난산 등 2) 양육과정: 부모 맞벌이로 조부모가 5세까지 양육, 기초생활 수급자 가정, 5남매 중 첫째로 동생들의 양육자 역할 등 3) 부모훈육방식: 부모 주도의 의사결정이 이루어진 권위적 양육, 민주적이나 '각자 알아서 해라'는 식이라 때로는 방임으로 느껴질 때가 있음 등 4) 병력: 12세까지 기관지 천식으로 활동 제한, 특이 병력 없었으나 체력이 약해 쉽게 지쳐 다양한 활동경험 부족 등
4. 상담 진행 상황 및 주요 상담내용	진행한 회기 수(기관의 경우 최대 몇 회기 중 몇 회 실시라고 명시), 접수면접 내용을 포함하여 상담에서 드러난 주요 내용을 간략하게 정리

3) 이 양식은 한국상담심리학회 상담사례보고서 양식임.

<table>
<tr><td>5. 검사실시 이유</td><td>내담자 자신이나 주요 주변인(부모, 교사 등)의 요청에 의한 것인지, 상담자의 임상적 판단에 의한 것인지 기술, 요청에 의한 것일 때는 그 요청의 구체적인 내용을 제시하고 상담자의 임상적 판단에 의한 것일 때도 구체적인 임상적 근거를 제시</td></tr>
<tr><td>6. 시행 검사</td><td>실시한 검사명과 그 검사를 선택한 이유에 대해 기술, 내담자가 청소년이고 부모와 함께 검사를 실시한 경우 각각 실시한 검사를 분리하여 기술</td></tr>
<tr><td>7. 행동관찰 및 검사태도</td><td>1) 객관적인 신체적 특징(키, 몸무게, 건장함 정도, 옷차림 스타일, 위생상태 등)과 대인관계에서의 내담자가 드러나는 특성(눈 맞춤, 목소리 톤, 높낮이, 말 속도, 발화명료성 등)을 기술, 상담자가 내담자에게서 인상과 느낌도 기록에 포함
2) 검사장면에서 드러나는 내담자의 주요한 태도와 행동 특성(전반적인 인상, 각 검사에서 보이는 특이반응, 전체 검사과정에서 관찰되는 태도 등)을 기술</td></tr>
<tr><td>8. 평가결과</td><td>실시한 개별검사에 대한 결과를 자세하게 제시하고 결과에 대한 상담자의 해석내용 기술, 해석 시 주 호소문제나 주요 상담내용과 연결되는 사항을 포함시키거나 다른 검사 결과와 일맥상통한 부분을 제시하며 기술
〈예시〉
1) 지능검사(K-WISC 혹은 K-WAIS 등)의 경우, 사용한 지능검사 종류와 그 버전을 명시, 검사결과지의 종합보고 페이지를 스캔하여 제시하거나 작성자가 직접 결과 프로파일을 작성 가능
-지능검사 결과해석은 결과표에 대한 내용인 전체지능점수와 영역별(언어이해/지각추론/작업기억/처리속도) 점수와 오차범위 및 신뢰구간 등에 대해 기술한 후, 각 영역별 특성을 세부적으로 해석
2) 다면적 인성검사(MMPI-A 혹은 MMPI-2)의 경우, 검사결과지의 종합보고 페이지를 스캔하여 제시하거나 작성자가 직접 결과 프로파일을 작성 가능, 임상 소척도 막대그래프는 임상적으로 유의한 내용을 추려 제시할 수 있음.
-검사 결과 세부 척도 점수(내용, 보충, 성격병리 5요인, 임상소척도) 결과를 통합적으로 연결하여 해석
3) 문장완성검사(SCT)의 경우, 문항내용을 자기개념, 가족관계, 대인관계, 미래에 대한 인식 등 유목화하여 기술하고 반복되는 단어, 표현어구 등 내담자 반응패턴 특성을 요약정리
<table>
<tr><th>영역 구분</th><th>제시 문구</th><th>작성 내용</th><th>주요 특성</th></tr>
<tr><td rowspan="4">가족에 대한 태도</td><td>12. 다른 가정과 비교해서 우리 집안은</td><td></td><td rowspan="4">가족 내 정서적 친밀감 높음, 지지집단의 역할, 가정에 대한 양가적 태도</td></tr>
<tr><td>24. 우리 가족이 나에 대해서</td><td></td></tr>
<tr><td>35. 내가 아는 대부분의 집안은</td><td></td></tr>
<tr><td>48. 내가 어렸을 때 우리 가족은</td><td></td></tr>
</table>
</td></tr>
</table>

어머니에 대한 태도	13. 나의 어머니는		가정환경에 대한 불만, 모에 대한 존중과 죄책감
	26. 어머니와 나는		
	39. 대개 어머니들이란		
	49. 나는 어머니를 좋아했지만		
아버지에 대한 태도	2. 내 생각에 가끔 아버지는		부, 권위자에 대한 분노
	19. 대개 아버지들이란		
	29. 내가 바라기에 아버지는		
	50. 아버지와 나는		

〈가족관련 대상과 관련된 발달 가능한 사고〉
전반적으로 정서적 친밀감은 높지만, 경제적으로 어려운 가정환경 속에서 아버지에 대한 분노와 강인한 어머니에 대한 안타까움, 죄책감이 함께 공존하고 있는 것으로 생각됨. 가족 내 역할에 대한 어머니와의 동일시 강할 수 있음. 이는 현재 결혼생활에서 남편과의 갈등의 주요 원인 중 하나로 작용될 수 있음.

4) 투사검사(HTP, KFD, TAT, BGT, Rorschach등)의 경우, 그림 원본을 스캔해서 제시하고, 사후 질문 및 답변과 검사태도 및 행동관찰 내용을 기술
- 그림검사는 인상주의적 해석(실시자의 전체그림에 대한 주관적 인상)과 구조적 해석(그림형태, 선의 강도, 표현특징 등이 의미하는 것) 순으로 기술
- 로샤는 주요 인지, 정서, 성격적 특성을 반영하는 (간략)채점결과 제시하고 그에 대한 해석 기술
- TAT는 내담자의 핵심갈등 주제를 드러내는 카드번호와 그에 대한 해석 기술, 각 카드를 아우르는 공통 갈등주제와 해석 제시(단, 수퍼바이저마다 채점방식이 차이가 날 수 있기 때문에 수퍼바이저의 안내를 따라 적절히 수정 보완하는 것이 필요)

〈예시〉

그림 제시	그림 제시
1) 집 그림 소요시간: 2분 8초 그림순서: 집-길-나무 질문 1. ______________________? 답: ______________________ . .	2) 나무그림 소요시간: 4분 30초 그림순서: 기둥-가지-수관-새 질문 1. ______________________? 답: ______________________ . .
〈태도 및 행동관찰〉	〈태도 및 행동관찰〉
〈해석〉	〈해석〉

	5) 기타 검사 –MBTI 성격유형검사는 성격유형과 선호환산점수와 정도(약함, 보통, 강함)도 기록 –진로검사의 경우 전체 진로코드뿐 아니라 진로영역별 세부 점수 결과도 제시 –실시한 검사의 세부 결과 프로파일을 구체적으로 제시하여 해석
9. 종합 소견	1) 해석한 개별검사들에서 공통적으로 드러나는 특성을 종합하여 기술 2) 종합할 때, 인지 및 사고/정서/대처행동/대인관계 영역 등으로 나누어 통합 기술, 그러나 영역 구분에 대한 기준은 수퍼바이저에 따라 다를 수 있으니 수퍼바이저 안내를 따르도록 함. 2) 내담자의 강점 자원과 보완해야 할 점을 구분하여 기술
10. 진단적 인상	종합심리진단(Full battery test)을 한 경우 DSM–V에 입각한 진단명 제시
11. 앞으로의 상담방향성에 대한 제안	상담내용(접수면접 포함)과 심리검사 결과를 근거하여 주 호소문제를 해결하기 위한 상담방향성과 개입전략을 구체적으로 제시 – 개인상담, 집단상담, 약물치료 등 내담자에게 필요한 상담 유형을 제시 – 개입전략 수립 시 상담과 검사 결과에 근거하여 내담자 개인요인과 환경요인 중 강점 및 보호요인을 활용하는 방안을 모색하고 취약점과 위험요인에 대한 적절한 통제 방안을 제시
12. 수퍼비전을 통해 도움받고 싶은 점	각 개별검사에 대한 실시 및 해석방법에 대한 지도 혹은 검사 결과에 대한 통합적 해석과정에서 경험하는 어려움 등 수퍼바이지가 스스로 해결해야 한다고 여겨지는 발달과업을 최대한 구체적으로 기술

집단상담 수퍼비전 보고서

집단상담 실시기관		수퍼바이저	
집단상담 실시자	코리더가 있는 경우 리더와 코리더 구분하여 제시	수퍼비전 일시	
집단상담 실시기간		수퍼비전 장소	

<table>
<tr><td>1. 집단상담 준비</td><td>1) 집단상담 프로그램 구성 배경
상담자가 집단상담을 운영하게 된 계기를 간략하게 설명
〈예시〉 소속 상담기관의 OO사업의 일환으로 혹은 상담 수련기관에서 요구하는 수련 필수요건의 일환으로 등
2) 집단상담 준비과정
집단상담 요구도 조사, 집단상담 프로그램 구성을 위한 절차, 집단상담 홍보, 집단상담 참여 대상자 선정을 위한 사전면담, 사전검사 등 준비과정에 대한 상세한 기술</td></tr>
<tr><td>2. 집단상담 프로그램 기본정보</td><td>1) 집단상담 유형
구조화 집단/반구조화 집단/비구조화 집단/개방형 집단/폐쇄형 집단/동질 집단/이질 집단/심리치료 집단/심리교육 집단/작업 집단 등
2) 집단상담 명칭
3) 집단상담 목표
4) 기대하는 집단상담 성과
집단상담 이후 집단원들에게 일어날 수 있는 긍정적 변화들에 대해 구체적 기술
5) 집단상담 운영 일정
〈예시〉 주 1회 2시간, 8회, 총 16시간
6) 집단상담 실시 장소
7) 집단 인적 구성
〈예시〉 리더 1명, 코리더 1명, 집단원 8명
8) 집단 참여자 정보
선정된 참여자들에 대해 직간접적으로 파악한 다양한 내용을 상세하게 기술
〈예시〉
<table>
<tr><th>참여자</th><th>참여 동기</th><th>별칭과 그 이유</th><th>사전면담 내용</th><th>개인 참여 목표</th><th>사전검사 결과</th></tr>
<tr><td>1</td><td>자발</td><td></td><td></td><td></td><td></td></tr>
<tr><td>2</td><td>비자발</td><td></td><td></td><td></td><td></td></tr>
<tr><td>3</td><td></td><td></td><td></td><td></td><td></td></tr>
</table></td></tr>
</table>

4) 이 양식은 한국상담심리학회 상담사례보고서 양식임.

<table>
<tr>
<td>3. 집단상담
프로그램
구성</td>
<td>
<table>
<tr><th>회기</th><th>회기목표</th><th>활동내용</th><th>활동별
소요시간</th><th>준비물</th></tr>
<tr><td>1</td><td>집단상담 목표 공유를 통한 참여 동기 강화 및 집단응집력 증진</td><td>주요 활동 명칭 제시
〈예시〉
집단 오리엔테이션
자기소개 및 별칭짓기
집단원 개인목표 설정</td><td></td><td></td></tr>
<tr><td>2</td><td></td><td></td><td></td><td></td></tr>
<tr><td>3</td><td></td><td></td><td></td><td></td></tr>
<tr><td>…</td><td></td><td></td><td></td><td></td></tr>
</table>
</td>
</tr>
<tr>
<td>4. 집단상담
회기별 요약</td>
<td>
<table>
<tr><th colspan="2">1회기(일시)</th></tr>
<tr><td>참석자</td><td>참석자 별칭, 결석자 있는 경우 그 이유 제시</td></tr>
<tr><td>활동내용
및 축약 축어록</td><td>구체적인 리더와 집단원들의 활동내용을 상세히 기술
활동과정 중 집단역동을 잘 보여 주는 순간, 집단원의 변화가 일어난 순간 혹은 리더가 진행의 어려움을 경험한 순간 등을 부분 발췌하여 축어록으로 제시</td></tr>
<tr><td>회기분석</td><td>활동과정 중에 일어난 집단원들의 반응내용과 상호작용 역동에 대한 분석
회기별 집단원들의 참여소감 혹은 회기에 대한 피드백을 받는 경우는 이에 대한 내용분석도 포함</td></tr>
<tr><td>상담자
자기 성찰</td><td>상담자의 회기 운영에 대한 자기평가와 내적인 경험에 대한 기술 등</td></tr>
<tr><th colspan="2">2회기(일시)</th></tr>
<tr><td>참석자</td><td></td></tr>
<tr><td>활동내용
및 축약 축어록</td><td></td></tr>
<tr><td>회기분석</td><td></td></tr>
<tr><td>상담자
자기 성찰</td><td></td></tr>
<tr><th colspan="2">3회기(일시)</th></tr>
<tr><td></td><td></td></tr>
</table>
</td>
</tr>
</table>

<table>
<tr>
<td>5. 집단상담 프로그램 결과</td>
<td>
1) 전체 집단상담 과정과 결과에 대한 평가
• 집단상담 목표달성에 영향을 미친 참여자 간 전체과정 역동에 대한 분석
• 집단리더(코리더)의 전체 과정 운영에 대한 자기평가 혹은 상호평가확인된 리더의 수행역량과 앞으로 성장시킬 발달과업 등을 기술

2) 집단원별 참여성과에 대한 평가
〈예시〉
<table>
<tr><th>집단원</th><th>개인목표</th><th>성취수준</th><th>프로그램 전후 변화</th></tr>
<tr><td>하늘</td><td>사람들의 긍정적인 면을 먼저 볼 수 있기를</td><td>상/중/하
혹은
5점 리커트 척도
집단원 자기평가와 리더평가로 구분 가능</td><td>집단상담 프로그램 목표달성을 파악하기 위해 사용한 사전–사후 검사 결과, 집단원 개별 인터뷰 실시내용, 주변인 행동관찰 내용 등 질적 · 양적 자료를 제시</td></tr>
<tr><td>바람</td><td></td><td></td><td></td></tr>
<tr><td>.</td><td></td><td></td><td></td></tr>
<tr><td>.</td><td></td><td></td><td></td></tr>
</table>
</td>
</tr>
<tr>
<td>6. 수퍼비전을 통해 도움 받고 싶은 점</td>
<td>최대한 구체적으로 기술</td>
</tr>
</table>

상담 종결 기록지

내담자		사례 번호	
상담자		총 상담횟수	
상담 개시일	년 월 일	상담 종료일	년 월 일
종결 형태	☐ 합의에 의한 종결 ☐ 내담자의 약속 불이행에 의한 조기 종결 ☐ 상담자의 사정에 의한 조기 종결 ☐ 의뢰 (다음 상담자 또는 상담기관:)		
종결 사유			
상담목표			
상담목표 달성 정도			
상담 평가			
종결 후 남은 과제			
비 고			

전문기관 의뢰서

1. 의뢰처

학교명		의뢰인 (담당자)		직위 :
				성명 :
주 소		연락처	사무실	
			핸드폰	

2. 학생 정보

보호자 동의 여부	☐ 보호자께 의뢰 사실을 알리고 동의를 얻음 ☐ 보호자 동의하지 않음				
성 명		성 별	☐ 남 ☐ 여	생년월일	년 월 일
학년 반	학년 반	전화번호		의료보장 형태	☐ 의료보험 ☐ 의료보호 종
		보호자 연락처			
집주소				신체질병 유무	☐ 유(아토피) ☐ 무
검사 결과					
학생에게 필요한 지원	☐ 심층평가 ☐ 상담 ☐ 의료 서비스 ☐ 자원연계 ☐ 기타 ( )				
심리정서적 측면	☐ 사회성 부족 ☐ 과잉행동/주의력 결핍 ☐ 교우관계 어려움 ☐ 정서 불안/우울				
학교생활 측면	☐ 상습결석/지각 ☐ 수업태도 불량 ☐ 학습부진 ☐ 폭력사용 ☐ 성문제 ☐ 음주/흡연 ☐ 약물남용 ☐ 인터넷게임문제 ☐ 가출 ☐ 도벽				
기타 특기사항					
강점 및 지지체계	(예) 성격, 특기, 가족, 친구, 지역사회 등				
상담/치료 경험여부	☐ 학교 ☐ Wee센터 ☐ 정신건강증진센터 ☐ 병원 ☐ 상담기관 ☐ 기타 ☐ 없음				

5) 위클래스에서 사용하는 전문기관 의뢰서를 예시로 제시한 것임.

[부록 11] 자해/자살 예방을 위한 서약서

서 약 서

나(○○○)는 아래 사항을 지킬 것을 서약합니다.

1) 앞으로 자살하고 싶은 생각이 들면 곧바로 상담자와 부모님에게 알릴 것이며,

2) 절대로 자살을 시도하지 않을 것입니다.

만약 상담자(번호: △△△-△△△-△△△△)나 부모님에게 연락이 되지 않으면,
24시간 도움을 요청할 수 있는 hotline(청소년 전화 1388, 희망의 전화 129)에 전화하여
도움을 청하겠습니다.

년 월 일 ______________(인)

참고문헌

공윤정(2008). **상담자 윤리**. 서울: 학지사.

공윤정(2015). 초등학생용 진로심리검사의 현황과 과제. **초등상담연구, 14**(2), 105-123.

곽금주, 오상우, 김청택(2011). **K-WISC-Ⅳ**. 서울: 학지사심리검사연구소.

김계현, 황매향, 선혜연, 김영빈(2012). **상담과 심리검사**. 서울: 학지사.

김동민, 강태훈, 김명식, 박소연, 배주미, 선혜연, 이기정, 이수현, 최정윤(2013). **심리검사와 상담**. 서울: 학지사.

김동일(2007). **청소년학습전략 검사(ALSA) 실시요강**. 서울: 학지사.

김영환, 문수백, 홍상황(2005). **심리검사의 이론과 실제**. 서울: 학지사.

김정택, 심혜숙(2003). **어린이 및 청소년 성격유형검사 안내서**. 서울: 한국심리검사연구소.

문용린(2003). **MI적성진로진단검사 실시요강**. 서울: 대교 한국교육평가센터.

배라영, 최지영(2012). 청소년 내담자의 저항에 대한 초보상담자의 심리 경험. **상담학연구, 13**(5), 2483-2503.

법무부(2016). **아동학대범죄의 처벌 등에 관한 특례법**. 세종: 국가법령정보센터.

성태제, 시기자(2014). **연구방법론**. 서울: 학지사.

손은정, 유성경, 심혜원(2003). 상담자의 자기성찰과 전문성발달. **상담학연구, 4**(3), 367-380.

신경진(2015). **상담의 과정과 대화기법**. 서울: 학지사.

신민섭(2007). **그림을 통한 아동의 진단과 이해: HTP와 KFD를 중심으로**. 서울: 학지사.

어윤경, 부재율(2009). 초등학생 진로인식검사 개발 및 타당화. **한국교육학연구, 15**(1),

25-51.

여성가족부(2016). **아동청소년의 성보호에 관한 법률**. 세종: 국가법령정보센터.

오경자, 김영아, 하은혜, 이혜련, 홍강의(2010). **아동청소년 행동평가척도 부모용 CBCL6-18**. 서울: (주)휴노. 오윤선, 정순례(2017). **심리검사의 이해와 활용**. 경기: 양서원.

유정이(2015). **상담기관의 기록관리**. 서울: 학지사.

이동혁, 황매향(2016). **다면적 진로탐색검사 매뉴얼**. 경기: 한국가이던스.

이성진(1996). **교육심리학서설**. 서울: 교육과학사.

천성문, 차명정, 이형미, 류은영, 정은미, 김세경, 이영순(2015). **상담입문자를 위한 상담기법 연습**. 서울: 학지사.

최정윤(2002). **심리검사의 이해**. 서울: 시그마프레스.

하혜숙, 조남정(2012). 개인상담 사전동의(Informed consent)에 관한 연구. **상담학연구, 13**(3), 1101-1118.

한국교육개발원(2016). **Wee 프로젝트 매뉴얼 1: Wee 클래스 운영**. 서울: 저자.

한국상담학회(2016). 한국상담학회 윤리강령. http://www.counselors.or.kr

한국청소년상담복지개발원(2008). 청소년상담사 윤리강령. http://www.youthcounselor.or.kr

행정안전부(2017). **개인정보 보호법**. 세종: 국가법령정보센터.

Achenbach, T. M., & Rescorla, L. A. (2001). *Manual for the ASEBA school-age forms & profiles*. Burlington: University of Vermont, Research Center for Children, Youth and Families.

American Psychological Association (APA). (2017). *Ethical principles of psychologists and code of conduct*. Washington, DC: Author.

American School Counselor Association (2016). *ASCA ethical standards for school counselors*. Alexandria, VA: Author.

Berg, I. K., & Steiner, T. (2009). **아동과 청소년을 위한 해결중심 상담**[*Children's solution work*]. (유재성, 장은진 역). 서울: 학지사. (원전은 2003년에 출판).

DiGiuseppe, R., & Bernard., M. E. (2006). REBT assessement and treatment with children. In A. Ellis & M. E. Bernard (Eds.), *Rational emotive behavioral approaches to childhood disorders: Theory, practice and research* (pp. 85-114). New York, NY: Springer.

Friedberg, R. D., & McClure, J. M. (2007). **아동과 청소년을 위한 인지치료**[*Clinical practice of cognitive therapy with children and adolescents*]. (정현희, 김미리혜 역). 서울: 시그마프레스. (원전은 2002년에 출판).

Gardner, H. (1999). *Intelligence reframed: Multiple intelligences for the 21st century*. New York, NY: Basic Books.

Heaton, J. A. (2006). **상담 및 심리치료의 기본기법**[*Building basic therapeutic skills; A practical guide for current mental health practice*] (김창대 역). 서울: 학지사. (원전은 1998년에 출판).

Hill, C. E. (2012). **상담의 기술: 탐색-통찰-실행의 과정**[*Helping skills: Facilitating exploration, insight, and action* (3rd ed)]. (주은선 역). 서울: 학지사. (원전은 2009년에 출판).

Prochaska, J. O., & Di Clemente, C. C., (1982). Transtheoretical therapy: Toward a more integrative model of change. *Psychotherapy: Theory, Research, and Practice, 19*, 276-288.

Ratts, M. J., Singh, A. A., Nassar-McMillan, S., Butler, K., & McCullough, J. R. (2015). *Multicultural and social justice counseling competencies*. Alexandria, VA: American Counseling Association.

Salovey, P., & Mayer, J. D. (1997). What is emotional intelligence? In P. Salovey & D. Sluyter(Eds), *Emotional development and emotional intelligence: Implications for educator* (pp. 3-31). New York, NY: Basic Books.

Schunk, D. H., & Hanson, A. R. (1985). Peer models: Influence on children's self-efficacy and achievement. *Journal of Educational Psychology, 77*(3), 313-322.

Stoltenberg, C. D., & McNeill, B. W. (2010). *IDM Supervision: An integrative developmental model of supervision*. New York, NY: Routledge.

Thelen, M. H., Fry, R. A., Fehrenbach, P. A., & Frautschi, N. M. (1979). Therapeutic videotape and film modeling: A review. *Psychological Bulletin, 86*(4), 701-720.

Welfel, E. R. (2010). *Ethics in counseling & psychotherapy: Standards, research, and emerging issues*. Belmont, CA: Brooks/Cole.

찾아보기

인명

내용

저자 소개

김혜숙(Kim, Hyesook)
미국 Stanford대학교 상담심리학 전공 박사
현 경인교육대학교 교육학과 교수

공윤정(Gong, Younn Jung)
미국 Purdue대학교 상담심리학 전공 박사
현 경인교육대학교 교육학과 교수

김선경(Kim, Sunkyung)
서울대학교 교육상담 전공 박사
현 차의과학대학교 임상상담심리대학원 부교수

여태철(Yeo, Taechul)
서울대학교 교육심리 전공 박사
현 경인교육대학교 교육학과 교수

이한종(Lee, Han-Jong)
일본 와세다대학교 인간과학 전공 박사
현 춘천교육대학교 교육학과 교수

정애경(Jung, Ae-Kyung)
미국 Missouri-Columbia대학교 상담심리학 전공 박사
현 경인교육대학교 교육학과 조교수

황매향(Hwang, Maehyang)
서울대학교 교육상담 전공 박사
현 경인교육대학교 교육학과 교수

초보자를 위한 학교상담 가이드
-사례 선정에서 종결까지-
School Counseling Guide

2018년 8월 10일 1판 1쇄 발행
2023년 8월 10일 1판 5쇄 발행

지은이 • 김혜숙 · 공윤정 · 김선경 · 여태철 · 이한종 · 정애경 · 황매향
펴낸이 • 김 진 환

펴낸곳 • (주) 학지사
04031 서울특별시 마포구 양화로 15길 20 마인드월드빌딩 5층

대표전화 • 02) 330-5114 팩스 • 02) 324-2345

등록번호 • 제313-2006-000265호

홈페이지 • http://www.hakjisa.co.kr
인스타그램 • https://www.instagram.com/hakjisabook/

ISBN 978-89-997-1519-8 93370

정가 20,000원